대학이 살아야 대한민국이 산다

김태준 · 유재원

박영story

프롤로그

맹모삼천지교(孟母三遷之敎)라는 고사성어가 있다. 맹자의 어머니가 아들 교육을 위해 세 번 이사를 하였다는 옛 일은 교육을 위해서 주위환경이 중요하다는 교훈을 준다. 더 중요한 것은 세 번이나 이사하는 수고로움을 마다하지 않은 어머니의 교육열이다. 기원전 중국 전국시대에도 자식을 잘 키우려는 부모님들의 경쟁이 치열했음을 짐작케 한다. 지금도 마찬가지이다. 시진핑 중국 국가주석은 국영수 등 주요 과목의 과외 금지, 학원 등원 금지, 학원들의 영리 추구 금지를 골자로 하는 사교육 억제책을 내놓았다. 젊은 세대들이 사교육비 부담으로 아이 낳기를 꺼리고, 또 가난한 가정의 학생들이 상대적으로 불이익을 겪는 문제점을 해결하자는 것이 취지라고 한다. 그런데 이에 대한 중산층의 반발이 심하다고 한다. 집에서 은밀하게 과외교육을 시키자면 비용이 너무 올라간다는 것이 그 이유라고 한다. 그런데 교육당국과 학부모 간 줄다리기에서 승자는 누가 될까? 그 답은 뻔하다. 시장을 이기는 정책은 없기 때문이다. 선례도 있다. 한국은 지금 중국당국처럼 서슬이 시퍼렇던 1980년 신군부하에서 과외금지령을 밀어붙인 적이 있지 않은가?

현대에서 맹자 어머니의 가르침을 가장 잘 실천하고 있는 나라는 대한민국일 것이다. 한국은 오래전부터 자녀교육에서 어머니의 역할이 절대적이었다. 명필 한석봉, 10만 양병설의 율곡선생, 피겨여왕 김연아까지 어머니의 교육열이 없었더라면 이들은 경지에 이르지 못하였을 것이다. 언제부터인가 한류바람을 타고 한국의 초등교육과 중·고등학교 교육은 전세계의 주목을 받고 있다. 특히 오바마 전 미국 대통령은 한국식 교육의 예찬론자이다. 그는 "미국의 어린이들은 매년 한국의 어린이들보다 학교에서 보내는 시간이 1개월이나 적다"며 "새로운 세기의 도전은 학교 교실에서 학생들이 더 많은 시간 공부할 것을 요구하며, 한국에서 그렇게 할 수 있다면 우리도 여기 미국에서 할 수 있다"고 토로하였다. 정말 그런가? 오바마 전 대통령은 공교육에 가려진 사교육의 모습을 보지 못한 것은 아닌가?[1]

조희연 서울시 교육감은 대학입학을 위해 입시교육에 몰두하는 고등학교 교육은 정상이 아니라고 주장한다.[2] 대한민국 사회가 매우 불공정하고, 따라서 초·중·고 교육이 이러한 잘못된 가치를 실현하는 데 기여할 뿐이라는 것이다. 이러한 맥락에서 보면 공교육의 정상화가 대학입시제도의 개혁뿐 아니라, 우리 사회의 개혁과 직결된 문제라고 할 것이다. 그런데, 개혁마인드가 투철한 그가 자사고 폐지를 주장하면서 두 아들을 외고에 보낼 수밖에 없는 것이 대한민국 교육의 현실이다.

성실하고 노력하는 학생들이 존중받는 교육은 얼마나 귀중한가? 인간은 누구가 다 소중하고, 마땅히 행복할 권리가 있다. 하지만, 경쟁 없이 자기가 원하는 것을 얻을 수 있는 사회는 없다. 대학입시만 해도 그렇다. 이 세상에는 들어가기 어렵고 졸업하기 쉬운 대학과 들어가기는 쉬운데 졸업하기가 어려운 대학이 있을 뿐이다. 물론 예외도 있다. 들어가기도 어렵고 졸업하기는 더더욱 어려운 대학도 있다. 대학을 다니는 학생들에게는 미안한 말이지만 한국의 대학은 들어가기 어렵지만 졸업하기는 쉬운 편에 속한다. 필자들이 대학을 다니던 1970년대와 비교하면 대학의 낭만이라고 부르던 것들이 많이 사라지고 학생들은 정말 공부를 열심히 한다. 대리출석은 사라진지 오래이고 학생들은 휴강하자는 말을 절대 입 밖에 꺼내지 않는다. 여기에다가 어학연수와 기업 인턴까지 하려면 대학생활은 매우 바쁘다. 하지만, 글로벌 기준에서 볼 때 우리 대학의 학업강도는 아직 약하다. 하버드대학의 재학생들이 1주일에 1,000페이지에 달하는 강의자료를 읽느라 잠잘 시간이 없다는 말은 아직도 교과서 위주의 강의를 진행하는 우리나라 현실에서는 무척이나 생소하게 들린다. 이러한 대학교육수준으로 어떻게 대한민국이 4차 산업혁명시대의 리더가 될 수 있단 말인가? 여러 군데에서 발표하는 세계대학 순위를 보면 우리나라 대학의 글로벌 경쟁력은 기대 이하이다. 대학을 대학이라 부르기에 부끄러울 정도로 교육과 연구의 질이 낮은 곳이 한둘이 아니다. 중·고등학교보다 더욱 급한 것은 대학교육의 혁신이 아닐 수 없다.[3]

이 책은 한평생 대학에 몸담고 있던 필자들이 느끼고 고민했던 대학의 여러 가지 문제점을 정리하고 그 해결책을 모색한 결과물이다. 필자들은 베이비 붐 세대에 속한다. 말 그대로 콩나물 시루같던 초등학교를 거쳐 중학교나 고등학교 입학을 위해 입시시험을 치뤘다. 그리고 운좋게도 소위 일류 대학을 졸업한 후 미국의 아이비리그 대학에서 경제학 박사학위를 취득하였다. 이후 국책연구기관에서 함께 일하였고, 서울시내 사립대학에서 교편을 잡아 총명하고 성실한 학생들을 가르쳤다. 이제 필자들은 막 은퇴하였거나 은퇴를 앞둔 시점에서 그동안 몸담고 있던 대학의 생태계가 무너져 내리는 암담한 현실을 목도하고 있다. 대한민국이 선진국으로 우뚝 서려면 대학을 이대로 두면 안 되겠다는 절박감이 이 책을 쓰는 원동력이 되었다.

대학은 시대가 바뀌면서 그 위상이나 역할도 바뀌어 왔다. 대학이 시대적 소명에 얼마나 부합되는가에 따라 대학의 운명이 결정된다. 지금 보는 것처럼 영미나 유럽에 있는 세계적 대학들을 중국과 일본의 대학들이 따라가는 모습은 오랜 시간을 두고 겨루어온 경쟁의 결과라고 할 수 있다. 한국의 대학은 그동안 선진국의 앞선 교육과 연구 프로그램를 수입하는 데 바빴고 어느 정도 성과도 이루었다. 그러나, 숨 돌릴 틈도 없이 학령인구의 급감과 4차 산업혁명이라는 기술변화가 대학의 생존을 위협하고 있다. 더 이상 대학의 개혁을 미룰 수 없다.

동양에서 최초의 대학은 한무제가 건립한 태학(太學)을 시초로 본다. 교육기관 중 가장 높은 수준의 고등교육기관이라는 의미의 태학에서는 무엇을 가르치고 배웠을까? 주희는 사서삼경 중 하나인 대학(大學)의 서문에서 대학이란 책은 옛날 태학에서 사람을 가르치던 법이라고 밝히고 나아가 주나라 시절 소학교(小學教)와 태학의 배움에 대하여 설명하고 있다. 남자 아이들은 8살이 되면 소학교에 들어가 물 뿌리고 쓸며, 응하고 대답하며, 나아가고 물러가는 예절과 육례의 문(文)을 배웠다고 한다.[4] 소학교를 마치면 15세에 천자와 고관대작의 자식뿐 아니라 일반 백성의 준수한 자는 태학에 들어가서 이치를 궁구하고 마음을 바로하며 몸을 닦고 남을 다스리는 도를 배웠다.

중국의 태학은 한국에도 수입되어 고구려 소수림왕 2년(372년)에 태학이 설립되었는데, 상류계급의 자제만 입학할 수 있었으며 경학, 문학, 무예 등을 배웠다고 한다.[5] 신라는 신문왕 2년(682년) 국학을 설립하였다. 고려 성종 11년(992년)에는 국자감이 설립되었는데, 고려 충선왕 2년(1310년) 때 이를 성균관으로 고쳐 부르게 되었다. 조선시대에는 태조 7년(1398년) 국립 고등교육기관으로 성균관이 건립되었는데, 고려시대 국자감의 전통을 이어받아 사서와 오경 등을 기본으로 가르쳤다.[6] 1946년 사립종합대학으로 설립된 성균관대학교는 옛 성균관의 전통을 계승하면서 인의예지의 품성과 신언서판의 능력을 갖춘 교양인, 창의적 사고와 도전정신으로 디지털시대의 신가치를 창출하는 전문가, 그리고 인류사회에 공헌할 수 있는 글로벌 역량을 갖춘 리더 양성을 목표로 하고 있다.[7] 이러한 교육목표는 다른 대학들도 대동소이하다. 지금도 태학에서 추구하던 대로 이치를 속속들이 연구하는 일은 대학의 본업으로 남아 있다. 하지만 마음을 바로하고 몸을 닦으며 남을 다스리는 도를 깨닫는 일은 이제 대학의 영역을 벗어났다고 할 수 있다.

서양의 최초 대학은 카톨릭 교회 수도승에 의하여 세워졌는데,

1088년 볼로냐 대학을 시초로 본다. 대학을 지칭하는 'university'라는 용어는 "교사와 학자의 공동체"를 의미하는 'universitas'라는 라틴어에서 유래하였다.[8] 시간이 지나면서 대학은 여러 학문 분야에서 학사 학위를 수여하는 고등교육 및 연구기관을 의미하게 되었고, 유니버시티(university)는 종합대학, 그리고 칼리지(college)는 단과대학을 의미하는 것으로 진화하였다. 한데 일본의 도쿄대학은 종합대학인데도 그냥 대학이라고 부른다. 한자 문화권에서 서양의 'university'에 대응되는 뜻으로 '대학(大學)'이라는 명칭을 최초로 사용한 곳은 일본이며, 시초는 도쿄대학이다. 중국에서는 현재의 베이징대학에 해당하는 경사학당(京師學堂)이 일본의 역어를 수용함으로써 지금처럼 바뀌었고, 따라서 일본과 마찬가지로 중국의 4년제 고등 교육 기관은 대학이라고 통용된다. 한국에서는 대학교와 대학을 구별하여 오다가 지금은 그냥 대학교라고 부른다.[9]

대학은 말 그대로 큰 배움의 장이다. 대학을 진리의 상아탑이라고 부르는 것도 비슷한 맥락이다. 대학을 정의할 때 중요하게 생각하는 것은 학문적 자유이다. 이것에 대한 최초의 기록적 증거는 12세기 볼로냐 대학의 학술 헌장에 나타나는데, 교육을 위한 학자의 자유로운 통과 권리를 보장하고 있다. 오늘날 이것은 "학문의 자유"의 기원으로 주장되고 있다.[10] 독일의 철학자 훔볼트는 〈인간교육론〉에서 국가는 대학에 대한 간섭은 가능한 줄이고 대학에 대한 지원은 가능한 늘려야 한다고 주장하였다. 이를 통해서 인류의 보편적 가치에 부합하는 대학이 만들어진다면, 이게 곧 선진 국가를 만드는 든든한 반석이 될 수 있다는 것이다.[11] 오늘날에도 진리 탐구를 위한 대학의 자율성이야말로 대학의 존립기반이라고 할 수 있다. 그러나, '진리'의 성격은 시대에 따라 변해왔다. 신학이 학문의 중심에서 밀려나고 지동설과 진화론을 앞세운 과학이 그 자리를 차지한 지 오래이다. 오래된 역사와 명성은 대학의 커다란 자산이다. 하지만 빠르게 변해가는 사회와 시대의 요구를 외면한다면 대학은 살아남을 수 없을 것이다.

이 책은 대학에서 경제학을 가르쳐온 교수의 관점에서 대학개혁을 다루고 있다. 한평생 대학에서 교육과 연구를 천직으로 여겨온 교수라도 대학개혁에 대해서는 전공에 따라 의견이 제각각이다. 물론 경제학교수라고 해도 의견이 일치하는 것은 아니지만, 최소한 몇 가지 점에서 다른 전공교수들과 시각이 다를 것이다. 우선 경제학은 절대선이나 절대악을 믿지 않는다. 경제학은 선택의 학문이라고 하는데, 그 의미는 선택이란 도덕의 문제가 아니라, 선호의 문제라는 뜻이 내포되어 있다. 무엇을 중시하는가에 따라 선택은 달라질 수 있다. 대학개혁도 마찬가지이다. 대학이 현재와 같은 상황에 처한 이유는 이전에 이루어진 여러 선택의 결과이다. 이제 와서 이전의 선택을 무시하고 제로베이스에서 개혁을 추진한다는 것은 기대하기 힘들다. 대학에게 현 시점에서 요구되는 역할이 무엇인가, 또 대학은 이러한 책무를 제대로 수행하고 있는가를 냉정하게 평가하고, 개선할 점을 찾는 것이 현실적으로 바람직한 접근방식일 것이다.

선택과 관련하여 경제학의 중요한 원리 중의 하나는 선택에는 반드시 대가가 따른다는 것이다. 선거철에 유행하는 포퓰리즘은 특권층에 의해 착취당하는 일반대중을 위한 정책을 추진한다는 숭고한

대의를 앞세우지만, 종종 인기에 영합한 나머지 현실을 무시한다는 비판을 받는다. 비용이 따르지 않는 편익은 없다. 즉, 어떤 선택을 하면 다른 무엇을 포기하여야 한다. 대학생들은 대학에 다니기 위하여 등록금과 기숙사비 이외에도 일을 했으면 벌 수 있는 소득을 포기하여야 한다. 대학이 이러한 비용을 뛰어넘는 교육서비스를 제공할 수 없다면 존재이유가 무엇인지 되물어야 한다. 마찬가지 맥락에서 미충원문제로 골머리를 앓고 있는 지방대학을 정부나 지자체에서 지원한다면 그 혜택을 누가 얼마나 보고, 또 그 비용은 누가 어떻게 부담할 것인지 따져 보아야 한다.

마지막으로 경제학자라고 해서 시장만능주의자는 아니라는 점을 강조할 필요가 있다. 시장만능주의는 시장을 신뢰한 나머지 정부간섭은 적을수록 좋다고 주장한다. 그렇지만 2008년 글로벌 금융위기를 계기로 이러한 기조는 퇴보하기 시작하였다. 더구나 경제학은 시장이 반드시 바람직한 결과를 낳는 것이 아니라는 점을 오래전부터 가르쳐왔다. 교육이 그 대표적인 사례이다. 교육은 당사자뿐 아니라 사회전체에 긍정적 효과가 있지만, 후자에 해당하는 외부효과에 대해서는 정당한 보상이 이루어지기 어렵다. 따라서 교육서비스를 전적으로 시장에 맡기면 사회적으로 바람직한 수준의 교육이 이루어지기 힘들다. 다시 말하자면 교육서비스 시장은 정부가 개입함으로써 보다 나은 성과를 낼 수 있다. 물론 경제학자들은 정부개입을 이야기할 때도 시장의 기능을 중시한다. 시장을 무시한 정부개입은 시장의 실패 못지않은 정부의 실패를 가져올 수 있기 때문이다. 경제학 교수가 바라보는 대학개혁의 청사진이 교육부와 다를 수밖에 없는 것은 당연하다.

대학은 인적자본을 육성하는 장소이다. 대학에서 탐스런 열매를 맺으려면 때맞춰 물을 주고 비료를 주고, 벌레를 잡아주어야 한다. 하지만 사회가 어떤 열매를 원하는지는 시시때때 바뀐다. 나무가 위치한 곳의 기후도 생각보다 빠른 속도로 변한다. 본고에서는 대학이 사회적으로 원하는 역할을 수행하려면 스스로 거듭나기 위하여 뼈를 깎는 노력을 경주하여야 함을 강조하는 동시에 대학의 경쟁력 제고와 사회적 책임 강화를 위한 정책대안을 제시할 것이다. 이를 위하여 우선 우리나라 대학이 처한 환경이 어떻게 바뀌고 있는지부터 살펴본다. 무엇보다 학령인구의 감소와 4차 산업혁명시대의 도래는 대학이 직면한 위협이 아닐 수 없다. 하지만 위기는 동시에 기회가 될 수도 있다. 이제라도 대학이 바뀌면 대한민국의 미래가 달라질 수 있다. 부디 대학개혁이 대한민국을 살리는 출발점이 되길 간절히 바란다.

2021년 12월

저자 일동

감사의 글

살아오는 동안 늘 그래왔듯이 이 책을 쓰는 동안에도 많은 분들에게 도움을 받았다. 우선 저자들과 같이 대학에서 수업과 토론 그리고 많은 시간을 함께 했던 모든 제자들에게 감사의 뜻을 표하고 싶다. 학생들에게 열심히 쉽게 강의하고 진출하고자 하는 분야에서 능력있게 일할 수 있도록 신경쓰고, 또한 교육환경이 개선될 수 있도록 최선의 노력을 다했어야 했는데 여러 가지 핑계로 그렇지 못해 항상 마음 한켠에 미안함을 지니고 있었음을 이 자리를 빌려서 밝히고자 한다. 앞으로 대한민국을 이끌고 나갈 젊은 세대들이 신명나고 가치있는 세상을 만들어 가는 데 필요한 보다 실용적인 지식과 지혜를 대학에서 얻을 수 있기를 진정으로 바란다. 이 책이 대학을 그런 방향으로 바꾸는 데 조금이나마 기여할 수 있다면 커다란 위안이 될 것이다.

많은 사람들이 우리나라 대학의 현실을 걱정하고 대안을 찾아서 시급히 개혁하기를 바라지만 과연 누가 이 난제를 국가적 과제로 삼아 추진해 나갈 것이냐에 대해서는 상당히 회의적이다. 그럼에도 불구하고 누군가가 이 문제를 공론화해서 국민적 공감대와 추진력을 얻는 것은 너무도 중요하다. 본 저술과 관련해서 많은 전문가들과 토론을 하고 조언을 구했다. 교육이라는 분야가 그 어떤 학문 영역이나 주제보다 광범위하고 복잡하고 상호 긴밀하게 연계되어 있기 때문에 문제해결의 맥과 핵심을 단정적으로 제시하기보다는 경제학적인 사고에 기초를 두고 종합적인 방안을 제안하려 노력하였다. 이 과정에서 많은 분들이 유익한 제언을 해주었는데 경인교대 이재희 전 총장님, 임해규 전 의원님, 공주대학교 이명희 교수님, 경기대 채희율 교수님, 건국대 김진영 교수님과 이항심 교수님, 숙명여대 유진수 교수님에게 특별히 감사드린다. 그리고 유익한 토론을 해 준 컬럼비아 동문들께도 감사한 마음을 전한다. 직접 원고를 꼼꼼히 읽고 다듬어 주신 박영스토리의 노현 이사님과 편집부의 김민조 선생님께도 심심한 감사의 마음을 표한다.

마지막으로 지금까지 대학교수로서 생활할 수 있도록 변함없이 물심양면으로 성원해 주신 부모님들께 깊은 감사의 마음을 전하고 싶다. 또한 가족들의 관심과 격려에도 고마움을 전한다. 마지막으로 이 책의 모든 주장은 저자들의 개인적인 생각이며, 남아있는 오류 역시 전적으로 저자들의 책임임을 밝혀둔다.

차례

그림 차례

표·도표 차례

01

대학개혁, 왜 필요한가?

1. 세계에서 가장 높은 대학진학율

2. 문제는 대학의 수준

3. 지속적 성장의 열쇠

4. 변화의 물결과 개혁의 필요성

01

대학개혁, 왜 필요한가?

한국은 소득수준이 훨씬 높은 선진국 중에서도 가장 대학진학률이 높다. 대한민국의 성공을 설명하는 데 뜨거운 교육열과 뛰어난 인적자본은 빠지지 않는다. 하지만 어느 때부터인가 청년세대에서 헬조선이란 말이 떠돌기 시작하고 양질의 일자리를 놓고 경쟁이 치열해졌다. 왜 많은 한국의 대학생들은 도전정신을 잃어가고 패배감에 젖어 있는 것일까? 이들이 겪는 어려움과 좌절을 직시하고 이를 극복하고 타개할 길을 제시하지 못한다면 대학은 더 이상 존재 이유를 찾기 힘들다. 세상은 무서운 속도로 변하고 있다. 21세기 대한민국이 원하는 대학의 모습은 왜 바뀌어야 하는지 살펴보도록 하자.

1. 세계에서 가장 높은 대학진학율

21세기에 들어오면서 대학진학을 위한 경쟁은 식을 줄 모른다. 우수한 인재양성을 위한 국가적 경쟁도 더욱 뜨거워지고 있다. 다행히도 대한민국은 '대학진학률 세계 1위'를 자랑하고 있다. 엄격하게 말하면 경제협력개발기구(Organization for Economic Cooperation and Development, OECD) 회원국 중 대학 및 전문대학, 그리고 직업학교와 같은 고등교육기관에 진학한 인구비율이 가장 높다. 〈그림 1－1〉에서 보는 바와 같이 한국의 고등교육 이수율은 2019년 25~34세 그룹을 기준으로 할 때 69.8%를 기록하여 캐나다, 러시아, 일본을 여유있게 앞서고 있다. 예상과 달리 일본은 61.5%에 그쳤고, 미국도 50.4%에 불과하였다. 지금 청년세대보다 한 세대 앞서는 55~64세 그룹의 고등교육이수율을 보면 한국은 24.4%를 기록하여 다른 국가들보다는 세대 간 격차가 크게 나타난다.

한국의 고등교육 이수율이 크게 높아진 것은 경제성장으로 소득이 전반적으로 높아지고 또 자녀를 적게 낳은 덕분이라고 볼 수 있다. 〈그림 1－2〉에서 보는 바와 같이 25~34세 그룹의 고등교육 이수율은 1997년 30.9%를 기록하였고, 이후 줄곧 상승세를 이어오면서 2016년 69.9%로 최고치를 기록하였다. 이후에는 더 이상 높아지지 않고 약간의 부침을 보이고 있다. 한편, 25~64세 인구 중 고등교육을 이수한 비율도 유사한 추세를 보이고 있다. 1997년 19.8%에 불과하였으나, 2019년에는 50.0%에 달하였다.

이렇게 한국보다 소득이 훨씬 높은 미국이나 일본, 그리고 유럽

국가들보다 한국의 대학진학률이 높은 이유는 무엇일까? 여기에는 역사적으로 나름 타당한 이유가 있다. 조선시대 양반들은 입신양명하기 위하여 과거시험에 모든 것을 걸었고, 요행이 성공하면 자신뿐 아니라, 일가친척들이 대대손손 그 혜택을 누렸다. 그러다가 나라가 망하게 되니까 실력양성을 통해 나라를 되찾자는 쪽으로 교육의 중요성이 재조명되기 시작하였다.[1] 해방 후에도 1960년대 초까지 세계에서 가장 가난했던 한국이 가진 자산이라고는 사람밖에 없었으니, 교육을 통한 인적자본축적은 개인은 물론 가족과 나아가 국가적 사명이 될 수밖에 없었다.

이렇게 한국인들은 교육의 중요성에 대한 맹목적인 믿음이 있다. '한국인의 밥상'이라는 프로그램을 10년 동안 진행하고 있는 최불암

■ 그림 1-1 ■ OECD 회원국의 고등교육 이수율(2019)

(단위: %)

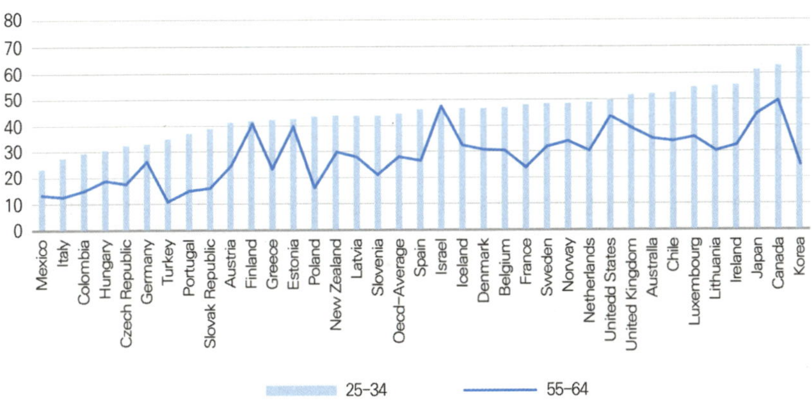

주: 대학 및 전문대학, 그리고 직업학교 이수비율.
자료: OECD Data, "Population with tertiary education," 2021.

■ 그림 1-2 ■ 한국의 고등교육 이수율(1977-2019)

(단위: %)

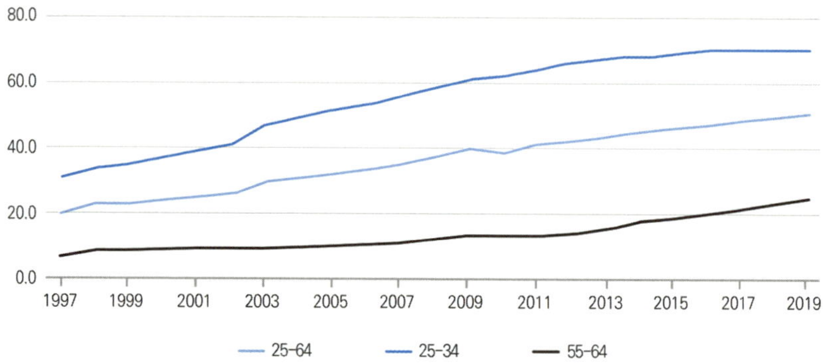

주: 대학 및 전문대학, 그리고 직업학교 이수비율.
자료: OECD Data, "Population with tertiary education," 2021. (25~64세 인구비율은 e-나라지표, "고등교육 이수율," 2021).

씨는 이를 한국인의 자식사랑으로 설명하고 있다.

"처음 시작할 때 전국 각지 사람과 음식, 정서를 접할 수 있겠다는 욕심이 있었어요. 하지만 10년 해보니 어딜 가도 사람들 살아가는 모습은 똑같다는 걸 느낍니다. 돈 많다고 특별나게 행복하지도, 없어서 불행하게 보이지도 않았어요. 우리 세대는 다들 어려운 시절을 거쳐 왔어요. 하지만 이들은 주어진 삶에 크게 불평하지 않았어요. 항상 자신보다 자식을 생각하는 마음이 우선이었고요. 사람의 삶이 이런 건가, 애틋한 가족 관계를 뒤늦게 깨달아요."

분명 자식 사랑이 남다른 한국인들에게는 대학교육도 일종의 의무로 생각하는 경향이 있다. 그런데 소득수준이 우리보다 높은 선진국의 대학진학률이 한국보다 낮은 이유는 무엇일까? 선진국의 부모는 여유가 있어도 자식들을 구태여 대학에 보내려 하지 않는다는 말인가? 아니면 자식들이 대학에 가는 것이 내키지 않아서 스스로 그런 결정을 내리는 것일까? 경제학원론을 배운 사람이라면 대학을 갈 것인가 말 것인가라는 결정은 대학을 졸업해서 얻는 편익과 대학을 다니기 위하여 지불해야 하는 비용에 달려있다고 대답할 것이다. 우선 대학을 졸업하면 얻을 수 있는 이득은 무엇인가? 여기에는 대학졸업자가 고교졸업자보다 얼마나 소득이 높은가라는 금전적 이득과 대학졸업장이 주는 만족도나 자긍심 같은 비금전적 요인이 있을 것이다. 시간이 흐를수록 사회가 보다 합리적으로 바뀌면서 대학졸업장이 주는 주관적 만족감도 점점 감소할 터이니 심리적 요인은 논하지 말기로 하자.

그렇다면 대학졸업장은 일평생을 살아갈 동안 얼마나 큰 금전적 이득을 가져오는가? 한국의 경우 2018년 25세에서 64세 사이 성인인구 중 대졸자는 고졸자보다 평균 39% 소득이 높은 것으로 나타났다. 이러한 학력에 따른 임금차는 2007년 77%로 가장 높았다가 이후 줄어드는 추세를 보이고 있다.[2] 2018년 다른 선진국들을 보면 미국(71%), 독일(61%), 스위스(45%), 영국(37%) 등으로 교육수준에 따른 소득격차는 꽤 큰 것으로 나타나고 있다. 특히 미국의 경우 지난 40년간 소득격차가 크게 벌어져 대학교육을 받아야 할 금전적 이유가 과거 어느 때보다 커졌다.[3]

한편 대학에 다니기 위하여 지불해야 하는 비용은 어떠한가? 이때 비용에는 등록금이나 기숙사비와 같은 명시적 비용 이외에 대학에 다니지 않고 직장에 다녔으면 벌었을 소득을 포함한 암묵적 비용을 모두 포함한다. 일반적인 학생들의 경우 암묵적 비용은 그리 크지 않을 것으로 생각된다. 하지만 축구, 야구, 배구 선수들은 대학에 진학하지 않고 프로구단으로 직행하는 경우가 많아지고 있다. 아이돌 가수나 영화배우도 마찬가지이다. 이들과 같이 대학에 다니기 위하여 희생해야 하는 암묵적 비용이 큰 경우를 예외로 친다면 등록금과 같은 명시적 비용이 문제가 될 수 있다. OECD 통계에 따르면 2018년 한국 사립대학의 연평균 등록금은 학부 기준 8,760 달러로 OECD 회원국 중 네 번째로 높았다. 한국보다 등록금이 비싼 국가는 미국(2만 9,478 달러), 호주(9,360 달러), 일본(8,784 달러)으로 나타났다. 한국의 등록금이 높은 이유는 정부가 교육기관에 투입하는 금액이 상대적으로 작기 때문일 것이다. 하지만 초·중·고와 달리 의무교육이 아닌 대학을 정부가 지원하는 것이 적절한가는 논란의 여지가 크다. 이 문제는 제4장에서 다시 자세하게 논의하기로 한다.

종합하면 한국은 대학교육이 주는 금전적 혜택과 대학교육을 위한 금전적 비용 둘다 만만치 않다. 그동안 대학진학률이 지속적으로 늘어났다는 점은 아직은 편익이 비용보다 크다는 것을 보여주는 증거라고 할 수 있다. 일각에서는 한국의 대학진학율이 앞으로 떨어질 것이라는 예측도 있지만, 다른 선진국에서도 대학진학률이 떨어진 예는 찾기 어렵다. 더구나 임금격차가 확대되고 반값 등록금 정책이 지속되는 한, 대학진학률은 떨어지기가 쉽지 않을 것이다.

2. 문제는 대학의 수준

OECD 통계가 보여주듯 선진국들의 대학진학률이 전반적으로 상승하였다는 것은 갈수록 좋은 일자리를 두고 경쟁이 격화되고 있다는 증거라고 할 수 있다. 사실 전 세계 어느 나라이든 좋은 대학에 가는 것이 학생 본인뿐 아니라 부모에게 절실한 목표가 되고 있다. 그런데 '좋은 대학'은 무엇일까? 중학교 때 배운 영어 속담에 "반짝인다고 해서 모두 다 금은 아니다(All that glitters is not gold)"라는 말이 있다. 좋은 대학이 있으면 나쁜 대학도 있다는 말이다.

실용적 관점에서 대학을 다양한 학문 분야에서 학위를 수여하는 고등교육 및 연구기관이라고 정의한다면 좋은 대학은 교육과 연구를 잘 하는 대학이어야 한다. 즉 수월한 학부교육뿐 아니라 대학원 중심의 연구기능이 잘 발달되어 있는 대학이라고 하여도 무방할 것이다. 그렇다면 어떤 대학이 이러한 기준에 가장 잘 부합되는가? 경쟁이 치열해지고 대학경쟁력에 대한 사회적 관심이 증대되면서 전문평가기관들이 우후죽순처럼 나타나기 시작하였다. 이 중에서도 QS(Quacquarelli Symonds), THE(Times Higher Education), ARWC(Academic Ranking of World Universities)이 가장 유명하고, 미국에서는 US World News & Report 가 권위를 인정받고 있다. QS와 THE는 영국평가전문기관이며, ARWC는 상해교통대학이 주관하며, US News & World Report는 미국의 언론사이다. 세계대학 랭킹을 둘러싼 수많은 논란에도 불구하고, 이를 무시할 만큼 자신만만한 대학은 없다고 하여도 과언이 아닐 것이다.[4]

〈표 1－1〉은 4대 평가기관의 세계대학 순위를 요약한 것이다. 지면 제약상 세계대학 순위를 25위까지만 잘라서 살펴보도록 하자. 과연 25위와 26위 대학의 경쟁력에 차이가 있냐고 물으면 할 말이 없다. 그렇지만 세계 10위권과 세계 100위권은 엄연히 차이가 있다고 보아도 무방할 것이다. 표에서 우선 눈에 띄는 것은 미국과 영국의 대학들이 압도적으로 많다는 점이다. 우리도 익히 아는 MIT, 옥스퍼드, 하버드가 각각 1위를 다투고 있다. 이들은 모두 연구중심대학으로 분류되는데, 연구를 많이 해서 영향력 있는 논문을 많이 발표할수록 좋은 대학으로 분류될 가능성이 높다는 것을 보여준다. 또한 논문발표가 상대적으로 빈번한 의대나 공대를 가지고 있는 대학일수록 유리하다는 것을 알 수 있다. 반대로 학부교육에 전력투구하는 교육중심대학은 명단에서 찾아볼 수 없다.

동양권에서는 불과 몇 년 전만 하여도 25위 안에 드는 대학을 찾기 힘들었다. 하지만 지금은 싱가포르 국립대학(NUS), 난양공대, 그리고 중국의 칭화대와 북경대, 홍콩대학들이 선전하고 있다. 이에 반하여 일본의 도쿄대학이 겨우 QS 평가에서 턱걸이로 상위그룹에 낀 것은 의외이다. 노벨상을 다수 배출한 쿄토대학 역시 25위 안에 들지 못한다. 그만큼 세계최고가 되기는 어렵다. 한국의 대학들이 분발해야 함은 더 말할 나위도 없다.

세계적 대학이란 교육 및 연구에서 가장 뛰어난 대학임에는 틀림이 없다. 그런데 대학들의 순위는 어떻게 매기는 것일까? 중국이 일본이나 한국보다 더 우수한 대학을 보유하고 있다는 것이 사실일까? 이들 평가기관들이 사용하는 평가지표들과 비중은 각각의 홈페이지에 밝혀놓고 있다. 물론 기관마다 지표가 조금씩 다르고, 비중에도 차이가 나지만 교육, 연구, 그리고 국제화나 산학협력 등은 공통적으로 주요 평가지표로 활용된다.[5]

그런데 학문의 질이나 연구의 질을 평가할 때 사용되는 평판도라는 항목이 있다. 평판도는 주로 동종에 종사하는 동료들의 주관적 평가에 의존한다. 때로는 졸업생을 고용한 기업의 인사담당자의 평가에 의존한다. 학문적 평판도 조사를 예로 들면 세계에서 제일 좋은 대학이 어디인가 10개를 써달라는 설문조사를 하는 것이다. 따라서 오래된 대학, 예전에 이름을 휘날렸던 대학일수록 평가에서 유리하다. 그래서인지 QS 평가결과를 보면 영국 교육기관에 대한 편애가 드러난다. 10위권에 영국이 자랑하는 옥스퍼드와 케임브리지 대학뿐 아니라, 임페리어 칼리지 런던과 유니버시티 칼리지 런던(UCL)도 들어있다.[6] THE에서도 옥스퍼드와 케임브리지가 높은 평가를 받고 있고, 임페리얼 칼리지 런던과 유니버시티 칼리지 런던 역시 20위권에 포진하고 있다. 한편 US News and World Report는 예상대로 미국 대학들이 비교적 높은 평가를 받고 있는데, 하버드, MIT, 스탠포드가 선두를 달리고 있다. 미국을 벗어나면 영국의 옥스퍼드와 케임브리지 대학이 10위권, 임페리얼 칼리지 런던과 유니버시티 칼리지 런던, 토론토 대학이 20위권, 그리고 호주의 멜버른 대학이 25위를 차지하고 있다.

■ 표 1-1 ■ 세계대학 평가 순위(상위 25개 대학)

순위	QS(2022)	THE(2022)	US News(2022)	ARWU(2021)
1	MIT(미국)	Oxford(영국)	Harvard(미국)	Harvard(미국)
2	Oxford(영국)	CIT(미국) Harvard(미국)	MIT(미국)	Stanford(미국)
3	Stanford(미국), Cambridge(영국)		Stanford(미국)	Cambridge(영국)
4		Stanford(미국)	UC Berkely(미국)	MIT(미국)
5	Harvard(미국)	MIT(미국), Cambridge(영국)	Oxford(영국)	UC Berkeley(미국)
6	CIT(미국)		Columbia(미국)	Princeton(미국)
7	Imperial College London(영국)	Princeton(미국)	U Washington(미국)	Oxford(영국)
8	ETH Zurich(스위스), UCL(영국)	UC Berkeley(미국)	Cambridge(영국)	Columbia(미국)
9		Yale(미국)	CIT(미국)	CIT(미국)
10	U Chicago(미국)	Chicago(미국)	Johns Hopkins (미국)	U Chicago(미국)
11	NUS싱가포르)	Columbia(미국)	UC San Francisco(미국)	Yale(미국)
12	NTU(싱가포르)	Imperial College London(영국)	Yale(미국)	Cornell(미국)
13	U Penn(미국)	Johns Hopkins(미국), U Penn(미국)	U Penn(미국)	Paris-Saciay(프랑스)
14	EPFL(스위스), Yale(미국)		UC Los Angeles(미국)	UC Los Angeles(미국)
15		ETH Zurich(스위스)	Chicago(미국)	U Penn(미국)
16	Edinburgh(영국)	Peking(중국), Tsinhua(중국)	Princeton(미국), UCL(영국) U Toronto(캐나다)	Johns Hopkins(미국)
17	Tsinhua(중국)			UCL(영국)
18	Peking(중국)	Toronto(캐나다) UCL(영국)		UC San Diego(미국)
19	Columbia(미국)		U Michigan(미국)	Washington (미국)
20	Princeton(미국)	UC Los Angeles(미국)	Imperial College London(영국)	UC San Francisco (미국)
21	Cornell(미국)	NUS(싱가포르)	UC San Diego (미국)	ETH Zurich(스위스)
22	Hong Kong(중국)	Cornell(미국)	Cornell(미국)	U Toronto (캐나다), U Michigan(미국)
23	Tokyo(일본)	Duke(미국)	Duke(미국)	Washington U in St. Louis(미국)
24	U Michigan(미국)	U Michigah(미국)	Northwestern(미국)	University of Tokyo(일본)
25	Johns Hopkins(미국)	North Western(미국)	U Melbourne(호주)	Imperial College London(영국)

자료: 개별 평가기관의 홈페이지 참조.

1) QS, World University Rankings 2022. https://www.topuniversities.com/university-rankings/world-university-rankings/2022
2) THE, World Universitiy Rankings 2022. https://www.timeshighereducation.com/world-university-rankings/2022/world-ranking#!/page/0/length/25/sort_by/rank/sort_order/asc/cols/stats
3) U.S. News & World Report, 2022 Best Global Universities. https://www.usnews.com/education/best-global-universities/rankings
4) Shanghai Ranking, 2021 Academic Ranking of World Universities. https://www.shanghairanking.com/rankings/arwu/2021

상해교통대학의 ARWC 평가는 철저히 객관적인 지표만을 사용하고 있다. 노벨상과 수학의 노벨상이라는 필즈상 수상자의 수, 인용률이 높은 연구자 수와 논문의 피인용수 등이 핵심지표로 활용된다. 그래서 중국소재 대학에서 하는 평가이지만, 우려와 달리 중국 대학에 더욱 엄격해서 25위 안에 드는 중국 대학은 아직 없다. 물론 중국 대학들의 부상은 괄목할 만하다. 칭화대와 북경대는 2016년 세계 100위권 내에 진입을 하였고, 2020년에는 절강대와 상해교통대가 합류하였다. 이들 대학이 최고수준에 도달하는 것은 시간문제일 것이다. 반면에 일본은 도쿄대학이 26위, 쿄토대학이 34위, 그리고 나고야 대학이 83위를 차지하였다. 한국은 100위 안에 드는 대학이 없다. 초·중·고 학창시절 내내 치열한 경쟁을 견뎌내고 들어간 대학이 세계적 수준에는 미흡하다고 하면 학생들은 어떤 표정을 지을까?[7]

노벨상 수상자 배출을 기준으로 본 세계대학 순위

세계적 수준의 대학을 정의할 때 흔히 떠올리는 지표는 노벨상 수상자의 배출이다. 1901년 제정된 노벨상은 화학, 물리, 생리·의약학과 같은 과학 분야에서 인류발전에 지대한 기여를 한 연구자를 기리어 수여된다. 아래 표는 1901-2020 기간 중 노벨수상자를 제일 많이 배출한 30개 대학을 보여준다. 수상영역은 문학, 평화, 그리고 1969년 제정된 경제학을 포함한다. 노벨수상자를 많이 배출한 대학일수록 세계대학 평가에서도 높은 점수를 받는 것은 자명하다.

대한민국은 김대중 대통령이 2000년 한반도 평화에 기여한 업적을 기리는 노벨평화상을 수상한 것이 유일한데 대학의 공적으로 보기는 어렵다. 일본만 하여도 1949년 유카와 히데키가 핵을 구성하는 요소인 중간자에 대한 연구로 노벨물리학상을 받은 것을 필두로 과학분야에서 20개가 넘는 노벨상을 수상하였다. 이러한 성과는 일본 특유의 장인정신과 100년 이상 축적된 과학기술 덕분이라는 분석이 지배적이다. 그럼에도 2019년 현재 11명의 수상자를 배출한 도쿄대학이나 8명의 수상자를 배출한 쿄토대학은 세계 30대 대학에 끼지 못하였다. 그만큼 세계적 연구중심대학의 벽은 높다.

노벨상 수상을 예측하는 프로그램에 따르면 영향력 높은 논문 보유 여부, 연구자의 총 피인용 횟수, 연구 분야 별 평균 대비 각 논문당 인용이 얼마나 되었는지, 그리고 기타 피인용 관련 측정 지표들이 주요결정요인이다. 한국도 조만간 과학분야에서 노벨상을 수상할 것이라는 기대도 크다. 그러나, 굴리면 굴릴수록 커지는 눈덩이와 같이 이미 앞선 대학들을 따라잡기는 시간이 가면 갈수록 어려워 질 것이다.

노벨수상자 배출 상위 30개 대학(1901-2020)

순위	대학	총계	물리	화학	생리·의학	경제	문학	평화
1	Harvard	161	32	36	43	33	7	8
2	University of Cambridge	121	37	30	31	15	5	5
3	University of California(Berkeley)	110	34	31	17	25	3	1
4	University of Chicago	100	32	19	11	33	3	2
5	Massachusetts Institute of Technology	97	34	16	12	34	0	1
6	Columbia University	96	32	15	22	15	6	6
7	Stanford University	84	25	13	16	27	3	1
8	California Institute of Technology	76	31	17	22	6	0	1
9	University of Oxford	72	15	19	19	9	5	6
10	Princeton University	69	29	9	4	21	5	1
11	Yale University	65	8	12	14	23	5	3
12	Cornell University	61	23	12	15	5	4	2
13	Humboldt University of Berlin	57	14	23	12	1	4	3
14	University of Paris	51	15	10	10	4	6	7
15	Universtiy of Gottingen	44	18	16	8	0	1	1
16	University of Munich	43	14	19	9	0	1	1
17	Johns Hopkins University	39	4	8	18	5	1	3
	University of Copenhagen	39	19	7	8	3	2	1
19	New York University	38	3	5	12	14	2	2
	Rockefeller University	38	1	11	28	0	0	0
21	University of Pennsylvania	36	4	10	11	11	0	0

22	University College London	34	5	7	19	2	1	0
23	ETH Zurich	32	11	17	4	0	0	0
24	University of Illionis(Urbana-Champaign)	30	11	5	11	3	0	0
	University of Minnesota	30	7	4	4	12	2	1
26	University of California(San Diego)	27	5	9	10	3	0	1
	University of Hidelberg	27	11	8	5	0	1	2
28	University of Michigan	26	9	3	6	6	2	0
	University of Wisconsin-Madison	26	6	7	10	2	1	0
30	University of California(Los Angeles)	25	2	8	3	9	1	2
	University of Manchester	25	11	9	2	3	0	0
	Washington University in St. Louis	25	1	5	18	1	0	0

자료: Wikipedia, "List of Nobel Laureates by university affiliation," 2021.

3. 지속적 성장의 열쇠

1945년 일제의 강압통치에서 벗어나 1948년 출범한 대한민국은 1950년 6·25 전쟁으로 폐허가 되고 말았다. 1960년대 초만 해도 한국의 소득수준은 아프리카의 가나와 비슷하였다. 자원이 빈곤하고 자본도 희소하였던 한국경제보다 오히려 아프리카 경제 전망이 더 낙관적이었을 정도였다.[8] 그러나, 한국은 이제 명실상부한 선진국으로 발돋움하였다.

〈그림 1–3〉은 서울의 과거와 현재를 한눈에 보여준다. 왼쪽 사진은 1951년 1·4 후퇴 때 피난민들이 끊어진 한강대교 옆에 임시로 설치된 부교를 건너는 모습이다. 오른쪽은 현재 세계 어느 나라 수도에 견주어도 손색이 없는 서울의 멋진 야경이다. 두 사진을 놓고

■ 그림 1-3 ■ 서울의 과거와 현재

보면 한국의 경제성장은 기적이 아닐 수 없다. 한국의 경험은 일반화가 쉽지 않다. 역사상 빈곤의 덫을 벗어나 선진국으로 부상한 사례는 일본과 한국과 같은 동아시아 몇 개 국가에 불과하다. 그렇다면 한국이 이룩한 경제기적의 열쇠는 무엇이었을까? 이를 두고 유교자본주의의 승리라고 주장하는 학자들이 있는가 하면, 민주주의와 자본주의 제도의 승리라고 주장하는 학자들도 있다. 이러한 견해들은 한국과 정반대의 정치·경제체제를 지닌 북한의 경제적 실패를 그 증거로 내세우고 있다.

경제학에서는 부국과 빈국의 차이를 가져오는가를 설명함에 있어서 지리, 문화, 또는 제도적 요인을 강조하는 세 가지 가설들을 주목한다. 수많은 실증분석결과 이 중에서 설득력이 있는 것은 제도적 요인으로 밝혀졌다(Acemoglue and Robinson, 2012). 즉 장기적으로 경제적 성공 여부를 결정하는 것은 경제나 사회가 스스로를 조직하고 개인과 기업의 인센티브를 형성하는 방법의 차이가 가장 중요하다는 것이다. 그런데, 과연 한국이 본격적인 경제성장을 시작한 1960년대 이러한 제도가 얼마나 잘 갖추어졌는지 의문이다. 과연 제도적 변화

때문에 국민들의 '잘 살아보자'는 열망이 폭발하였다고 보는 것이 타당할까?

제2차 세계대전이 끝나고 민주주의와 자본주의를 채택한 개도국은 한국뿐이 아니다. 더구나 한국에 대한 평가는 매우 박한 편이었다. 1952년 영국 〈런던타임스〉 기자는 '한국에서 민주주의를 기대하는 것은 쓰레기통에서 장미꽃이 피기를 열망하는 것과 같다'고 썼다. 그런데, 지금 민주주의가 한국에서처럼 꽃피운 나라가 어디 있으랴? 촛불로 대통령을 바꾼 나라가 아닌가! 한국 경제에 대해서도 지식인들은 정경유착과 비리로 얼룩진 천민자본주의, 혹은 선진국들의 주변부에 불과한 매판자본주의라고 비판하지 않았던가? 그런데 이제 한국을 선진국으로 분류하는 것이 자연스럽게 받아들여지고 있다.

한국의 고도성장은 국민들의 높은 교육열, 우호적인 세계경제환경, 그리고 남북 간의 체제경쟁이 만들어낸 결과물일 것이다. 특히 일제에 나라를 빼앗겼던 쓰라린 경험은 새로운 국가를 이끌고 나갈 인재양성이 무엇보다 중요하다는 공감대를 낳았다. 그 결과 해방 직후 민족의 선각자들은 앞다투어 사립대학들을 설립하였다. 또한 두뇌유출을 억제하고 고급인력을 배출하기 위하여 1966년과 1971년에는 한국과학기술연구원(KIST)와 한국과학기술원(KAIST), 그리고 1986년에는 포스텍(POSTECH)이 설립되었다. 이렇게 해서 높아진 한국의 교육경쟁력은 지속적인 고도성장을 뒷받침하였다. 서구 경제학계에서도 한국이 성공한 이유로 인적자본의 중요성을 강조하는 연구결과가 있다(Glaeser et al., 2004). 1950년대 다수의 개도국들은 독재정권이 집권하였는데, 이들은 한결같이 경제성장에서 자신들의 정당성을 찾고자 하였다. 그런데 유독 한국만이 성공한 데에는 인적자본의 차이가 결정적인 역할을 하였다고 설명하고 있다. 인적자본 수준이 높은 국가는 그렇지 않은 국가에 비해서 두 배나 빠른 경제성장을 하였고, 또 취학율이 높은 국가일수록 민주화와 같은 제도적 개선이 보다 빨리 성취되었다고 밝히고 있다.

그런데 과거는 과거일 뿐, 문제는 현재이다. 한국경제가 성숙단계에 들어서고 성장률의 하락은 단기적인 현상이 아니라, 장기적인 추세로 자리잡았다. 한국의 성장률은 이제 세계경제의 평균성장률과 비슷하다. 경제성장을 하려면 노동과 자본과 같은 생산요소투입이 늘어나고 또 기술혁신이 활발하게 일어나야 한다. 우리나라가 고도성장을 경험할 때에는 노동투입의 증가가 성장에 크게 기여하였다. 산업구조가 농업에서 공업중심으로 바뀌면서 많은 유휴노동이 노동시장에 유입되었고, 여성의 경제활동참가가 증가하면서 노동투입 증가가 매우 크게 나타났다. 또한 우리 국민들은 '아껴서 잘살자'라는 구호 속에 높은 저축률을 기록했고, 이것은 고스란히 투자로 이어져 높은 자본축적을 가져왔다. 이것도 부족해서 정부는 차관을 들여와 부족한 투자재원을 조달해 가면서 자본투입을 늘리는 데 기여하였다. 급기야 투자가 경제성을 무시하고 너무 많이 이루어진 것이 아닌가라는 문제가 제기될 즈음 한국은 외환위기를 맞았다.

고도성장은 이제 추억이 되어 버린 지 오래이다. 날이 갈수록 저출산·고령화 현상이 가속화되면서 노동투입이 줄어들고 있으며 자본축적 속도도 점점 둔화되고 있다. 그렇다면 우리가 기댈 것은 우수한 인적자본밖에 없다. 인적자본은 노동력에 체화된 기술을 의미하는데, 같은 노동이라도 교육을 많이 받은 노동자는 생산성이 높아 성장기여도가 높아진다. 선진국의 문턱을 넘어서면서 국민들은 누구나 이전보다 훨씬 나은 삶이 보장될 것이라고 기대한다. 그래서 노동시간은 줄어들고 '안 먹고 안 쓰며' 저축하기보다 현실을 미래만큼 중시하는 경향이 늘고 있다. 그럴수록 장기적으로 성장을 이끌어가는 동력은 인적자본축적과 기술개발에 기초한 생산성 증대가 아닐 수 없다.

교육은 미래를 위한 투자이다. 그런데, 한국의 대학은 이러한 교육의 소명과는 상당한 거리가 있다. 〈표 1-2〉는 국제경영개발대학원(IMD)과 세계경제포럼(WEF)이 발표한 대학교육경쟁력 순위를 보여준다. 두 기관의 평가 모두 한국의 대학교육경쟁력이 국가경쟁력에 비하여 크게 크게 떨어진다는 것을 보여준다.[9] 대학교육은 국가

■ 표 1-2 ■ 한국의 국가경쟁력과 대학교육 경쟁력 순위

기관	순위	2012	2013	2014	2015	2016	2017	2018	2019	2020
IMD	대상국가수	59	60	60	61	61	63	63	63	63
	국가경쟁력	22	22	26	25	29	29	27	28	23
	교육경쟁력	31	25	31	32	33	37	25	30	27
	대학교육경쟁력*	42	41	53	38	55	53	49	55	48
WEF	대상 국가수	144	148	144	140	138	137	–	–	–
	국가경쟁력	19	25	26	26	26	26	–	–	–
	대학교육경쟁력**	44	64	73	66	75	81	–	–	–

주: 1) * 대학교육의 경쟁사회 요구 부합정도, ** 교육시스템의 질.
2) WEF 대학교육경쟁력지표는 2018년부터 교육시스템의 질 대신 대졸자 기술수준으로 변경되었음.

자료: 양한주(2021).

경쟁력을 드높이는 것이 아니라 오히려 깎아먹고 있는 것이다. 그 원인은 여러 가지가 있겠지만, 사립대학의 재정수지 악화와 교육투자의 감소가 대학경쟁력 추락으로 이어졌다는 것은 분명해 보인다 (양한주, 2021). 이 문제는 제4장에서 심도 있게 논의하도록 한다.

한국은 더 이상 선진국을 따라가는 개도국이 아니다. 한국은 선진국의 정의에 걸맞도록 창조국가로 다시 태어나야 한다. 이는 제도, 문화 그리고 경제 모든 분야에서 기존의 사고틀을 뛰어 넘어 새로운 패러다임을 만들어내야 한다는 말이다. 창의력과 지력을 바탕으로 교육제도를 업그레이드해야 하며, 대학이 그 선두에 서야 한다. 교육에서도 전 세계가 열광하는 K-교육과 K-대학이 나와야 한다. 그러려면 세계 제일의 교육열을 어떻게 세계 제일의 인재 양성로 연결지을 것인가가 논의의 핵심이 되어야 할 것이다.

4. 변화의 물결과 개혁의 필요성

대학은 세상을 떠나 고고히 존재하는 상아탑이 아니다. 따라서 대학혁신의 방향과 과제를 설정하려면 현재 대학을 둘러싼 사회적·역사적 변화의 의미를 정확하게 파악하여야 한다. 21세기 한국이 경험하고 있는 변화의 물결은 대략 4가지로 요약할 수 있을 것이다.

첫째, 학령인구의 감소이다. 학령인구란 초등학교부터 대학교까지 취학연령인 6세에서 21세 사이의 인구를 의미한다. 같은 맥락에서 대학교 학령인구는 18세부터 21세 사이의 인구를 의미한다. 학령인구의 감소는 출산율의 하락이 가져온 결과이다. 소득수준이 상승하면 출산율이 하락하는 현상은 과거 선진국도 경험한 바 있다. 그런데 한국의 경우는 출산율 하락이 매우 빠른 속도로 진행되었고, 현재는 합계출산율 수준이 1.0명 미만을 기록하여 OECD에서 유일한 사례이다.[10] 인구변화가 가져오는 충격은 서서히 나타나지만, 피해갈 수 없다. 급기야 2021년 대학학령인구는 대학정원에 미달하는 사태가 발생하였다. 문제의 심각성과 시사점에 대해서는 다음 장에서 상세하게 논의하기로 한다.

둘째, 성장률 저하이다. 성숙단계에 접어든 선진국 경제들은 한결같이 성장률이 둔화되는 현상을 경험하였다. 한국도 예외가 아니다. 하지만 그 속도가 예상과 달리 빠르다는 것에 문제의 심각성이 더 크다. 성장률 확충을 위한 교육의 역할에 대해서는 앞에서 논한 바 있다. 교육서비스의 수요자의 입장에서 보면 한국경제의 성장률 저하는 양질의 일자리 창출이 점점 더 어려워진다는 것을 시사한다. 하지만 "세상은 넓고 할 일은 많다"는 말이 있지 않은가?[11] 국내의 일자리는 이전처럼 팽창하지 않겠지만, 전 세계를 놓고 보면 여전히 할 일은 많다. 대학은 졸업생들이 전 세계에서 잠재력을 최대한 발휘할 수 있도록 교육의 질을 높여야 한다.

셋째, 디지털 기술혁명의 가속화이다. 18세기 후반 영국에서 발생한 산업혁명은 인류의 삶을 근본적으로 바꿔놓았으며, 대학의 교육과 연구에도 막대한 영향을 미쳤다. 최근에는 4차 산업혁명으로 상징되는 디지털 기술 혁명이 산업과 노동시장뿐 아니라 사회전반에 커다란 변화를 가져오고 있다. 향후 풍력 및 태양광 기술자, 컴퓨터와 수학전문가, 보건 및 교육서비스 전문가들에 대한 수요가 크게 증가할 것이라는 분석은 교육 수요에 미칠 영향을 짐작케 한다.[12] 교육은 더 이상 공급자 중심이 되어서는 안 된다. 기업이 원하는 기술과 능력에 초점을 맞춰 수요자 중심으로 교육서비스를 개편하여야 한다. 대학의 연구도 마찬가지로 기업과의 협력강화를 통하여 활성화하여야 한다. 이 문제도 제3장에서 자세하게 논하기로 한다.

넷째, 양극화의 심화이다. 소득불평등의 심화는 전 세계적인 현상이다. 한국의 경우도 1997년 외환위기 이후 악화되었는데, 저소득계층일수록 실질적인 공정한 경쟁을 통한 계층상승이 어려워졌다는 말이다. 오죽하면 '날아라 개천용'이란 드라마가 인기를 얻게 되었을까? 여기다가 한국은 지역불균형 문제도 심각해지고 있다. 갈수록 고교를 졸업하고 수도권 대학으로 진학하려는 현상이 심각해지면서 지방 대학과 산업계가 피폐화되는 악순환이 눈에 띄게 나타나고 있다. 성장과 분배의 시너지효과를 극대화하려면 불평등 완화정책을 적극 추진하여야 하며, 이와 관련하여 대학의 책임있는 역할이 기대된다.

이상과 같은 환경변화에 대응하려면 대학은 어떻게 변하여야 하는가? 21세기가 요구하는 한국 대학의 모습을 정리하면 〈그림 1－4〉와 같다. 한국 대학은 국민들에게 선진국에 걸맞는 삶의 질을 보장하는 데 선도적 역할을 해야 한다. 그것은 수월성과 형평성의 조화로운 추구가 필요하다. 구체적으로 수월성을 높이려면 '세계적 수준의 고등교육'을 제공하는 동시에 '4차 산업혁명의 온상'이 되어야 한다. 또한 형평성을 제고하기 위해서는 '계층이동의 사다리'가 되어

■ 그림 1-4 ■ 21세기 한국의 대학개혁 방향과 과제

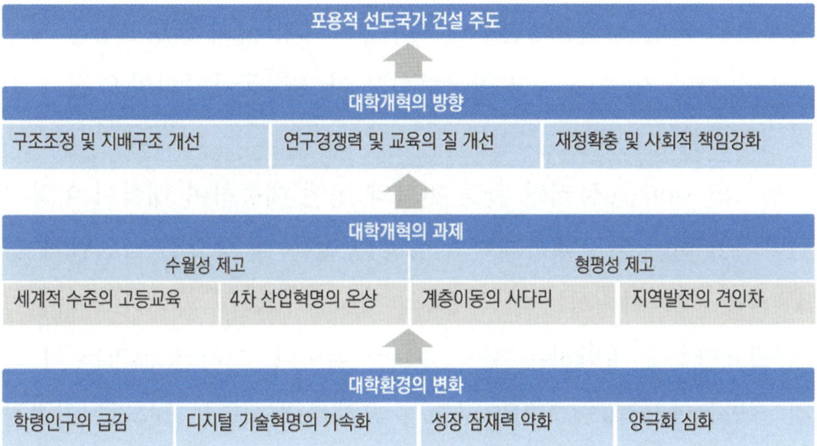

야 하며, '지역발전의 견인차' 역할을 담당하여야 한다.

수월성과 형평성은 선진국 문턱을 넘어서는 한국에게 반드시 필요한 가치이다.[13] 한국의 대학은 당연히 대한민국의 비전을 실현하는 데 선도적 역할을 담당하여야 한다. 우선 수월성이라는 측면에서 대학은 선진국에 걸맞는 새로운 가치를 창조하고 이끌고 나갈 인재를 길러내야 한다. 이를 위하여 즉, 대학은 과감한 구조조정과 혁신을 통하여 그 본질적인 영역이라고 할 수 있는 교육의 질과 연구경쟁력의 수준을 끌어올려야 한다. 다른 한편으로 한국의 대학은 포용성을 높이는 데 앞장서야 한다. 1997년 외환위기와 2008년 글로벌 금융위기, 그리고 2020년 코로나19 사태를 겪으면서 사회적 형평성에 대한 국민들의 관심은 점점 더 높아져 왔다. 대학을 수월성이란 잣대만으로 재단한다면 왜 국가차원에서 대학을 지원해야 하는지

대다수 국민들을 설득하기 어렵다. 대학은 사회계층 간 이동성을 증대시키고 또한 지역균형발전에 기여함으로써 사회적 형평성을 제고하여야 한다. 이를 통하여 한국사회뿐 아니라 국제사회의 안정과 번영에 기여할 수 있을 것이다.

한국의 대학을 둘러싼 환경 변화와 이에 대응하여 대학이 어떻게 변하여야 하는가는 대학개혁의 방향을 잡는 데 중요한 나침반이 될 것이다. 이를 위해서는 한국대학의 실상을 명확히 파악하고 혁신이 왜 필요한가를 파악하는 것이 중요할 것이다. 이러한 논의는 이 책의 후반부에서 대학개혁의 구체적 방안을 제시하는 것으로 귀결될 것이다. 대학혁신의 성공여부는 결국 변화에 대한 요구를 어떻게 능동적으로 그리고 적극적으로 수용할 것인가에 달려 있다. 만델라(Nelson Mandela)는 "교육은 세상을 바꾸기 위해 당신이 사용할 수 있는 가장 강력한 무기"라고 말하였다.[14] 대학개혁이야말로 활력을 잃어가고 있는 대한민국을 살리는 영약이 아닐 수 없다.

02

대학이란 우물이 마른다

1. 학령인구의 감소

2. 수도권과 비수도권 대학 간 양극화

3. 수도권이란 블랙홀

4. 구심력과 원심력의 조화

• • •

02
대학이란 우물이 마른다

우물은 아무리 퍼내어도 줄어들거나 넘치지 않는다. 수돗물이 나오기 전에는 우물물로 밥도 짓고 술도 담그니 누구에게나 소중한 자산이 아닐 수 없었다. 대학은 훌륭한 인재를 길러내는 우물과 같다. 그런데, 그 우물이 말라가고 있다. 여러 가지 이유가 있겠지만 그중 가장 중요한 것은 대학에 진학할 고등학교 졸업자수가 줄어든다는 것이다. 고령화·저출산으로 인한 인구의 감소는 국가의 기반을 무너뜨리는 무서운 재앙이다. 대학도 이를 피해갈 수 없다. 더욱 무서운 것은 그 피해가 지역별로 균등하게 나타나지 않는다는 것이다. 수도권과 비수도권 간 불균형이 점점 심각해지고 있다. 위협받는 대학의 생태계를 어떻게 보존할 것인지 해결책을 찾는 데 중지를 모아야 한다.

1. 학령인구의 감소

교육기관별로 해당 연령대의 인구를 학령인구라고 한다. 대학의 학령인구는 고등학교를 졸업하고 대학에서 공부할 18세~21세 사이의 인구를 의미하는데, 학령인구의 감소는 대학의 생태계를 뒤흔들 폭탄이 아닐 수 없다.

한국의 학령인구 감소는 저출산 기조와 맥을 같이 한다. 출산율을 나타내는 대표적인 지표라고 할 수 있는 합계출산율(15~49세 가임여성 한 명당 평균출산율)을 보면 1970년 4.5명으로 출발하여 가파른 하락세를 보여왔다. 1983년부터는 합계출산율이 한 사회가 전체 인구수를 유지하는 데 필요한 대체출산력 수준에 미달하게 되었고, 2018년에는 1명 미만(0.98명)으로 하락하였다.[1] 쉽게 설명하면 1970년대만 해도 초등학교 다니던 학생들은 형제자매가 자신을 포함하여 4명이 넘었는 데, 이들은 자라서 2명 정도의 자녀를 두었고, 다시 이들 자식들은 평균 1명에 미달하는 자녀를 두고 있다. 합계출산율이 1.0명에 미만인 국가는 OECD 국가 중 한국이 유일하다. 한국은 빠른 속도로 '초저출산의 덫'에 빠진 것이다.[2]

합계출산율은 왜 하락하는가? 여기에는 우리 사회의 긍정적인 면과 부정적인 면이 혼재한다. 우선 선진국의 경험을 보면 소득이 높아지면 출산율이 하락하는 것은 자연스러운 현상이다. 유아사망률이 낮아지는 만큼 굳이 자식을 여러 명 낳을 필요성이 낮아지고, 또 여성들의 교육수준이 향상되면서 사회적 진출과 경제적 자립을 선호하게 되기 때문에 육아의 기회비용이 높아지기 때문이다. 한편 여성들이 결혼을 미루거나 단념하면서 자녀출산에 부정적인 영향을 미치게 된다. 한국의 경우 초혼연령이 괄목할 만한 정도로 상승하였는데, 이에 따라 임신가능성이 상대적으로 낮아지고 둘째나 셋째 자녀를 출산하는 데에도 어려움을 초래하게 된다(김경수 외, 2018). 그런데, 한국의 합계출산율 하락은 자연스럽다고 보기에 너무 가파르다. 결혼을 꼭 해야 하는가, 또 결혼을 하면 자녀를 하나 이상 두어야 하는가에 대해서 분명히 젊은 세대의 인식이 바뀐 것 같다. 여기에는 여성들의 자아실현 욕구가 높아진 것에 더해서 자녀 양육비 및 교육비 등 육아비용이 증가한 것도 중요한 변수로 작용하고 있다. 교육비, 특히 사교육비가 출산에 영향을 줄 정도로 크다는 것이 우리 현실이다.[3] 앞으로 이러한 상황이 크게 나아지지 않는다면 합계출산율의 반등을 기대하기 어려울 것이다.

〈그림 2-1〉은 대학학령인구와 함께 대학입학정원과 대학입학인원 추이를 보여준다. 우선 대학학령인구는 2000년 82만 7천 명에서 2005년 60만 9천 명으로 줄었다가 2010년에는 69만 5천 명으로 다시 증가한다. 이렇게 대학학령인구가 증가한 것은 1990년대 초반 잠시 출산율이 증가하고 신생아 숫자가 증가한 것에 기인한다. 그러나, 합계출산율이 전 세계 최저수준에 달하는 동안 대학학령인구도 2011년 이후 하향세로 돌아섰다.

대학입학정원을 보면 2003~2006년 기간 중 대학학령인구를 일시적으로 능가하였으나, 이후 다시 역전되었고, 2021년에 본격적으로 대학입학정원이 대학학령인구를 능가하는 사태가 발생하였다. 한편 실제 대학입학인원을 보면 2000년대 초부터 대학입학정원에 미달하

■ 그림 2-1 ■ 대학학령인구와 대학입학정원 및 입학인원 추이

(단위: 만 명)

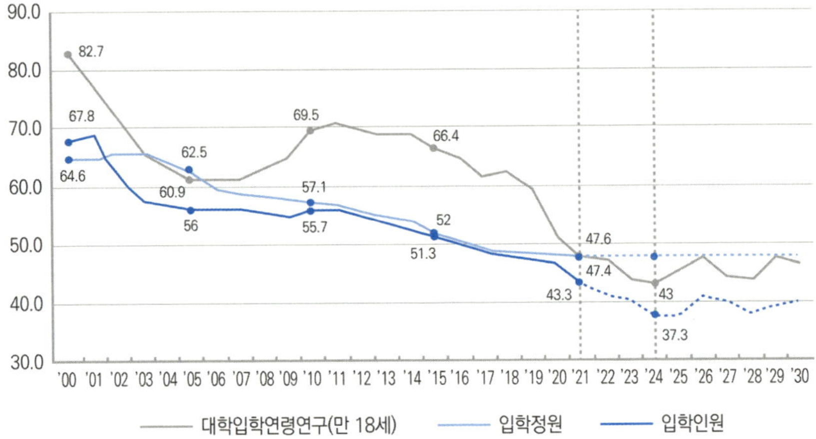

자료: 교육부, 『대학의 체계적 관리 및 혁신 지원 전략』, 2021.5.20.

는 사태가 나타나기 시작하였다. 정원미달현상은 2010년부터 2020년 사이에는 다소 완화되었으나, 2021년에는 다시 격차가 벌어졌다. 2021년 입학인원은 43만 3천 명으로 대학입학 정원의 91.4%에 그쳤다.[4]

정리하면 대학에서 공부할 연령의 학령인구수는 2021년 대학정원보다 낮아졌다. 실제 대학입학인원은 대학학령인구수보다 적기 때문에 대학정원의 미달사태는 크게 악화될 전망이다. 차일피일 지체되어 온 대학입학정원조정이 발등의 불이 된 것이다.[5] 지난날 대학정원의 무분별한 확대도 정원미달사태의 주요원인 중의 하나이다. 한국의 대학정원은 1960년대 경제성장을 추진하면서 산업수요에 맞춰서 확대되기 시작하였다. 그러나 전반적으로 억제기조가 유지된 탓

에 1970년대 후반들어 대졸자의 공급부족현상이 발생하였다. 이에 따라 1979년 서울 소재 9개 대학이 지방분교를 설치하면서 대학정원이 대폭 늘어났다. 1980년에는 대학의 입학정원을 30% 늘리는 대신, 늘어난 정원만큼을 중도에 탈락시키는 '대학졸업정원제'를 도입하였다. 하지만 학생들의 반발이 심해지자, 1985년부터는 초과모집 비율 30%을 대학 자율에 맡기면서 대학정원은 다시 입학정원제로 환원되었다. 이와 별도로 대학입학정원을 확대하고 방송통신대학에 학사과정을 설치하는 한편, 2년제였던 교육대학을 4년제로 개편하는 등 입학정원 확대에 노력하였다.[6]

1990년대 들어오면서 '대학정원자율화' 바람이 불기 시작하면서 대학정원조정권한이 정부에서 대학으로 넘어갔다. 그 결과 대학정원은 급속히 증가하였다. 여기에다가 대학설립 역시 일정 요건만 만족시키면 허용하는 '대학설립준칙주의'가 1995년 도입되면서 대학수가 급증하였다.[7] 그러다가 2000년대에 들어오자 대학입학정원을 감소하려는 쪽으로 정책이 선회하였다. 이를테면 2005년에는 대학구조개혁의 일환으로 재정지원사업과 입학정원 감축을 연계하기 시작하였다. 이명박 정부에서도 국립대의 경우 대학자율 구조조정을 유도하고 사립대의 경우는 '부실대학의 퇴출 촉진' 정책을 추진하였다. '대학설립준칙주의'는 명시적으로 2013년 폐기되고, 대학설립 허가제가 재도입되었다.

그렇다면 앞으로 학령인구는 어떻게 변하겠는가? 〈그림 2-2〉에서 보는 바와 같이 학령인구 증가는 1970년대에 끝났고, 그 이후로는 계속 줄어들었다. 저출산 현상이 본격화되면서 학령인구 감소는

■ 그림 2-2 ■ 학령인구 추이(1967-2067)

(단위: 만 명)

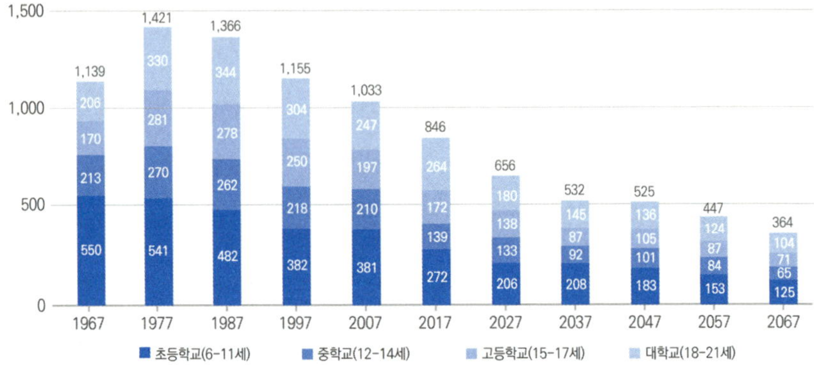

자료: 통계청, "인구로 보는 대한민국".

불가피할 전망이다. 예를 들어 대학학령인구는 2017년 264만 명에서 2027년 180만 명으로 감소할 것으로 보인다. 같은 기간 중 초등학교, 중·고등학교를 포함하면 6세부터 21세 사이의 학령인구는 846만 명에서 656만 명으로 190만 명이 감소할 것으로 전망되었다. 지금 같은 인구추세라면 대학학령인구는 2027년까지 감소하다가 잠시 주춤한 이후 2037년부터 다시 감소세를 이어갈 것이다.

2. 수도권과 비수도권 대학 간 양극화

모든 자연재해가 그렇듯이 우물이 마른다고 전국의 우물이 동시에 마르는 것은 아니다. 학령인구가 감소하면서 대학정원을 채우지 못하는 사태도 마찬가지이다. 수도권과 비수도권 간에는 상당한 격차가 나타나고 있다. 또한 미충원은 일반대보다 전문대에 집중되고 있는 양상이다.

2021년에는 전국적으로 대학에서 4만 명이 넘게 대학신입생을 모집하지 못하였다. 〈표 2−1〉에서 보는 바와 같이 4년제 일반대학의 충원율은 수도권의 경우 99.2%를 기록하였고, 비수도권은 92.2%에 그쳤다. 전문대학의 경우 수도권과 비수도권이 각각 86.6%와 82.7%를 기록하였다. 이를 다시 권역별로 살펴보면 〈그림 2−3〉과 같다. 일반대학의 경우 수도권은 99.2%로 가장 높고, 충청권은 94.8%, 전라·제주는 91.8%, 그리고 대구·경북과 부산·울산·경남이 둘 다 91.0%, 그리고 강원이 89.5% 순으로 나타났다. 한편 전문대학의 권역별 충원율은 대구·경북이 87.9%로 가장 높고, 전라·제주 87.4%, 수도권 86.6%, 강원 82.0%, 부산·울산·경남 80.6%, 그리고 충청권

■ 표 2-1 ■ 수도권과 비수도권의 대학충원율(2021)

(단위: 명, %)

구분	전체			일반대			전문대		
	모집인원	입학인원 (충원률)	미충원 (미충원율)	모집인원	입학인원 (충원률)	미충원 (미충원율)	모집인원	입학인원 (충원률)	미충원 (미충원율)
전국	473,189	432,603 (91.4)	40,586 (8.6)	318,013	301,617 (94.8)	16,396	155,176	130,986 (84.4)	24,190 (15.6)
수도권	190,066	179,938 (94.7)	10,128 (5.3	122,065	121,036 (99.2)	1,029	68,001	58,902 (86.6)	9,099 (13.4)
비수도권	283,123	252,665 (89.2)	30,458 (10.8)	195,948	180,581 (92.2)	15,367	87,175	72,084 (82.7)	15,091 (17.3)

자료: 교육부, 『대학의 체계적 관리 및 혁신 지원 전략』, 2021.5.20.

■ 그림 2-3 ■ 권역별 대학충원율(2021)

(단위: %)

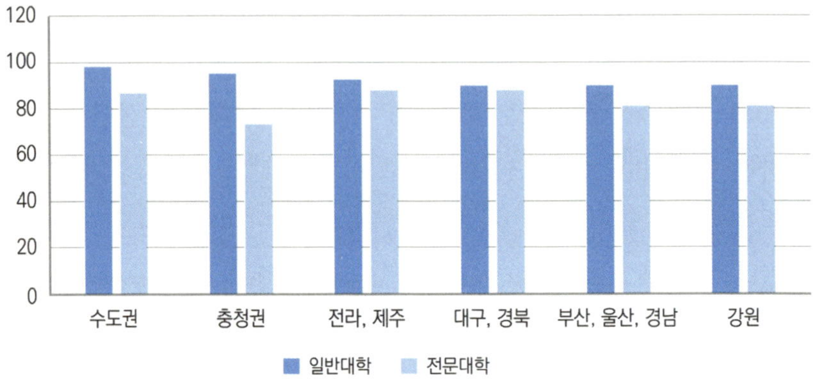

자료: 교육부, 『대학의 체계적 관리 및 혁신 지원 전략』, 2021.5.20.

73.9%로 나타났다.

"벚꽃 피는 순으로 망한다"라는 괴담이 있다. 대학의 미충원율이 수도권에서 멀수록 더 크다는 말이다. 실제 시도별 충원율 자료를 보면 정확하게 맞아 떨어지지는 않지만, 크게 틀리지 않는다. 〈표 2-2〉는 2021년 시도별 대학충원율을 보여준다. 우선 대학전체 충원율을 보면 경남(85.0%), 경북(88.1%), 강원(89.2%), 전북(89.3%), 제주(89.44%), 강원(89.2%)은 90%에 미달하고 있다. 반면에 수도권에 속하는 서울(99.5%), 경기(98.5%), 인천(98.7%)의 경우는 100%에 근접한 수치를 보이고 있다. 국공립대학과 사립대학으로 나눠보면 예상과 달리 국공립대학의 경우도 충원율이 90%에 미달하는 경우가 나타나고 있는데, 경북(84.9%)과 전남(89.7%)이 여기에 속한다. 사립대학의 경우는 좀 더 문제가 심각하다. 제주(29.5%), 경남(73.1%), 강원(83.4%)을

■ 표 2-2 ■ 시도별 대학충원율(2021)

(단위: %)

	대학 전체	국공립대학	사립대학
강원	89.2(-10.1)	97.3(-2.4)	83.4(-15.7)
경기	98.5(-0.6)	99.0(-0.2)	98.5(-0.6)
경남	85.0(-10.4)	97.8(-2.0)	73.1(-18.5)
경북	88.1(-8.5)	84.9(-14.8)	88.4(-7.3)
광주	96.5(-3.2)	99.9(-0.1)	95.2(-4.3)
대구	98.5(-1.4)	98.6(-1.2)	98.4(-1.5)
대전	94.8(-4.6)	99.6(-0.2)	92.6(-6.5)
부산	93.0(-5.7)	99.8(-0.1)	90.0(-8.2)
서울	99.5(-0.1)	99.8(-0.0)	99.5(-0.2)
세종	98.6(-0.1)	--	98.6(-0.1)
울산	96.9(-2.6)	--	96.9(-2.6)
인천	98.7(-1.2)	99.8(-0.0)	97.8(-2.1)
전남	89.6(-6.0)	89.7(-9.7)	89.5(-1.4)
전북	89.3(-10.3)	95.7(-4.0)	85.3(-14.3)
제주	89.4(-2.1)	100.0(0.2)	29.5(-14.9)
충남	96.4(-3.2)	99.7(-0.1)	96.0(-3.6)
충북	93.0(-6.4)	99.7(-0.1)	89.4(-9.7)
전국	94.9(-4.0)	97.8(-1.9)	94.0(-4.6)

주: 괄호 안의 숫자는 전년도(2020) 대비 변화수준(%포인트)을 표시. 부(−)의 값은 감소를 의미.
자료: 뉴스웍스(2021.5.20).

필두로 전북(85.3%), 경북(88.4%), 전남(89.5%) 등이 90%에 미달하는 것으로 나타났다.

2021년 충원율이 낮은 것도 문제이지만 전년도와 비교하여 10% 포인트 이상 떨어진 곳도 다수 눈에 띈다. 대학전체를 기준으로 할 때 경남(10.4%), 전북(10.3%), 그리고 강원(10.1%)이 여기에 속한다. 반면에 수도권에 속하는 서울과 경기도는 충원율이 거의 떨어지지 않았고, 인천의 경우는 1%에 불과하였다.[8] 요약하면 대학 신입생 모집에 있어서 수도권과 비수도권의 양극화현상이 극심하게 나타나기 시작하였다. 일부 지방 국공립대학의 경우도 이러한 현상이 나타나고 있는 것은 문제의 심각성을 보여준다.

충원율의 급격한 감소는 지방대학의 존립을 위협하고 있다. 이들 대학들의 신입생 유치 노력은 눈물겨울 정도이다. 심지어 일부 사립대학들은 신입생들에게 휴대폰이나 노트북을 입학선물로 제공하고 있다(〈그림 2-4〉 참조). 그럼에도 불구하고 미충원사태를 막기에는 역부족일 것이다. 수험생들은 이러한 선물제공을 오히려 해당대학에 문제가 많다는 신호로 받아들일 공산이 크다. 지방대학의 구조조정과 경쟁력 강화는 해당 대학의 자구노력이나 지방자치단체의 지원만으로 해결될 수 없다. 교육부도 이러한 현황을 직시하고 2021년 5월 20일, '대학의 체계적 관리와 혁신지원전략'을 발표하였다. 동 계획은 교육 및 재정여건이 부실한 한계대학은 폐교 및 청산을 포함하여 집중관리하고, 일반대학은 자율혁신계획 수립을 통한 체질개선을 촉진한다는 것이다. 또한 수도권·비수도권 대학, 지역 내 대학, 일반대학-전문대학 등이 동반 성장할 수 있는 고등교육 생태계 조성을 목표를 내세우고 있다(구체적인 내용은 본 절 BOX 참조).

교육부의 정책대응은 때늦은 감이 있다. 더구나 정부의 재정지원 및 국가장학금·학자금 대출제한 등과 같은 수단이 대학이 직면하고 있는 과잉공급 및 경쟁력 저하, 양극화 등의 문제를 해결하는 데 효과적인지 의문시된다. 대학들이 과연 자율적으로 정원을 조정하여 전국적인 미충원 문제를 해결할 수 있을 것인가, 또한 이러한 과정

■ 그림 2-4 ■ 지방 사립대학의 입학 인센티브 사례

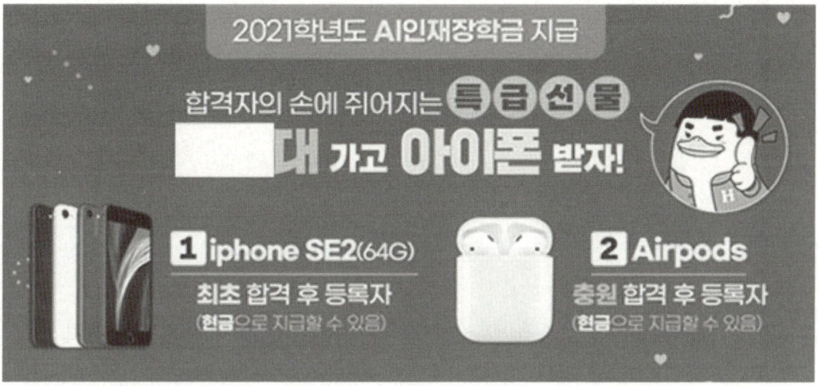

출처: 동아일보, 2020.10.15.

에서 수도권과 비수도권 대학들이 얼마나 어떻게 고통분담을 할지 현명한 대책을 마련하여야 한다.[9]

'대학의 체계적 관리 및 혁신지원전략'(교육부 2021.5.20.)

교육부는 급격히 감소하는 학령인구와 급변하는 산업 및 사회에 대응하여 대학의 체질 개선 및 질적 혁신을 촉진하기 위한 '대학의 체계적 관리와 혁신 지원전략'을 내놓았다. 정책방향은 다음 세 가지로 요약할 수 있다.

- 대학이 자율혁신에 기반한 적정 규모화를 추진할 수 있도록 적극적으로 지원한다.
- 교육·재정여건 부실 대학은 과감한 구조개혁을 추진하도록 유도하고, 회생이 어려운 경우 퇴출을 추진한다.
- 수도권·비수도권 대학, 지역 내 대학, 일반대학·전문대학 등이 개방·공유·협력을 통해 동반 성장하는 고등교육 생태계를 조성한다.

대학의 체계적 관리를 위해서 대학을 한계대학과 자율혁신대학으로 구

분하고 있다. 전자는 집중관리대상으로 폐교 및 청산을 체계적으로 추진하는 한편, 후자의 경우에는 자율성을 확대하여 정원 유연화, 재정지원 및 규제혁신 등을 지원하겠다고 밝혔다.

- 한계대학: 과감한 구조개혁, 적기 시정조치 및 폐교·청산 절차 체계화
- 자율혁신대학: 대학별 자율혁신계획 수립 및 추진(적정 규모화 포함), 정원조정 유연화, 평생직업교육체제 전환 지원

한편 공유협력 기반의 대학혁신 지원은 지속가능한 고등교육 생태계 조성을 목표로 하고 있다.

- 고등교육 재정 확충: 일반재정지원 확대 및 개편, 대학에 대한 세제 감면 확대, 교육용 기본재산 임대 허용 완화
- 지자체-대학 중심의 지역 협업체계 구축: 지차제의 지역인재 양성 총괄 기능 강화, '지역혁신플랫폼'의 지속적 확대
- 공유·협력을 통한 대학 혁신 역량 강화: 대학 간 교육과정, 교원, 시설, 노하우 등의 공유 및 협력을 통한 공동의 경쟁력을 강화하고 교육의 질을 제고
- 지역 거점으로서 국립대 혁신: 권역내 공동교육혁신체제(연합대학) 구축을 지원, 대학별 특성화분야를 기반으로 공동의 발전전략 수립, 학사 공동 운용 지원.

3. 수도권이란 블랙홀

한국은 높은 교육열이 높은 대학진학률로 이어지면서 대학은 한동안 세우기만 하면 호황을 누려왔다. 그런데 저출산으로 인해 학령인구가 감소하면서 시장은 공급자중심에서 수요자중심으로 바뀌었

다. 서비스가 소비자의 눈에 안 차면 망할 수밖에 없는 시대가 온 것이다.

속담에 "말은 나면 제주도로 보내고 사람은 나면 서울로 보내라"라는 말이 있다. 망아지는 말의 고장인 제주도에서 길러야 하고, 사람은 어릴 때부터 서울로 보내어 공부를 하게 하여야 잘 될 수 있다는 말이다. 교육도 투자라고 본다면 투자수익률이 높을수록 경쟁률이 높고, 반대로 투자수익률이 낮은 곳이라면 경쟁률이 낮을 수밖에 없다.

대학들은 저마다 전통과 특색을 자랑한다. 그럼에도 불구하고 수도권 대학들로 학생들이 몰리는 데는 분명히 이유가 있을 것이다. 수도권과 비수도권 간 충원율의 차이가 이를 증명한다. 이를 눈으로 확인하는 방법은 매년 발표되는 다양한 대학평가자료를 비교하는 것이다. 세계대학 평가에서는 국내 몇 개 대학을 제외하면 모두 순위가 크게 떨어진다. 반면에 국내에서 이루어지는 대학평가를 보면 대학 간 경쟁력 차이가 보다 명백하게 드러난다. 이하에서는 중앙일보에서 추진하고 있는 대학평가자료에 근거하여 수도권과 비수도권 대학 간 경쟁력 차이에 대하여 논하기로 한다.

국내에서 가장 먼저 대학평가를 시작한 곳은 중앙일보이다. 1994년부터 시작한 대학평가의 목적에 대하여 중앙일보측은 평가를 통한 대학의 발전적 경쟁체제 도입이라고 밝히고 있다. 대학진학에 목을 매는 수험생과 학부모가 있는 이상, 대학경쟁력에 대한 정보제공은 성공이 보장된 사업이 아닐 수 없다. 그러나, 졸지에 평가 대상이 된 대학의 입장에서 보면 거북하기 짝이 없는 일이다. 필자도 처음에는 상당한 거부감을 느꼈다. 그동안 모든 대학이 일류이고 최고임을 자처해 왔는데, 그 실상이 밝혀질 수밖에 없는 상황이 오고 말았기 때문이다. 평가 초기에는 일부대학의 집행부나 총학생회에서 평가를 거부하자는 주장도 나왔고, 실제로 평가에 필요한 정보제공을 거부하는 대학도 있었다. 하지만, 해가 거듭될수록 학원가와 학부모들, 그리고 동문들의 관심이 커지면서 이왕 평가를 받을 바에야 조금이라고 나은 점수를 받아야 한다는 분위기가 형성되었다.

〈표 2－3〉은 중앙일보평가에 따른 대학순위를 보여준다. 2005년부터 5년 간격으로 순위를 보여주고 있는데, 2020년에는 코로나 감염증 때문에 평가를 하지 않아서 2019년 자료로 대체하였다. 우선 2005년 순위를 보면 포스텍과 KAIST가 각각 1위와 2위를 차지한 가운데, 서울대, 연세대, 고려대, 성균관대와 한양대가 뒤를 이었다. 25위권 대학 중 비수도권 대학은 5개에 그쳤지만, 경북대(11위)와 부산대(16위), 충남대(22위)가 양호한 성적을 거두었다. 2010년에도 포스텍과 KAIST가 수위를 다투는 가운데 25위권 내 대학들은 전체적으로는 커다란 변화를 보이지 않았다. 다만 비수도권 국립대학교의 순위는 약간 하락하였다(경북대 18위, 부산대 20위, 전북대 22위, 충남대 23위, 전남대 25위).

2015년 이후에는 평가대상을 인문·사회·자연 ·공학 등 4개 계열 이상을 갖춘 종합 4년제 대학으로 제한하였다. 이는 포스텍이나 KAIST와 같이 순위가 높은 대학들과 종합대학을 단순 비교하는 것은 형평성에 어긋난다는 종합대학들의 항의가 받아들여진 결과라고 할 수 있다. 물론 이러한 평가대상의 변경이 올바른 결정이었는지는

■ 표 2-3 ■ 중앙일보 대학 평가 순위

<table>
<tr><th>순위</th><th>2005</th><th>2010</th><th>2015</th><th>2021</th></tr>
<tr><td>1</td><td>포스텍</td><td>KAIST</td><td>서울대학교</td><td>서울대학교</td></tr>
<tr><td>2</td><td>KAIST</td><td>포스텍</td><td>성균관대학교</td><td>연세대학교(서울)</td></tr>
<tr><td>3</td><td>서울대학교</td><td>서울대학교</td><td>한양대학교(서울)</td><td>한양대학교(서울)</td></tr>
<tr><td>4</td><td>연세대학교(서울)</td><td>연세대학교(서울)</td><td>연세대학교(서울)</td><td>성균관대학교</td></tr>
<tr><td>5</td><td>고려대학교(서울)</td><td>고려대학교(서울)</td><td>고려대학교(서울)</td><td>고려대학교(서울)</td></tr>
<tr><td>6</td><td>성균관대학교</td><td>성균관대학교</td><td>서강대학교</td><td>이화여자대학교</td></tr>
<tr><td>7</td><td>한양대학교</td><td>경희대학교</td><td>이화여자대학교</td><td>경희대학교</td></tr>
<tr><td>8</td><td>서강대학교</td><td>서강대학교</td><td>중앙대학교</td><td>중앙대학교</td></tr>
<tr><td>9</td><td>이화여자대학교</td><td>한양대학교</td><td>한양대학교(에리카)</td><td>동국대학교(서울)</td></tr>
<tr><td>10</td><td>경희대학교</td><td>이화여자대학교</td><td>서울시립대학교</td><td>한양대학교(에리카)</td></tr>
<tr><td>11</td><td>경북대학교</td><td>인하대학교</td><td>경희대학교</td><td rowspan="3">건국대학교(서울)
서울시립대학교
아주대학교</td></tr>
<tr><td>12</td><td>중앙대학교(서울)</td><td>중앙대학교(서울)</td><td>부산대학교</td></tr>
<tr><td>13</td><td>인하대학교</td><td>아주대학교</td><td>인하대학교</td></tr>
<tr><td>14</td><td>한국외국어대학교</td><td>건국대학교</td><td>한국외국어대학교</td><td>서강대학교</td></tr>
<tr><td>15</td><td>아주대학교</td><td>한국외국어대학교</td><td>경북대학교</td><td rowspan="2">부산대학교
인하대학교</td></tr>
<tr><td>16</td><td>부산대학교</td><td>서울시립대학교</td><td rowspan="2">아주대학교
전북대학교</td></tr>
<tr><td>17</td><td>가톨릭대학교(서울)</td><td>동국대학교(서울)</td><td>서울과학기술대학교</td></tr>
<tr><td>18</td><td>건국대학교</td><td>경북대학교</td><td>충남대학교</td><td>한국외국어대학교</td></tr>
<tr><td>19</td><td>한림대학교</td><td>숙명여자대학교</td><td>동국대학교(서울)</td><td>경북대학교</td></tr>
<tr><td>20</td><td>울산대학교</td><td>부산대학교</td><td>전남대학교</td><td>전북대학교</td></tr>
<tr><td>21</td><td>세종대학교</td><td>가톨릭대학교</td><td>건국대학교(서울)</td><td>세종대학교</td></tr>
<tr><td>22</td><td>충남대학교</td><td>전북대학교</td><td>충북대학교</td><td>전남대학교</td></tr>
<tr><td>23</td><td>서울시립대학교</td><td>충남대학교</td><td>서울과학기술대학교</td><td>국민대학교</td></tr>
<tr><td>24</td><td>숙명여자대학교</td><td>영남대학교</td><td>한국해양대학교</td><td>인천대학교</td></tr>
<tr><td>25</td><td>인제대학교</td><td>전남대학교</td><td>영남대학교</td><td>숙명여자대학교</td></tr>
</table>

주: 2020년에는 코로나바이러스 감염증 여파로 평가를 실시하지 않음.
자료: 중앙일보 홈페이지(http://univ.joongang.co.kr/)

의문시된다. 그런데 포스텍과 KAIST가 빠지고 나서, 서울대가 1위로 올라선 다음 2위와 3위를 차지한 대학은 성균관대와 한양대이다. 공학계열에 대한 사회적 수요가 증가한 것이 반영된 결과라고 할 수 있다.

여기서 잠시 중앙일보 평가는 얼마나 신뢰할 만한가를 짚어보고 넘어가자. 〈그림 2-5〉는 중앙일보 평가(2021)에서 25위권에 포함된 대학들의 순위를 x축에 그리고 세계평가순위를 y축에 나타낸 것이다.[10] 중앙일보 2019년 국내평가순위와 이들 대학의 세계평가순위 간 상관계수를 구해보면 QS(2022)가 .85로 가장 높고, THE(2022)가

■ 그림 2-5 ■ 세계대학 평가와 국내대학 순위

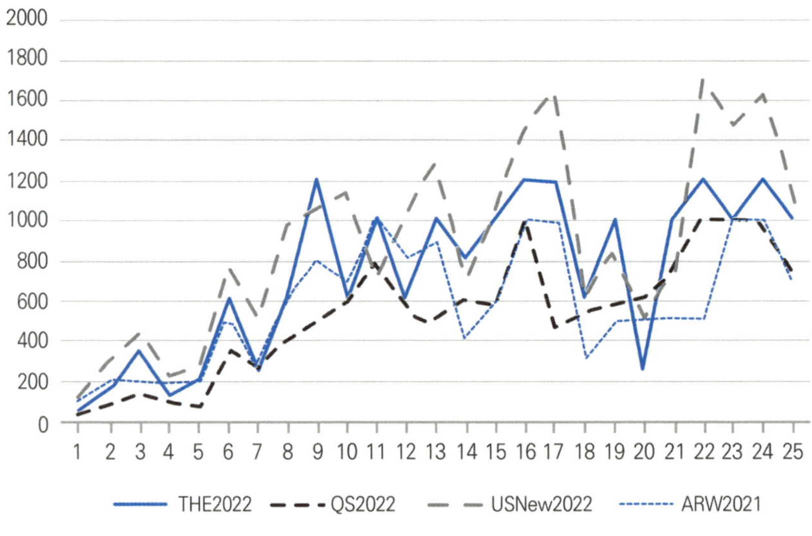

주: 1) x축은 중앙일보 대학평가순위(2021) 상위 25개 대학 표시(한양대 ERICA 캠퍼스 제외) y축은 x축 표시 대학의 세계대학 평가 순위 표시.
2) THE와 ARWU는 각각 1201+와 1000위까지 순위 발표. 국내대학 중에 여기에 속하지 않는 경우는 각각 1201위와 1001위로 표시.

.71, US News & World Report(2021)가 .67를 기록하였다. 한편 ARWU (2021)는 .55로 가장 낮은 값을 나타냈다. 흥미롭게도 국내평가에서 10위권 안에 든 대학들은 세계 평가에서도 비교적 높은 평가를 받는 것으로 나타났지만 하위권으로 갈수록 세계대학 평가 순위와의 상관성은 크게 떨어진다. 이는 국내평가와 세계평가순위를 결정하는 요인들의 비중이나 점수가 하위권으로 갈수록 격차가 크다는 것을 시사한다.

〈표 2-3〉을 다시 보면 시간을 두고 순위가 서서히 바뀌고 있다. 대학평가가 서열화를 공고히 할 수 있다는 비판도 거세지만 실제로는 상위권 대학 간의 경쟁이 치열하다는 것을 알 수 있다. 예를 들어 소위 'SKY'라는 선두권 대학들에 대한 도전도 무척이나 드세다. 2015년에는 서울대에 이어 성균관대와 한양대가 각각 2위와 3위를 차지하면서 기염을 토하였는데, 2021년에는 연세대가 2위를 차지하면서 한양대와 성균관대는 각각 3위와 4위를 차지하였다. 한양대와 성균관대는 공대가 강하다는 공통점이 있다. 공대는 취업률, 창업활동 및 현장실습 참여율 등에서 경쟁력이 있다. 10위를 차지한 한양대 에리카(ERICA) 캠퍼스나 17위를 차지한 서울과학기술대의 약진도 같은 맥락에서 이해할 수 있다. 이러한 변화는 대학이 사회적 수요 변화에 빠르게 적응하지 않으면 후퇴할 수밖에 없음을 시사한다. 해외의 경우도 전통적으로 인문사회에 특화된 대학이나 학부대학들의 평가는 점점 박해지는 것이 사실이다.

한편, 수도권 집중현상이 강화되는 양상을 보이면서 비수도권 대학들의 어려움이 가중되고 있다. 2015년의 경우 부산대(12위), 경북대(15위), 전북대(16위), 충남대(18위), 충북대(22위), 해양대(24위) 등의 비수도권 국립대가 25위권에 포함되었다. 그러나, 2021년에는 이들 대학들의 순위가 하락하여 수도권 대학과의 불균형이 심화되고 있음을 보여준다(부산대 15위, 경북대 19위, 전북대 20위, 전남대 21위).

세계대학 평가를 보면 기관에 따라 차이는 있다. QS(2022)의 경우 국내 25위권에 드는 비수도권 대학으로는 경북대(18위), 울산대(19위), 전북대(22위), 그리고 부산대(24위) 등이 있다. THE(2022)에서는 경북대(16위), 울산대(17위), 부산대(18위), 영남대(19위), 전남대(21위), 충남대(22위), 그리고 전북대(25위)가 포함되었다. US News(2022)에서는 경북대(11위), 부산대(12위), 울산대(14위), 전남대(15위), 부산대(15위), 전북대(17위), 영남대(19위), 그리고 충남대(25위)가 높은 점수를 얻고 있다. 마지막으로 ARWC(2021)의 경우에는 경북대(7위), 부산대(11위), 전남대·울산대(공동 12위), 전북대·강원대·영남대(공동 16위), 충북대·충남대(공동 20위) 등 지방대학들이 비교적 좋은 성적을 올리고 있다. 이렇게 비수도권 대학에 대한 평가가 엇갈리는 것은 평판도에서 큰 차이가 있기 때문이라고 판단된다. 객관적인 지표만을 놓고 평가하는 ARWC(2021)에서 비수도권 대학들이 상대적으로 선전하는 이유도 여기에 있다.

그렇다면 왜 국내에서 비수도권 대학교, 특히 비수도권 국립대학교에 대한 평판도가 낮은가? 그 이유는 수험생들이 체감하는 수도권 대학과 비수도권 대학과의 격차가 점점 커지기 때문이라고 할 수 있다. 그나마 비수도권 국립대학은 비수도권 사립대학 보다 사정이 낫다. 하지만 중간에 자퇴를 하고 편입하는 학생들을 보면 최근 국립대학까지 지방대학 기피현상이 확대되고 있다. 수도권과 지역 간 경제적 격차가 점점 커지는 마당에 수도권 대학을 나오지 않고서는 취업하기 어렵다는 인식이 깔려있다고 볼 수 있다. 국립대의 커다란 장점으로 생각되어왔던 저렴한 등록금 대비 양질의 교육서비스가 더 이상 매력이 되지 않는다고 해석할 수 있다. 앞으로 비수도권 국립대학의 취업경쟁력이 높아지지 않는 한, 수도권 쏠림현상은 막기 힘들 것이다.[11]

학부중심대학의 경쟁력

세계대학 평가이든 국내대학평가이든 높은 순위를 차지하는 대학들은 교육에서 높은 평판도뿐 아니라 연구성과가 높은 종합대학들이다. 따라서 대학원의 비중이 상대적으로 작고 학부교육에 주력하는 작은 규모의 대학들의 평가는 박하기 쉽다. 즉, 소위 학부중심대학의 경쟁력은 실제보다 저평가될 위험이 크다. 따라서 어떻게 학부교육의 경쟁력을 강화하여 우수한 학생들을 유치하고 또 학교재정을 확충할 것인가는 학부중심대학의 고민이 아닐 수 없다.

미국의 학부중심대학은 리버럴 아츠 대학(liberal arts college)이라고 부른다. 이들은 문리과, 즉 인문학 및 순수 자연과학 분야의 학부 교육에 집중하고 있는데, 전문교육이나 직업교육과정에 비하여 보다 광범위한 일반 지식을 전달하고 지적 능력을 개발하는 것을 목표로 한다. 이들 학부교육은 교과과정이 융합적이며 강의별 학생수가 대단히 적다는 것이 특징이다. 따라서 학생들은 만족도가 높고, 졸업후 사회에 진출하거나 대학원에 진학하여 좀더 수준 높은 학문을 연구하거나 아니면 법, 경영, 의학 전문대학원에 진학하는 비율이 높다. 하버드나 컬럼비아 같은 연구중심대학들도 학부는 'college'라고 전공 없이 선발하여 교양과정을 중점적으로 가르치기도 한다.

미국에서는 학부중심대학이 계속 살아남을 수 있을까에 대해서 많은 논란이 있어 왔다. 무엇보다 우수한 학생들을 유치하고 교육하는 데 들어가는 비용이 치솟고 있고, 학부중심대학의 등록금 또한 상당히 비싼 편이어서 종합대학과의 경쟁에서 어려움이 가중되고 있다. 학부중심대학의 재정에서 중요한 몫을 담당해 온 지역소재 기업의 기부금 모집도 기업의 세계화가 진행되면서 어려워지고 있다. 그렇다고 재정을 튼튼히 하려면 교육보다는 연구를 중시하여야 하는 진퇴양난에 빠질 수밖에 없다.[12]

한국에서도 학부중심대학들이 있다. 1995년 설립된 한동대학교가 그 대표적인 사례일 것이다. 한동대학교는 한 학년 모집인원이 700명이 안 되는 '작지만 강한' 대학을 표방하고 있고, 기독교대학, 교육중심대학, 글로벌 대학을 교육철학으로 내세우고 있다. 한동대학의 커리큐럼은 무전공·무학과 입학과 자유로운 전공선택이 특징이며, 인성 및 기초교육, 전문성 교육, 그리고 국제화 교육을 목표로 하고 있다. 한동대학의 졸업생들은 기업이나 대학원에서 모두 높은 평가를 받고 있다. 하지만 수도권대학과의 경쟁이 치열해지고 있고, 다른 한편 재정압박을 타개하기 위한 안정적 수입원 모색의 필요성이 커지고 있다.[13]

코로나19는 학부중심대학의 개혁과 생존이라는 오래된 주제에 다시금 관심을 불러일으키고 있다. 학부중심대학은 규모의 경제를 실현하기 어려운 구조적 약점을 소규모 토론중심의 학습과 교수들의 긴밀한 학생 지도라는 강점으로 상쇄하여 왔다. 그러나 코로나19로 인하여 비대면 교육이 활성화되면서 아슬아슬했던 균형이 깨질 공산이 커지고 있다. 학부중심대학이 연구중심대학으로 발돋움하는 것도 쉽지 않다. 결국 끊임없이 바뀌는 사회적 수요에 발맞추어 얼마나 우수한 인재를 배출하는가가 학부중심대학의 경쟁력을 좌우할 것이다.

4. 구심력과 원심력의 조화

학령인구의 감소로 우물이 마르고 있다. 특히 비수도권 대학들은 정원을 채우지 못하는 심각한 사태에 직면하고 있다. 지금까지 줄어드는 학령인구를 대신하는 역할을 해 온 외국인학생의 유치도 코로나 사태로 상당한 타격을 입었으며, 코로나 사태가 진정된다고 해도 얼마나 복원될지 미지수이다. 앞으로 대학의 미충원 사태가 가속화된다면 외국의 우수연구인력을 초빙하고 국제협력연구를 수행할 여력도 점점 고갈될 것이다.

저출산에 따른 학령인구 감소는 마치 우주가 수축되는 것과 같다. 우주가 팽창할 때와 달리 우주가 수축된다면 작은 별들이 큰 별에 흡수되는 사태가 더욱 빈번하게 일어날 수밖에 없을 것이다. 2008년을 정점으로 인구감소세에 들어선 일본은 이 문제에 대하여 우리보다 먼저 많은 고민을 해 오고 있다. 그 해결책 중의 하나로 주목받는 것은 수도권에 인구가 몰리는 것을 막기 위하여 지방에서 젊은이들에게 매력적인 고용기회를 늘리고 수도권과 동등한 학위를 받을 수 있는 시스템을 구축하는 것이다.[14] 한국도 이러한 주장을 면밀히 검토할 필요가 있다.

수도권 대학과 비수도권 대학이 학령인구 감소라는 공동의 위험에 대응하면서 공존하려면 수도권 대학이 전국의 학생들을 끌어들이는 구심력을 적절히 조절하는 동시에 학생들을 비수도권 대학에 유치할 수 있는 원심력을 만들어내야 한다. 이러한 조화와 균형을 이루려면 수도권대학과 비수도권 대학은 각각 비교우위가 있는 분야에서 월등한 경쟁력을 갖출 수 있도록 노력을 하여야 한다. 특히 비수도권 대학이 경쟁력을 갖추려면 대학 스스로 수도권 대학보다 강도 높은 혁신노력을 경주하여야 한다. 이러한 전제하에 학령인구 감소에 따른 수도권 대학과 비수도권 대학의 균형 잡힌 정원조정이 필요할 것이다. 물론 이것만으로 대학의 공존을 확신할 수 없다. 비수도권 대학의 졸업생을 고용하고, 이들 대학과 공동연구를 진행할 산업과 기업이 있어야 한다. 즉, 지역경제와 지역대학 간의 상생체제가 확립되어야 한다. 그렇지 않다면 수도권 대학의 정원을 감축한다고 해서 비수도권 대학의 몰락을 막을 수 없을 것이다. 결국 비수도권 대학이 살아남기 위해서는 철저한 구조개혁을 통한 경쟁력 강화밖에는 장기적으로 특별한 방안이 없다고 판단된다.

제1장에서 대학의 수월성제고를 위해서는 세계적 수준의 고등교육을 제공하고 4차 산업혁명의 온상이 되어야 한다고 지적하였다. 또한 대학은 형평성제고를 위해서 계층이동의 사다리와 지역발전의 견인차 역할을 강화하여야 한다고 강조하였다. 이러한 두 가지 목표를 놓고 볼 때 수도권 대학과 비수도권 대학의 역할 분담은 〈표 2-4〉와 같아야 한다. 수월성제고와 형평성제고라는 두 가지 목표 달성에 있어서 비수도권 국립대학의 기여도는 매우 높다고 판단된다. 그러나, 비수도권 사립대학은 형평성제고에서는 역할이 기대되지만 수월성제고를 기대하기는 어렵다. 한편 수도권의 국립대학과 사립대학은 둘 다 지역균형발전이란 형평성 측면에서는 기여도가 떨어지지만, 수월성제고에 있어서는 기대가 앞서는 것이 현실이다. 그렇다면 어떤 대학을 지원하고 또 어떤 대학은 시장원리에 맡겨서

■ 표 2-4 ■ 수월성과 형평성으로 본 수도권과 비수도권 대학 구분

		형평성	
		높음	낮음
수월성	높음	비수도권 국립대학	수도권 국립대학/사립대학
	낮음	비수도권 사립대학	(퇴출)

구조조정할 것인가?

종합하면 형평성제고의 측면에서는 국가전체의 균형발전과 교육생태계의 안정적 발전을 위하여 비수도권 대학을 우선적으로 지원하여야 한다. 하지만 형평성을 앞세워 교육에 대한 사회적 수요를 무시한다면 '깨진 독에 물 붓기'가 될 수 있다. 또한 무분별한 비수도권 지원정책은 사회적으로 바람직한 구조조정을 지연시켜 대학전체의 경쟁력을 저해할 수 있다. 한편 수월성제고를 위해서는 글로벌 경쟁력이 있는 대학이 경쟁력을 더 높일 수 있도록 혁신을 추진하여야 한다. 동시에 수도권과 비수도권이 공존하여야 한다는 전제하에 공동으로 정원조정노력에 동참하여야 할 것이다.

요약하면 대한민국의 글로벌 경쟁력, 수도권과 비수도권 간 균형발전 및 대학교육에 대한 수요를 종합적으로 고려하여 대학정원의 조정과 경쟁력제고를 위한 정책을 개발하여야 할 것이다. 그럼에도 불구하고, 학령인구의 장기적 감소를 감안한다면 대학의 구조조정은 시장에 의해서 지속적으로 이루어져야 할 것이다.

03

4차 산업혁명과 교육환경의 변화

03

4차 산업혁명과 교육환경의 변화

명절때 케이블 TV에서 틀어주는 프로그램 중에 '제5원소'라는 영화가 있다. 1997년 프랑스의 영화감독 뤽 베송(Luc Besson)이 사랑의 소중함을 일깨워주기 위하여 만든 영화라고 알려져 있는데 볼거리가 많고 오락성이 뛰어나다. 줄거리를 간략하게 소개하면 다음과 같다. 1914년 몬도샤와인(Mondoshawans)으로 알려진 외계인들은 5,000년에 한 번씩 나타나는 거대한 악을 물리칠 수 있는 무기를 수집하기 위해 고대 이집트의 신전에 도착한다. 무기는 4대 원소(공기, 물, 불, 흙)를 상징하는 4개의 돌들과 5번째 원소가 들어 있는 석관으로 구성되어 있다. 인간의 모습을 한 5번째 원소는 나머지 4개의 힘을 악마를 물리칠 수 있는 신의 빛으로 결합시키는 역할을 한다.

때는 2263년, 악은 검은 불덩이 모양으로 우주에 나타나서 지구 우주선을 공격하여 파괴한다. 지구가 거대한 악과 부딪쳐 멸망하려는 순간, 여인의 모습을 한 신과 남자 주인공이 서로의 사랑을 확인하자 신의 가슴에서 강렬한 빛이 방출되면서 거대한 악이 파괴된다. 거짓, 불신, 착취, 전쟁이 넘쳐나는 지구는 멸망할 수밖에 없는 운명을 갖고 태어났으나, 사랑이 파국을 막고 생명을 지켜준다는 결론은 기독교 교리의 현대적 해석으로 보인다.[1]

고대 그리스 철학자들은 우주의 기본요소가 무엇인가를 놓고 토론을 벌였다. 공기, 물, 불, 흙을 4대 원소라고 주장한 철학자는 기원전 490년경 태어난 엠페도클레스였다. 그렇다면 대학의 기본요소는 무엇인가? 빠르게 변하는 대학의 생태계 속에서 대학의 생존을 담보할 수 있는 핵심요소는 무엇인가?

1. 코로나19로 가속화되는 4차 산업혁명

전통적으로는 대학의 기본요소로는 교육을 위한 전문 커리큘럼, 학위나 학점 등 학사운영 제도, 기숙사, 강의실, 도서관 등을 들 수 있다.[2] 연구와 관련하여서는 실험실과 실험기기들이 필수적인 구성요소이다. 이를 다시 소프트웨어와 하드웨어로 나눠보면 교육 커리큘럼과 연구기능, 그리고 기숙사, 강의실, 도서관, 실험실과 실험기기 등이 될 것이다(〈그림 3-1〉 참조).

코로나19는 이러한 대학의 기본요소의 필요성에 의문을 제기하였다. 2020년은 기숙사, 강의실, 도서관 사용이 제한되고 재택 수업으로 이를 대체한 해로 기억될 것이다. 특히 비대면 강의가 전면 실시

■ 그림 3-1 ■ 대학의 기본요소

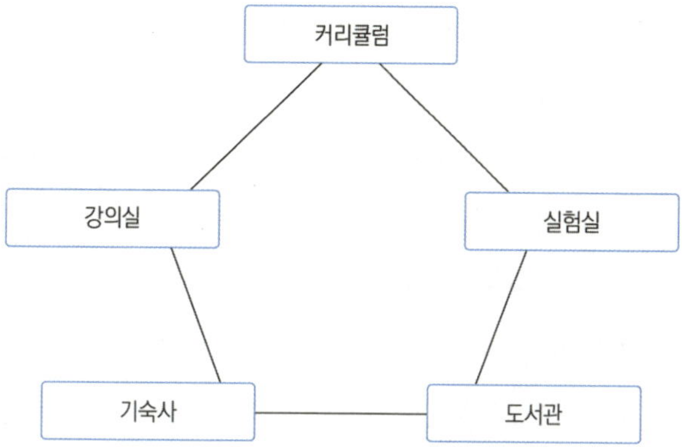

되면서 대학교육의 존재 이유와 기능에 대하여 근본적인 전환이 불가피하다는 인식을 공유하게 되었다. 코로나19가 극복되더라도 이전과 같이 강의 위주의 대학교육, 그리고 현장과 연계되지 않은 실험실습은 더 이상 설자리를 찾기 어려울 것이다.

코로나19는 4차 산업혁명을 가속화하면서 대학을 근본적으로 바꿔놓게 될 것이다. 제4차 산업혁명이란 용어는 2016년 세계경제포럼(World Economic Forum: WEF)의 의장을 맡고 있는 슈바프(Klaus Schwab)가 주창하였다. 처음에는 4차 산업혁명이 무엇인지 명확지 않았고 그 존재자체를 부정하는 비판도 만만치 않았다.[3] 하지만 4차 산업혁명은 어느새 우리 생활속에 깊숙이 자리 잡았다. 2016년 3월 알파고와 이세돌 9단 간의 대국에서 알파고가 4승 1패로 압승을 거둔 사건은 무엇인가 굉장한 기술변화가 일어나고 있음을 각인시키는 계기가 되었다.

〈그림 3－2〉에서 보는 바와 같이 인류는 지금까지 4차례에 걸친 산업혁명을 경험하여 왔다. 산업혁명이라고 불리우는 제1차 산업혁명은 철강산업과 증기엔진이 결합하면서 영국에서 최초로 발생하였다. 유럽에 전파되면서 동서양 간 상대적 소득수준을 근본적으로 바꿔놓는 결과를 초래하였다. 제2차 산업혁명은 19세기 후반과 20세기 초에 걸쳐 전기·에너지 기반의 대량생산을 가능케 하였다. 2차 산업혁명을 성공적으로 수행한 미국은 20세기 초가 되면서 영국을 위협하는 경제강국으로 부상하게 되었다. 제3차 산업혁명은 아날로그 전자 및 기계 장치에서 현재 이용 가능한 디지털 기술에 이르는 기술의 발전을 가리킨다. 20세기 후반에 시작되어 개인용 컴퓨터 및 인터넷 및 정보 통신 기술(ICT)으로 꽃피었다. 3차 산업혁명의 뒤를 잇는 4차 산업혁명은 인공지능(AI), 빅데이터 및 사물인터넷(IoT) 등 디지털 기술로 촉발된 초연결 기반의 지능화 혁명이라고 정의된다. 슈바프는 4차 산업혁명이 이전의 3차 산업혁명과 다른 점으로 수십

■ 그림 3-2 ■ 4차 산업혁명의 특징

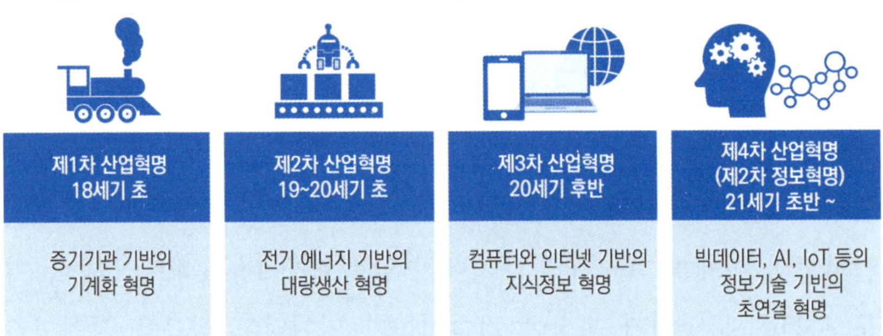

출처: 삼성 SDI(2021).

억 명의 사람들을 계속해서 웹에 연결하고 비즈니스 및 조직의 효율성을 획기적으로 향상시키며 더 나은 자산 관리를 통해 자연 환경을 재생산할 수 있다는 데 주목한다.[4]

4차 산업혁명은 예상을 뛰어넘는 빠른 속도로 또한 지금까지와 전혀 다른 방식으로 사회와 산업을 바꿔놓고 있다. 이에 비하여 대학의 변화는 너무나 느리다. 세계, 국가, 사회 및 개인의 존재 방식을 근본적으로 바꿔놓을 기술혁명 속에서 대학 운영의 하드웨어에 해당되는 강의실, 실험실, 기숙사, 도서관이 과연 대학의 기본요소인가에 대한 의문이 제기된다. 기술적으로 대체가능해진 하드웨어는 더 이상 대학의 가치창출을 주도할 수 없다. 그렇다면 대학의 가치를 창출할 새로운 원소는 무엇인가? 그 중요한 단서는 4차 산업혁명의 핵심이 과학기술이고, 그 핵심 동인은 지능화 기술역량이라는 점이다.[5] 대학이 4차 산업혁명을 주도할 수 있으려면 교육과 연구시스템을 새로운 변화에 맞추어 혁신하여야 한다. 4차 산업혁명시대를 설계하려면 인재 확보가 가장 중요한 과제인 만큼 대학의 역할은 그만큼 클 수밖에 없다. 그렇다면 이를 위하여 우리 대학이 과연 무엇을 하고 있는지 되돌아보아야 할 것이다.[6]

2. 경제학원론을 누른 컴퓨터과학입문

2018년 세계경제포럼에서 발간한 “미래직업보고서”를 보면 2022년까지 새로운 기술이 7,500만 개의 일자리를 대체하고, 그 대신

1억 33만 개의 새로운 일자리가 생겨날 것이라고 전망하고 있다.[7] 지는 직업으로는 자료 입력 사무, 회계 및 부기, 행정, 조립 및 공장 노동, 고객 정보 및 고객 서비스, 직원비즈니스 서비스 및 관리, 감사, 자료 기록 및 재고 관리, 일반 및 운영 관리, 우체국 서비스 등을 들고 있다. 반면에 새로운 직업으로는 데이터분석가 및 과학자, AI 및 기계학습전문가, 일반 및 운영 관리자, 소프트웨어 및 애플리케이션 개발자 및 분석가, 영업 및 마케팅 전문가, 빅데이터 전문가, 디지털 전환 전문가, 신기술 전문가, 조직 개발 전문가, 정보기술 서비스 등을 들고 있다. 4차 산업혁명이 진행될수록 직업의 흥망성쇠에는 더욱 빨라질 것이 분명하다.

미국 노동통계국에서도 향후 유망한 직업에 대하여 흥미로운 분석을 내놓고 있다(〈표 3-1〉 참조). 미국의 경우 2019~2029 기간 중 가장 빠르게 성장할 것으로 예측되는 직업은 에너지, 의료, 데이터 분석 및 수학전문가 등이 꼽히고 있다. 고령화의 진행으로 기저질환을 앓고 있는 인구가 증가함에 따라 의료 서비스 부문은 가장 확실하게 일자리가 증가할 것으로 전망되었다. 또한 컴퓨터와 수학 직종은 응용 프로그램 소프트웨어 개발에 대한 수요 증가와 직결된 유망 분야이다. 또한 풍력 및 태양광과 함께 셰일가스 관련 탐사 및 개발 분야에서 많은 일자리가 창출될 것으로 예측되었다. 한국의 향후 유망직업에 대한 예측도 크게 다르지 않다. 2021년 한국고용정보원의 발표에 따르면 향후 IT분야 전문가, 환경공학 및 헬스케어 전문가 등이 유망직종으로 주목을 받고 있다.[8]

대학 구성원 중에서 4차 산업혁명을 가장 적극적으로 받아들이는

■ 표 3-1 ■ 미국의 유망 직업(2019-2029)

직업	성장률(%)	중간 임금($)
풍력터빈서비스 기술자	61	56,230
임상간호사	52	111,680
태양광 설비업자	51	46,470
작업치료 보조원	35	62,940
통계학자	35	92,270
가정 보건 및 개인 관리 보좌관	34	27,080
물리치료사 보조원	33	59,770
의료 및 보건 서비스 관리자	32	104,280
의사 보조원	31	115,390
정보보안 분석가	31	103,590
데이터 과학자 및 수리과학자	31	98,230
석유 및 가스 기중기 기사	31	47,920
석유 및 가스 로터리 드릴 기사	27	53,820
석유 및 가스 잡역부	25	39,420
언어치료 병리학자	25	80,480
오퍼레이션 리서치 분석가	25	86,200
약물남용, 행동장애 및 정신건강 상담사	25	47,660
산불 조사관 및 예방전문가	24	42,150
식당 요리사	23	28,800
동물 관리인	23	26,080

자료: U.S. Bureau of Labor Statistics, "Fastest Growing Occupations," 2021.4.9.

주체는 학생들이다. 일례로 하버드대학의 교양과목 중 가장 인기가 높은 과목은 컴퓨터과학입문이다.[9] 이 과목은 알고리즘, 데이터 구조화, 보안, 소프프웨어 엔지니어링, 웹 개발 등을 가르치고 C, PHP, 자바스크립트와 같은 컴퓨터 언어도 가르친다. 예일대도 학생들의 요청이 쇄도하자 하버드대학의 강좌를 동시에 들을 수 있도록 개설하였다. 한동안 하버드대학에서 오랫동안 인기를 누려왔던 경제학원론은 1등 자리를 내려놓았다. 한국에서도 가장 많이 사용되는 경제학원론 교과서의 저자인 맨큐(N. Gregory Mankiw)는 경쟁은 바람직한 것이라고 애써 담담한 표정을 지었지만, 경제학원론이 왕좌를 되찾기는 어려워 보인다. 경제경영의 시대는 가고 IT의 시대가 왔기 때문이다. 하버드대학 학생들의 컴퓨터 관련 수업의 선호 현상은 2004년부터 급증하였는데, 그해 저커버그(Mark Zuckerberg)는 페이스북을 세상에 내놓았다.[10]

학생들의 전공이 사회적 수요와 일치하는가는 대학졸업생들의 취업률을 결정하는 중요한 요소이다. 전공을 선택하고 졸업할 때까지 몇 년이 걸린다는 점을 감안하면, 향후 사회적 수요가 어떻게 바뀔 것인가를 예측해서 이에 맞게 대학전공을 조정하는 것이 상당히 중요하다. 하지만 과목개설은 형식적으로 교무처가 관장하는 위원회에서 결정하지만, 실질적으로는 학과와 교수들의 권리인 경우가 대부분이다. 여간해서 바뀌지 않는 커리큘럼은 대학이 공급자 중심으로 움직인다는 것을 여실히 보여준다.

한국의 대학들은 사회적 수요에 맞춰 새로운 학과를 개설하는 일이 매우 어렵다. 왜냐하면 입학정원이 정해져 있는 상황에서 새로운 전공을 만드려면 기존의 학과별 정원을 줄여야 하기 때문이다. 그래서 인문대의 취업률이 형편없이 낮음에도 불구하고 여전히 인문대는 정원을 유지하고 있는 것이 현실이다. 다전공이나 연계전공과 같은 다양한 제도적 뒷받침에도 불구하고 학과별 모집방식에서는 학생들이 융합적인 교육을 받는 것도 기대하기 힘들다. 언제까지 학생들에게 "문과라서 죄송합니다"라는 자조섞인 말을 하게 할 것인가?[11]

교양교육도 마찬가지이다. 교양교육은 국어와 작문, 영어, 윤리 등을 의무적으로 수강하고, 인문사회과학이나 자연과학에서 하나씩 골라듣는 형태를 오랫동안 유지하였다. 지금은 이전과 달리 교양과정이 상당히 잘 정리되고, 또 융합적인 성격을 띠는 과목들도 새로 개설되고 있다 하지만 대부분의 대학의 경우 교양과정의 지향점은 여전히 불분명하다. 학생들이 이를 통하여 사회의 새로운 변화에 대비할 수 있는 기본소양을 갖출 수 있다고 기대하기는 어렵다. 많은 교양과목의 개설이 인문계열 대학원 졸업생들을 위한 일자리 제공 역할에 그치는 것이 아닌지 심각하게 고민해 보아야 할 것이다.

대학전공과 기업현장 간 미스매치 갈수록 심각

매년 35만 명씩 배출되는 전국 4년제 대학 졸업생 가운데 절반은 어문·경영·사회 같은 인문계 학과 출신이다. 하지만 국내 기업들이 뽑는 신입 직원의 80% 이상은 이공계 전공자로 채워지고 있다. 본지가 대학 정보공시 사이트 대학알리미와 주요 대기업 채용 현황을 분석한 결과, 한국 취업 시장에서 대학의 인력 공급과 기업의 채용 수요가 전혀 맞지 않는 '미스매치(mismatch)'가 심각한 상황인 것으로 나타났다.

실제로 2020년 서울 최상위권 A대학의 철학과 졸업생 취업률은 28.6%, 중문과는 55.6%이다. 반면 이 대학 재료공학과 졸업생 취업률은 85.7%, 컴퓨터공학과는 76.6%에 이른다. 서울 상위권 B대학도 철학(37.5%), 사학(45.8%), 정치외교학(40.7%) 등 인문계열 학과 졸업자 절반 이상이 취업을 못 했지만, 컴퓨터공학(82.3%), 전자공학(75%), 산업공학(75.4%) 같은 이공계 졸업생은 대부분 취업에 성공했다. 이런 현상은 서울뿐 아니라 지방도 비슷했다. 부산 D대학의 정보컴퓨터공학과, 기계공학과, 항공우주공학과는 취업률이 모두 70%를 훌쩍 넘었고 전북 F대학은 컴퓨터시스템공학, 산업정보시스템공학, 소프트웨어공학 전공자 취업률이 80%에 이르렀다. 서울 주요 대학 인문계 전공자보다 지방대 이공계 전공자가 기업에서 더 환영받고 있는 것이다.

기업들의 이공계 인재 선호 현상은 갈수록 심화하고 있다. 삼성전자·SK하이닉스·현대자동차·LG전자 같은 대기업들이 지난 3년간 뽑은 신입사원 가운데 80%가 이공계 전공자였다. 네이버는 이공계가 86%, LG에너지솔루션은 90%에 이른다. 한 기업 인사 담당자는 "디지털 전환이나 미래 신성장 산업 발굴 등을 고려하면 지금보다 오히려 이공계를 더 뽑아야 하지만 조직 다양성을 고려해 인문계 20% 선발을 유지하고 있다"고 말했다.

전문가들은 고교 때 선택과목에 따라 문·이과를 나누고 대학 전공 선택을 결정하는 현행 교육제도가 있는 한 인력 미스 매치 문제를 해결하기 어렵다고 지적한다. 대학들도 일부 학과는 과감히 통폐합해 정원을 줄이고 기업이 요구하는 현장형 인재 교육을 늘려야 한다는 것이다. 이덕환 서강대 명예교수(화학)는 "문·이과 구분은 일제강점기에 도입된 낡은 제도인 데다 융합형 인재를 요구하는 현재 사회와는 전혀 맞지 않는다"고 말했다.

기업들이 '이공계 우대' 간판을 걸고 인재를 모집하기 때문에 인문계 졸업생들은 입사 원서를 내는 것조차 쉽지 않다. 인문계 취업 준비생의 '등용문'이었던 금융계는 물론이고 인문계 졸업생의 전유물이었던 기업의 마케팅·재무·인사 분야도 디지털 전환이 이뤄지면서 이공계 인재를 선호하고 있다. 한 중견기업 관계자는 "요즘 마케팅 전략에 데이터를 활용하고, 영업 현장에서도 인공지능 기반의 맞춤형 추천 기술을 쓰기 때문에 여기에 대한 기본적인 이해가 있는 이공계 인재를 우선시한다"면서 "회계나 재무 같은 분야도 이젠 프로그램만 다룰 줄 알면 되기 때문에 이공계 인력의 활용 폭이 넓다"고 말했다.

은행도 최근 신입직원 채용공고 대부분이 디지털·IT·데이터 부문 일색이다. 국민은행은 지난 6월 200명 규모의 수시 채용을 진행하면서 'IT 부문' '데이터부문' '경영관리 전문가' 3개 부문에서 신입 행원을 뽑았다. 경영

관리 전문가 부문은 3년 이상의 경력이 있거나 석사 이상 학위 보유자가 조건이기 때문에 대졸 신입은 사실상 이공계만 채용한 것이나 다름없다. 삼성전자와 SK하이닉스 같은 기술 분야 제조 대기업의 마케팅, 영업 인력도 이공계 출신이 월등히 많다. 갈수록 고도화되는 첨단 제품을 판매하기 위해서는 기술적인 이해가 필수적이기 때문이다.

취업을 위한 인문계 전공자의 IT 관련 사교육 시장은 비용도 만만치 않고 경쟁도 치열하다. 서울 상위권 대학 철학과에 재학 중인 황모(23)씨는 취업을 준비하면서 컴퓨터 그래픽과 포토샵, 모바일 앱 강의를 각각 3개월 코스로 들었다. 그는 "IT 기업은 물론 일반 회사의 기획 업무에 지원하려고 해도 IT·기술 관련 지식이나 자격증을 갖춰야 한다"며 "지난달부터 IT 스타트업에서 기획 업무 인턴을 하고 있는데 컴퓨터 그래픽·디자인 수업을 따로 수강하지 않았다면 인턴 전형에 합격 못 했을 것"이라고 말했다.

출처: 조선일보, "삼성·네이버도 신입 80% 이공계, SKY 문과보다 지방대 뽑는다," 2021.9.6.

3. 교실이 없는 대학[12]

대학이 매년 교양과 전공을 바꾼다고 해도 빠른 속도로 변화하는 사회수요를 따라가는 데는 한계가 있다. 일부 대학처럼 반도체학과, 자동차학과 또는 화장품학과 같이 일자리와 직결되는 전공을 만들더라도 언제까지 이러한 전공이 필요할지 확신할 수 없다. 따라서 새로운 전공을 만들고 인기없는 전공을 없애는 것보다 더 중요한 것은 학생들이 능동적으로 데이터를 분석하고 새로운 기술을 익히고 응용할 수 있는 능력을 갖출 수 있도록 교육하는 일이다. 하니스(Knut Haanaes) 교수는 "미래의 리더들은 민첩성, 학습 마인드 및 기업가적 추진력을 가져야 하고, 목적을 파악하고 공유할 수 있고 좌절과 도전에 긍정적으로 대처할 수 있도록 지속적으로 강력한 탄력성을 보유해야 한다"고 새로운 교육의 방향을 강조하고 있다. 하니스가 주장하는 4차 산업혁명에 대응하는 교육혁신의 과제를 좀 더 자세하게 소개하면 다음과 같다(Haanaes, 2020).

1) 기술 수용: 4차 산업혁명은 사회를 강하게 재편하고 있다. 4차 산업혁명은 인공지능과 사물인터넷 같은 기술을 통해 보다 포괄적인 경제 성장, 사회혁신, 발전, 인간복지를 제공할 수 있는 잠재력을 갖고 있다. 미래의 리더들은 코딩과 AI, 로봇공학, 고급 분석과 같은 기술에 정통해야 한다. 기술창업에서처럼 학교도 직접 혁신하고 과감하게 실험하며 변화를 주는 아이디어를 적절히 보상해야 한다. 대학은 학생들이 새로운 기술을 사용하고 적용하는 방법을 배울 수 있도록 도와야 한다. 이는 학생들이 기술에 대한 지식이 아니라 응용과 실제 사용에 노출되는 공간을 만드는 것을 의미한다.

2) 행동기반 학습 모델: 전통적인 연구-지식-확산 모델은 더 이상 쓸모가 없다. 학생들을 그들이 배워야 하는 응용 프로그램에 직접 노출시키는 것이 효과적이다. 이는 교육의 무게가 교실에서 실험실로 이동함을 의미한다. 행동기반 학습은 실제 문제를 해결하는 데 초점을 맞춰야 한다. 의과대학에서 항상 학생들에게 클리닉과 환자에 대한 접근을 허용하는 것은 좋은 사례이다. 행동기반 학습은 단

순히 행동에 초점을 맞추는 것이 아니라, 신중한 성찰이 뒷받침되어야 한다.

3) 기업의 사회적 역할 확대: 경쟁력을 높이기 위해 기업은 주주만이 아니라 다양한 이해당사자 그룹에 대한 책임을 인식하면서 사회적 역할에 대해 보다 체계적인 관점을 취해야 한다. 기업은 기후변화, 사회적 불평등, 포퓰리즘의 확산과 같은 중요한 분야에서 해결책의 중요한 부분이 되어야 한다. 이를 위해서 대학은 기업의 책임을 우선시하는 복수 이해당사자 체제에서 효과적으로 일할 수 있는 미래 리더를 형성해야 한다. 대학은 미래 지도자들이 자본주의에 대해 너무 편협한 시각을 가지지 않도록 교육하여야 한다. 또한 대학은 기업의 책임과 지속가능성, 그리고 새로운 역할을 조화롭게 헤쳐나갈 인재를 양성하여야 한다.

4) 평생학습 지원: 배움은 더 이상 일회성으로 끝날 일이 아니다. 모든 프로그램에 걸쳐 학생은 자동으로 현재 진행 중인 학습 네트워크에 연결되어야 한다. 기술변화속도가 빨라짐에 따라 직업의 수명도 단축되고 있다. 대학은 단순히 학생들뿐 아니라, 고용인이나 피고용인 둘 다에게 평생교육을 제공하여야 한다.

이러한 방향으로 대학교육을 혁신하려면 가장 중요한 것이 칠판과 백묵으로 대표되는 일방적 강의에서 벗어나 학생들에게 학습의 주도권을 돌려주는 것이다. 거의 모든 대학이 이미 이러한 시도를 하고 있다. 문제는 대학들이 기존의 교육틀을 근본적으로 바꿔놓을 만한 혁신을 이루어낼 수 있는가라고 할 수 있다. 이러한 대학혁신을 가장 잘 보여주는 사례는 미네르바대학(Minerva University)일 것이다. 미네르바대학은 기존대학과 확실하게 차별화되는 교육프로그램을 갖추고 있다. 예를 들어 교양과목과 전공이 모두 융합프로그램적인 성격을 띠고 있다. 교양과정에는 비판적 사고, 효과적 커뮤니케이션, 실험적 분석, 상호작용 등 4개의 필수프로그램이 개설되어 있다. 전공은 예술 & 인문, 비즈니스, 컴퓨터 과학, 자연 과학 및 사회 과학 등 5개로 구성되어 있다. 기존의 세분화된 전공과 달리 굉장히 유연하다.[13]

미네르바대학은 2019년 첫 졸업생을 배출하였다. 성과는 조금 더 두고 볼 일이지만, 아이비리그보다 더 낫다는 평가를 받을 정도이다. 그렇다면 미네르바대학의 성공요인은 무엇일까? 여기에는 사회수요에 맞는 커리큘럼 개발, 소규모 세미나식 수업, 기업 및 비영리단체 공공기관 프로젝트와의 연결, 저렴한 등록금과 모든 학생의 기숙사 수용 등이 꼽히고 있다. 그중에서도 가장 중요한 특징은 학생들에게 맞춤형 교육을 제공하는 것이다. 인터넷을 통한 정보탐색, 강의수강 및 토론은 교실 없는 대학을 가능케하고 있다. 이런 모형이 모든 대학에 일률적으로 적용되기는 무리가 있을 것이다. 하지만, 얼마든지 적용가능한 부분도 있다. 문제는 대학이 이를 적극적으로 수용하는 데 미온적이라는 점이다.

하바드대학교 경제학과의 로고프(Kenneth Rogoff) 교수는 대학교육의 혁신이 지지부진한 이유를 대학 교수들이 새로운 기술이 자신들의 직업 안으로 들어오길 원하지 않기 때문이라고 비판하고 있다. 그렇지만 변화는 오게 되어 있다. 그가 지적한 대로 대학이 스스로를 재구성하지 않고는 현재의 역할을 지속할 수 없을 것이다.[14] 미네르바대학은 분명 틈새시장을 겨냥한 벤처기업이라고 볼 수 있을 것이다. 기존의 유명세를 타고 있는 대학들을 위협하기에는 아직 규모가 너무 작다. 하지만 제2, 제3의 새로운 대학들이 나오게 되면 기존 대학들의 기득권은 점점 설 자리를 잃게 될 것이다.

미네르바대학의 학부 커리큘럼

1년차: 기초

미네르바대학의 커리큘럼은 교양과정과 전공과정으로 구성된다. 1년차의 교양과정은 주춧돌이라 불리우는 4개 융합프로그램으로 구성되어 있다. 이 과정들은 모든 학생들의 기초가 되는 네 가지 핵심 역량, 즉 비판적 사고, 창의적 사고, 효과적 소통과 효과적 상호작용을 개발하는 데 초점을 맞춘다.

- 공식적 분석(비판적 사고): 진보된 논리, 합리적 사고, 통계, 계산적 사고, 형식적 시스템 교육, 복잡한 도전을 공식화하고 분석하며 해결하는 능력 배양
- 다중모드 커뮤니케이션(효과적 소통): 대중 연설, 시각 커뮤니케이션, 디자인, 토론, 예술적 표현에서 실질적 경험을 쌓으면서 높은 수준의 정보 이해와 전달을 목적으로 함.
- 실증적 분석(창의적 사고): 자연과학과 사회과학에서 사용되는 핵심적 분석방법에 익숙해져서 문제를 효과적으로 풀고, 가설을 개발하고 시험하며, 정보에 입각한 추측에 관여
- 복잡 시스템(효과적 상호작용): 인간이 다양한 시스템의 구성원으로서 어떻게 기능하는지, 다중 인과관계와 다요소 상호작용, 그룹 프로젝트 협업, 협상, 리더십, 그리고 공식적 토론의 개념을 교육.

2년차: 방향설정

지도 교수와 함께 전공을 탐색한 후 선택하여 학위를 이수하는 데 필요한 주요 핵심 과목의 방향을 정하는데, 전공은 5개로 나뉜다. 전공과 관련된 광범위한 기술과 개념을 가르치도록 설계되었으며, 동시에 내면의 집중을 통해 전문 분야에 대한 다양한 경로를 제공. 이러한 폭과 깊이의 조합은 전통적인 전공에서는 불가능한 수준의 유연성을 제공한다.

3년차: 집중

계속해서 전공을 심화하고 전문화하는 데 초점을 맞춘다. 다른 대학이 개설하는 전공과 유사하지만 좁은 의미의 전문화과는 달리 각 주요 분야와 그 분야의 새로운 카테고리에 적용할 수 있는 실제 지식에 집중한다. 예를 들어, 컴퓨팅 과학에서 데이터 과학 및 통계 집중은 대량의 데이터를 활용하는 데 필요한 인프라와 기술을 분석, 설계 및 활용하도록 가르친다. 또한 자기주도형 캡스톤(Capstone) 프로젝트 작업을 시작한다.

4년차: 종합

마지막 해는 캡스톤 프로젝트를 완료하는 데 초점을 맞춘다. 기술과 관심사를 통합적으로 적용하여 해당 분야에서 진정으로 새로운 것을 창조한다. 독창적인 각본, 파괴적 기술을 위한 코드, 학술 분야의 가장 시급한 연구 질문의 분석, 과감한 소셜 벤처 사업을 위한 사업 계획 중 어느 것을 선택하든지 간에 아이디어와 구현은 학생이 주도한다. 프로젝트 외에도 캡스톤 프로젝트에 대한 접근 방식 및 중요성에 대한 분석 및 설명이 포함된 문서를 작성한다. 프로젝트의 핵심 요구사항은 이 분야에 대한 새로운 기여가 있는가이다. 또한 이 과정을 보완하기 위하여 전공당 2개의 튜토리얼 과정과 나머지 선택 과정을 택하여야 한다. 튜토리얼은 학생이 주도적으로 특정 주제를 탐구하는 과정으로, 주제 및 참고문헌 선택은 교수와 함께 진행한다. 경영학을 전공하는 학생들의 경우 튜토리얼은 필수 경영실습으로 대체된다.

졸업발표

캡스톤 과목은 4학년 봄 학기에 이어 한 달간 진행되는 매니페스트(manifest)기간 동안 완성되어 발표와 평가가 진행된다.

출처: 미네르바대학 홈페이지, "Build Upon a Solid Foundation." https://www.minerva.edu/undergraduate-program/academics/four-year-curriculum/

4. 대학의 위기와 기회

4차 산업혁명으로 대학이 처한 생태계는 예상을 뛰어넘는 속도로 바뀌고 있다. 지금까지 해오던 대로 교육하고 연구한다면 대학은 도태될 수밖에 없다. 이러한 의미에서 4차 산업혁명은 대학에게는 커다란 위기가 아닐 수 없다. 하지만 위기는 기회를 동반한다. 새로운 시대가 도래하면 새로운 기업들이 생겨나고, 이들이 필요로 하는 인재들에 대한 수요도 크게 늘어나기 때문이다.

4차 산업혁명 시대가 요구하는 인재의 조건은 스스로 문제를 찾아서 해결하는 능력이다. 이를 배양하려면 주입식 강의 대신 학생들이 스스로 경험하고 또 상호작용할 수 있는 교육방식이 필요하다.[15] 그런데 우리 대학들은 개혁과 교육혁신을 외치면서도 무엇을 어떻게 바꿔야 하는지 잘 모른다. 설사 안다고 해도 기득권 때문에 이를 추진하기 어려울지 모른다. 이럴 때는 산업이 요구하는 교육이 무엇인지를 직접 듣고 이를 수용하는 것이 가장 효과적일 것이다. 이런 맥락에서 기업들과 대학 간 협업이 중요하다.

최근 애플의 'iOS 개발자 대학 프로그램(iOS developer university program)'은 대학 학위에 관계없이 전문가를 길러내는 교육과정으로 주목받고 있다. 개발자 아카데미는 애플이 세계 각 대학과 손잡고 미래 개발자를 키워내는 1년짜리 무료 교육과정이다. 현재 브라질·이탈리아·인도네시아에서 운영 중이고 올해 미국 디트로이트에 이어 한국에도 설립될 예정이다. 전공이나 코딩 경력과 관계없이 18세 이상이면 누구나 지원할 수 있다. 이탈리아 애플 아카데미에는 다른 유럽 국가들은 물론 홍콩 등 전 세계 개발자들의 지원이 밀려든다. 애플 아카데미는 기업가·창작자·프로그래머 등 다양한 직종의 기본 소양을 쌓을 수 있는 교육과정이라는 평가를 받는다. 앱 개발과 디자인은 물론 코딩과 마케팅 기획까지 배운다. 수강생들은 팀을 이뤄 3주~4주마다 직접 앱을 만들어 앱스토어에 올리고, 대회에 나가 실전에서 실력을 겨룬다. 매달 앱을 만들면서 자연스럽게 실력을 입증할 만한 앱 포트폴리오를 갖게 된다. 대학도 이러한 실용 프로그램을 많이 만들고 일정 조건을 만족하는 경우 이를 학점으로 인정할 필요가 있다. 기업과의 협동을 통하여 해당 과정을 추진한다면 교육의 질을 획기적으로 높일 수 있을 것이다.

변화하지 않는 대학은 살아남을 수 없다. 이제는 케케묵은 전공과 커리큘럼을 내려놓고 기업이 요구하는 스펙에 맞추어 교육과정을 전면적으로 바꿔야 한다. 교양과목으로 영어와 작문을 고수할 것이 아니라, 통계학과 코딩을 가르쳐야 한다. 또한 전공과정에서는 융합적인 사고능력을 기를 수 있도록 과별로 구분되어 있는 칸막이를 완전히 헐어버려야 한다. 기업에서는 대학졸업생들이 교과서 위주의 주입식 교육에 익숙한 나머지 정작 현장에 투입할 인재를 찾기 어렵다고 호소한다.[16] AI가 급속히 기존인력을 대체하고 기업의 채용방식도 경력위주로 바뀌고 있는 만큼 대학에서는 재학생들에게 현장을 경험하고 준비할 수 있는 기회를 제공하여야 한다.

평생교육 역시 4차 산업혁명시대에 새롭게 주목하여야 할 교육분야이다. 빠른 기술변화를 따라가려면 끊임없는 재교육과 기술교육이 필요하다. 평생 동안 직업을 몇 번이고 바꿔야 한다면 새로운 기술을 습득하고 자신의 능력을 계발하는 데 대학만큼 적합한 곳도 없다. 문제는 대학에서 산업수요에 맞춘 교육프로그램을 어떻게 제공하는가이다. 대학이 운영 중인 프로그램 중에서도 경영대학원과 같이 산업수요와 밀접한 전문대학원들이 있다. 또한 각종 특수대학원은 야간수업을 통하여 석사학위를 수여한다. 그러나, 대학원 프로그램 운영에 있어서 주말수업과 비대면강의를 제한하는 등 각종 규제가 심하여서 직장을 가진 학생들을 유치하는 데 지장이 많다. 코로나19를 계기로 이러한 규제를 획기적으로 완화하여 대학과 현장과의 거리를 줄여야 한다.

한국의 거의 모든 대학은 다양한 이름의 평생교육원을 운용하고 있는데, 여러 가지 사정으로 제때 대학에 진학하지 못한 젊은이들이 학사학위를 취득하는 수단으로 활용된다. 하지만 평생교육원이 제공하는 교육은 4차 산업혁명시대의 새로운 기술수요와는 동떨어진 경우가 많다. 평생교육은 말 그대로 현장에서 부족한 지식이나 기술을 재충전하는 형태가 되어야 한다. 즉, 새로운 기술변화를 따라가려는 성인들을 재교육하거나 특정분야의 전문가를 양성하는 교육을 제공하여야 한다. 굳이 학위도 필요없다. 예를 들어 미국의 유수 대학들은 무료로 들을 수 있는 강의를 계속 늘려가고 있다. 이 중에는 재학생들과 똑같이 수업을 듣고, 과제를 풀고, 또 시험을 치러서 평가를 받는 과목도 있다.[17] 만약에 이렇게 무료로 들은 대학강의를 제대로 평가할 수 있는 기관이 있다면 굳이 비싼 등록금을 내고 학위프로그램에 등록할 필요도 없을 것이다. 학령인구가 줄어들면서 지금과 같이 대학진학을 하지 못한 학생들을 대상으로 하는 평생교육은 더 이상 명목을 이어나가기 어려울 것이다. 이보다 산업계와 연계하여 이들이 원하는 전문가를 양성하는 데 초점을 맞춰야 한다.

마지막으로 대학이 4차 산업혁명시대의 주역이 되려면 그 핵심기술에 대한 연구가 강화되어야 한다. 이와 관련된 정책과제는 제6장에서 자세하게 논의하기로 하고 여기서는 몇 가지 사례만을 소개하기로 한다. 국내대학에서는 최근 인기를 끌고 있는 인공지능 분야의 교수 및 연구인력을 확보하는 데 혈안이 되어 있다. 정부는 2022년까지 고급 AI 인재 1,000명을 육성하겠다는 목표하에 KAIST, 고려대, 성균관대의 인공지능 대학원 개설을 지원하기로 결정하였다. 그러나 어떻게 좋은 교수를 모시고 또 수준 높은 교육서비스를 제공할 것인가에 대해서는 명확한 계획이 없다. 예를 들어 1억 원 남짓한 국내 연봉으로는 이보다 3배에서 10배 높은 연봉을 받고 있는 해외 인재를 교수로 모셔오기에 역부족이다. 또한 빡빡한 강의부담과 미흡한 연구환경은 애써 모신 교수라도 미련 없이 짐을 싸게 만드는 것이 현실이다.

AI(artificial intelligence)라는 용어는 60년 전쯤 MIT에서 탄생하였다. 그 MIT에서 2019년 AI 단과대학을 만들었다. 이 단과대학에 투입되는 자금은 10억 달러(1조 1천억 원)이고, 교수 50명에 박사급 연구인력 100명으로 출범한다고 한다. 서울대는 2020년 10개 학문분야의 세계 10위권 진입을 목표로 'SNU 10-10프로젝트'를 발표하였는데, 앞으로 6년간 240억 원을 투입해 글로벌 톱10에 드는 10개 학문분야를 육성하겠다는 계획이다. 1조 1천억 원과 240억 원의 대결이 누구의 승리로 끝날 것인지 눈 감고도 맞출 수 있다. 세계수준의 연구를 하려면 세계최고의 연구인력이 필요하고, 다른 연구중심대학과 경쟁할 수 있도록 충분한 재정이 뒷받침되어야 한다.

인력과 재정이 부족하다면 개별 대학단위가 아니라 몇몇 대학들이 컨소시엄을 만들어 연구능력을 확충하여야 한다. 사립대학의 경우 등록금 동결이 10년 이상 지속되고 코로나 사태로 외국인 유학생들이 감소하면서 재정위기가 더욱 악화되고 있다. 이런 상황에서 대학의 연구능력을 제고하려면 선택과 집중을 할 수밖에 없다. MIT의 AI 대학과 경쟁하려면 소위 SKY 대학의 컴퓨터 관련 학부의 교수들을 한군데 다 모아도 부족하다.

로마는 하루아침에 이루어진 것이 아니다. 대학의 우수한 연구능력도 원한다고 해서 단숨에 형성되는 것이 아니다. 한국이 세계적 수준의 대학을 보유하려면 상당한 시간이 걸린다는 것을 인정하여야 한다. 한때 우리 사회에서는 국격을 높이려면 노벨상을 탈 만큼의 독창적인 기초연구를 지원하여야 한다는 목소리가 높았다. 정부도 이러한 맥락에서 노벨상 수상자를 국내에 유치하여 연구수준을 높이자는 취지에서 '세계수준의 연구중심대학(world class university, WCU)'이라는 사업을 추진한 적도 있다. 그러나 사업단 선정을 둘러싼 나눠먹기식 지원과 성과에 대한 객관적 평가기준의 미비로 인하여 WCU 프로그램 소기의 목표를 이루지 못하고 종결되었다.[18]

대학이 4차 산업혁명을 주도하려면 가장 필요하고 무게 있는 연구가 무엇이 되어야 하는가는 연구당사자가 가장 잘 알고 있다. 설사 연구가 실패로 끝나더라도 이를 마다하지 않고 시도할 수 있는 환경이 조성되어야 한다. 지금과 같이 승진·승급을 위하여 결과물을 낼 수 있는 과제에 매달린다면 한국은 영원히 2인자의 위치를 벗어날 수 없을 것이다. 세계적인 연구중심대학을 만들려면 과연 어떤 인센티브가 필요한지 글로벌 관점에서 다시 생각해 보아야 한다.

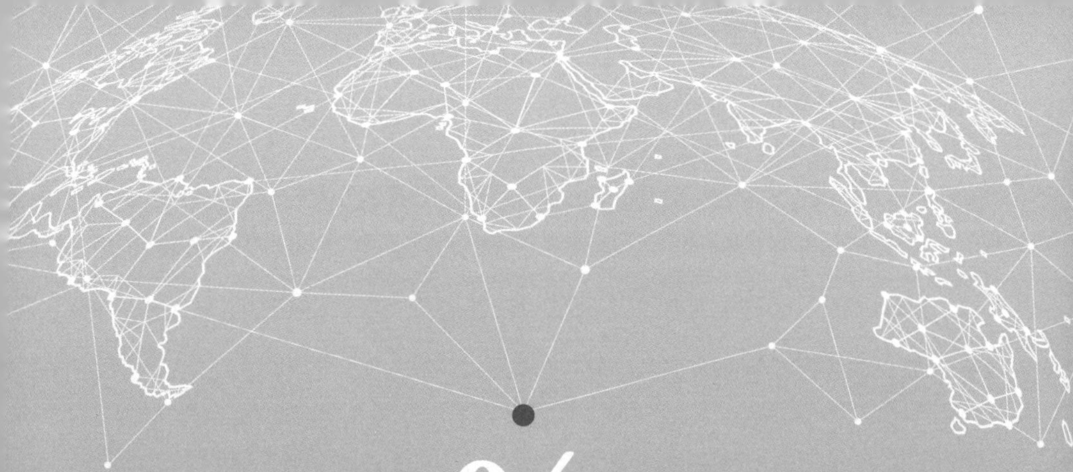

04

대학경쟁력의 관건

1. 대학경쟁력은 공짜가 아니다

2. 대학경쟁력의 결정요인

3. 반값 등록금과 등록금 동결의 명암

4. 등록금 정책의 경제적 효과

04
대학경쟁력의 관건

대학이 대학다우려면 그 이름에 걸맞게 수준 높은 가르침을 배울 수 있는 곳이 되어야 한다. 더욱이 사회와 경제가 빠른 속도로 바뀔 때 대학의 가르침은 단순한 지식의 전달이 아니라, 급변하는 세상을 헤쳐 나갈 혜안을 배울 수 있는 곳이 되어야 한다. 혜안은 단순히 지식이 아니라, 수준 높은 분석능력과 종합적 사고력, 그리고 이것이 뒷받침하는 직관력이 결합되어야 비로소 힘을 발휘할 수 있다. 장기적으로 어떤 국가의 총체적 경쟁력은 그 국가에 존재하는 대학들의 교육수준과 비례한다. 따라서 21세기 한국이 원하는 대학의 첫 번째 조건은 세계적 수준의 고등 교육을 제공하는 것이어야 한다. 그런데 이러한 목적을 달성하려면 충분한 투자가 있어야 한다. 교육수준과 연구경쟁력 둘 다 단순히 피와 땀과 눈물만으로는 성취할 수 없다. 정부가 추진하고 있는 반값 등록금과 등록금 동결 정책은 그 자체가

목적이 되어서는 안 된다. 대학의 수월성제고와 형평성제고에 어떠한 영향을 미치는가를 충분히 검토하고 부작용이 크다면 바로잡아야 할 것이다.

1. 대학경쟁력은 공짜가 아니다

세계에는 많은 좋은 대학들이 있다. 역사와 전통에 빛나는 명문사학이 있는가 하면, 국립대학이나 주립대학처럼 우수 학생들을 유치하는 데 유리한 조건을 갖춘 곳도 있다. 연구에 뛰어난 대학들이 좋은 평가를 받는 편이지만, 교육에 특화한 소규모 대학들도 많다. 그런데, 좋은 평가를 받는 대학들의 공통점을 꼽으라면 이들 대학의 재학생들에게 제공되는 교육여건이 한국의 대학보다 월등하게 낫다는 점을 말할 수 있다.

교육여건을 개선하려면 우선 돈이 많이 든다. 좋은 교수에 좋은 커리큘럼, 그리고 좋은 교육환경을 마련하려면 투자가 필요하기 때문이다. 필자는 1980년대 유학을 가서 대학원 3학년 때 경제학원론 과목의 조교를 한 적이 있다. 담당 교수는 경제학과의 스타교수 중의 하나였다. 연구업적도 무척 뛰어나서 나중에 노벨경제학상을 수상하였다. 당시 미국에서 가장 많이 팔리던 경제학원론 교과서의 공저자이면서 저자직강으로 강의를 맡았다. 얼마나 강의를 쉽고 재미있게 잘 하시는지 매번 감탄할 수밖에 없었다. 물론 연구를 잘한다고 해서 강의를 잘 하는 것은 아니다. 특히 나이 드신 교수일수록 강의에 열의가 떨어지는 분들도 눈에 띄었다. 하지만 그분은 강의에 소질이 있었고, 또 강의를 잘 하기 위하여 준비에 많은 시간과 노력을 투입했다. 300명 정도의 학생들은 커다란 극장과 같은 대형 강의실에서 일주일에 두 번 모여 강의를 들었고, 20명 정도씩 분반하여 매주 한 번씩 조교들과 연습문제를 풀고 토론을 벌였다. 시험을 잘 본 학생들은 특별히 교수식당에 초청해서 비싼 음식을 내면서 나중에 대학원에 진학해서 경제학을 전공하라는 충고도 곁들일 줄 알았다.

필자도 대학에 입학하자마자 경제학원론을 들었다. 그런데 교수님이 얼마나 강의에 성의가 없는지 실망하고 말았다. 교수님도 학생들에게 미안하셨는지, 대학 공부는 자신이 하는 것이니 집에서 일주일 정도 파묻혀서 원서를 읽어보라고 권하셨다. 그때 언급하셨던 미국 교과서가 바로 그 책이었다. 곧바로 광화문에 나가서 해적판을 사가지고 집에 가서 책을 열어본 순간 넘사벽 앞에서 절망하고 말았다. 원서를 읽기에 영어실력이 딸린 것은 두말할 필요가 없겠지만, 책에서 다루고 있는 여러 가지 정책이나 제도, 그리고 사례들이 낯선 탓도 있었을 것이다. 결국 본인도 절대 읽었을 리가 없는 책을 학생에게 권한 교수님을 원망하면서, 경제학 대신 다른 전공을 택하여야 하는지 고민하게 되었다. 그 책은 결국 4학년이 되어 유학 준비를 시작하면서 읽었다. 1학년 때 포기하지 않고 그 책을 완독하였더라면 지금쯤 유명한 경제학자가 되었을지 모를 일이다.

2020년대 한국의 대학에서는 최소한 1980년대 미국의 대학처럼 경제학원론을 가르치고 있을까? 안타깝게도 아니다. 강의 수준에 별 차이가 없다고 애써 위안해 보지만, 객관적으로 증명된 것은 아니다. 결정적 차이는 저자가 담당하고 있는 경제학원론 과목에 조교가 없다는 점이다. 미국 대학에서는 과제로 연습문제를 매주 내주고 채점을 해서 돌려준다. 학생 수가 많으면 채점을 해 주는 대학원생을 따로 둔다. 그런데 한국에서는 조교도 없고 채점을 해서 돌려줄 의무도 없다. 내가 아는 동료교수 중에는 밤 12시에 학생들이 전화를 해도 친절하게 질문을 받고 상담해 주는 분이 있다. 그는 정식교수도 아니고 강사이다. 박봉을 받으면서도 학생들에게 최선을 다하는 것을 보면 절로 고개가 숙여진다. 그러나, 모든 교수에게 후학양성을 명예라고 생각하고 교육에 전념하라는 말은 공직자들에게 국가를 위해 돈을 받지 말고 헌신하라는 것과 다를 바 없다.

한국 대학교육의 질에 대한 의문은 OECD가 실시하고 있는 국제성인역량조사(the Programme for the International Assessment of Adult Competencies, PIACC)와 국제학업성취도평가(the Programme for International Student Assessment, PISA)의 비교에서 보다 명확해진다.[1] 한국은 15세 학생들을 대상으로 읽기·수학·과학 영역의 문제해결능력을 측정하는 학업성취도평가에서 OECD 평균보다 높은 점수를 얻고 있다. 2018년 조사에서는 OECD 회원국들을 대상으로 할 때 읽기 2~7위, 수학 1~4위, 그리고 과학 3~5위를 차지하였다. 그러나, 세 영역 모두 중국 및 일본에 뒤처지고 특히 읽기 영역에서 한국 학생들의 평균 성적이 계속 떨어지고 있는 것이 문제점으로 지적되고 있다.

더욱 중요한 문제는 노동시장에 진출한 성인을 대상으로 한 기능평가 결과라고 할 수 있다. PIAAC는 만 15~65세를 대상으로 실생활에서 요구되는 언어능력·수리력·컴퓨터기반 문제해결력 등의 능력을 평가한다. 2013년 조사에 따르면 한국의 학업능력이 20세 이후 빠르게 감소하기 시작하여 35세부터는 OECD 평균 이하, 그리고 55세가 되면 최하위권으로 떨어지고 있다. 이러한 결과는 다른 선진국들에 비하여 고등교육이 대상자들의 능력 개발에 큰 도움이 되지 못하고 있다는 것을 시사한다.

왜 한국대학의 교육수준은 다른 선진국들에 비하여 떨어지는가? 그 답은 간단하다. 좋은 교수에다가 좋은 교육여건을 갖추려면 대학의 재정이 튼튼해야 한다. 앞에서 예로 든 미국 대학의 경우 정교수는 많아야 한 학기에 한 과목 정도 강의를 한다. 그러니 강의에 심혈을 기울이는 것은 당연하다. 한국의 교수들은 직급에 관계없이 1년에 15학점 또는 18학점을 강의해야 한다. 여기에다가 정교수가 되어도 승급을 하려면 논문은 논문대로 써야한다. 게다가 봉급은 10년 이상 동결이니 더 말해 무엇 하랴.

세계 일류교육을 제공하려면 대학의 재정사정도 세계일류가 되어야 한다. OECD에서 매년 발표하는 교육지표(Education at Glance-OECD Indications) 중 대학생 1인당 공교육비를 들여다보면 매우 흥미롭다. 공교육비란 정부가 교육기관에 직접 지출한 금액, 가계·학생이 교육기관에 직접 지출한 금액, 기타민간(사기업체, 종교단계, 민간 개인, 기타 비영리조직 등) 및 외부기관이 교육기관에 직접 지출한 금액을 모두 포함하는 교육비 총액이다. 공교육비란 용어를 쓰는 이유는 대학생들의 사교육비와 구분하기 위함이다. 따라서 공교육비는 공적인 대학교육에 투자된 재정 및 인적자원을 나타내는 지표로 볼 수 있다.

■ 그림 4-1 ■ OECD 회원국의 대학생 1인당 총공교육비 비교(2018)

(단위: 구매력평가 미국 달러)

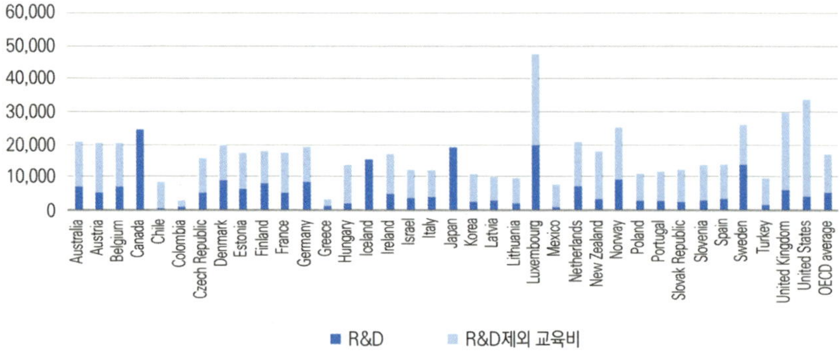

주: 대학을 포함한 고등교육기관의 공교육비를 표시.
자료: OECD, *Education at a Glance 2021*.

〈그림 4-1〉은 2017년 OECD 회원국들의 대학생 1인당 총공교육비 수준(구매력평가 미달러화 기준)을 보여준다.[2] OECD는 총공교육비를 학생들에게 제공되는 핵심교육 서비스, 교육과 관련된 보조서비스, 그리고 R&D와 관련된 비용으로 정의하고 있다. 2018년 대학생 1인당 총공교육비의 OECD 평균은 17,065 달러이며, 규모가 가장 큰 국가는 룩셈부르크(47,694 달러), 미국(34,036 달러), 영국(29,911 달러) 순이다. 한국은 평균보다 훨씬 적은 11,290 달러이다. 총공교육비를 R&D와 이를 제외한 교육비(핵심 및 보조교육비)로 구분하여 보면 OECD 평균은 각각 5,412 달러와 11,653 달러이다. 한국은 두 항목 다 평균보다 적은 2,408 달러와 8,882 달러를 기록하였다.

혹자는 교육비의 절대수준보다 경제규모를 고려하여 교육비 비중을 비교하는 것이 더 바람직하다고 생각할지 모른다. 경제규모가 큰 국가라면 교육비를 지출할 여력이 그만큼 클 것이라고 예상되기 때문이다. GDP로 추정한 한국경제의 규모는 세계 10위권을 차지하고 있다. OECD 회원국 중 G7 국가인 미국, 일본, 독일, 영국, 프랑스, 이탈리아, 그리고 캐나다는 한국을 앞지르고 있다. 이렇게 GDP 대비 총공교육비 비중을 사용하면 한국의 사정은 조금 낫다. 2017년 한국 대학의 GDP 대비 총공교육비 비율은 1.6%로 OECD 평균 1.4%를 약간 상회한다. 하지만 칠레(2.7%), 미국(2.6%), 캐나다(2.3%)를 위시하여 호주(2.0%), 노르웨이(2.0%), 영국(2.0%), 오스트리아(1.7%), 덴마크(1.7%), 네덜란드(1.7%), 뉴질랜드(1.7%), 터키(1.7%) 등이 한국보다 높은 것으로 나타났다.

대학의 R&D를 제외한 나머지 공교육비만을 보면 한국은 1.2%를 기록하여 OECD 평균 1.0%을 약간 상회하고 있다. 총공교육비 비율과 유사하게 R&D를 제외하더라도 칠레(2.6%), 미국(2.3%)은 단연 높은 수준을 보여주고 있고, 영국(1.6%), 호주(1.4%), 뉴질랜드(1.4%), 터키 (1.6%) 등이 한국을 앞지르고 있다. 총공교육비 비율만을 비교할 때보다 R&D를 제외한 나머지 교육비의 경우 한국의 순위가 개선된다는 점을 뒤집어 보면 한국 대학의 연구개발비 지출이 그만큼 낮다는 말이 된다. 당연히 이러한 수준으로서는 세계를 선도할 연구중심 대학이 될 수 없다.

OECD 회원국의 공교육비 및 연구개발투자 비교

OECD 회원국들을 대상으로 초등학교부터 대학까지 공교육비 전체지출을 비교하면 한국의 위상은 어떻게 달라질까? 우선 R&D 투자를 제외한 핵심 및 보조 공교육비의 GDP 대비 비율을 보도록 하자. 2018년을 기준으로 한국은 4.8%로 OECD 평균 4.5%보다는 약간 높은 편이다. 그렇지만 칠레(6.5%), 노르웨이(5.9%), 그리고 뉴질랜드, 아이슬랜드 및 캐나다(5.8%)와는 상당한 격차가 있다. 한편 한국의 대학을 제외한 초등학교부터 고등학교까지의 지출비율(3.5%)은 OECD 평균(3.4%)보다 조금 높은 편이다.

OECD 회원국들의 GDP 대비 공교육비 비율(2018)

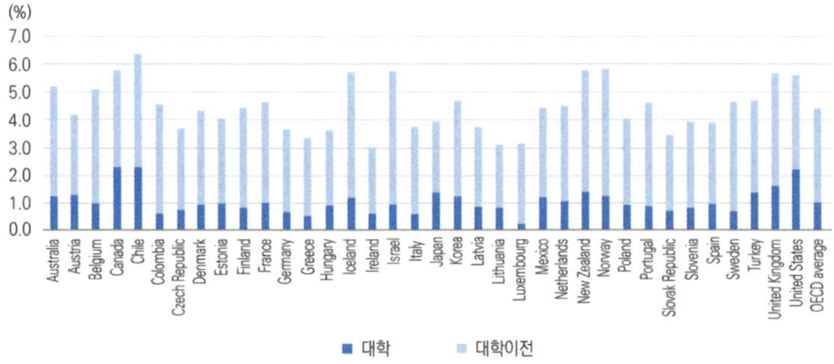

자료: OECD, *Education at a Glance 2021*.

다음에는 GDP 대비 R&D 지출비율을 보도록 하자. 한국은 2018년 4.52%을 기록하여 이스라엘(4.85%) 다음으로 가장 높다. 그런데 대학의 비율은 0.33%에 불과하여 OECD 평균 0.42%에도 미달한다. 즉, 기업이나 정부의 R&D 투자가 활발한 데 비하여 대학의 지출은 그렇지 못하다는 말이다. 이에 비하여 덴마크(0.80%), 노르웨이(0.72%), 핀란드(0.70%), 호주(0.64%) 등은 대학의 R&D 투자비율이 한국보다 월등히 높다. 이는 한국의 대학경쟁력이 떨어지는 중요한 이유 중의 하나가 대학의 연구관련 투자 부족임을 시사한다.

OECD 회원국들의 GDP 대비 R&D 비율(2018)

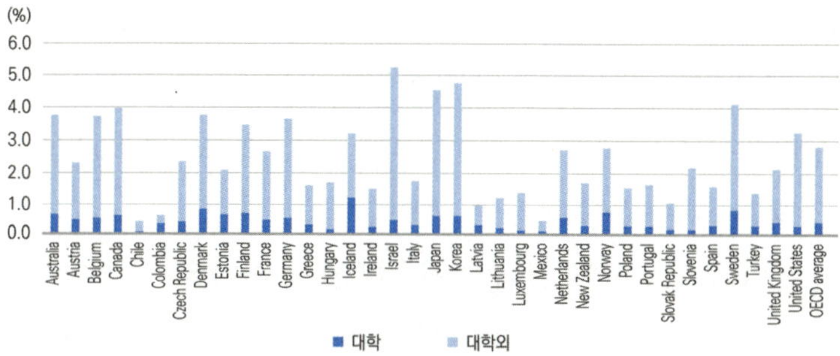

주: 오스트리아와 호주의 대학 R&D 투자자료는 2017년 값 사용.

자료: OECD, *Education at a Glance 2021*.
OECD Data, "Gross domestic spending on R&D".

2. 대학경쟁력의 결정요인

대학의 경쟁력을 결정하는 요인은 무엇일까? 학연에 집착하는 한국에서 수험생들이 중시하는 대학의 특성은 무엇인가? 한국의 대학들은 정기적으로 교육부에 대학 현황을 보고하는 절차를 거치는데, 이를 대학정보공시라고 한다. 이렇게 수집된 정보는 대학알리미라는 인터넷 사이트에 공개된다.[3] 대학이 공시한 정보에 오류가 있을 때는 벌점이 부과되고, 벌점이 일정 수준을 초과할 시 학교에 불이익을 초래할 수 있기 때문에 자료의 정확성은 어느 정도 보장된다고 보아도 된다.

대학알리미 사이트의 '우리대학경쟁력'이란 항목에는 대학경쟁력의 결정요인으로 간주되는 6가지 지표를 공개하고 있다. 여기에는 신입생 충원율, 전임교원 확보율, 취업률, 재학생 충원율, 1인당 장학금, 그리고 1인당 교육비가 포함된다. 〈표 4－1〉은 2019년 중앙일보 평가에서 상위 25위를 차지한 대학들을 대상으로 2020년 이들 6대 경쟁력 지표 값을 요약한 것이다.[4]

지표 값을 검토하기 전에 먼저 지적해둘 사항은 대학 알리미 자료에는 국내외 평가에서 논란이 되어 온 '평판도'가 빠져 있다는 점이다. 평판도는 중앙일보 대학평가에는 반영되어 있는 만큼, 이러한 차이가 얼마나 차이를 가져오는지 따져볼 필요가 있다. 또 한 가지 문제점은 대학의 중요한 기능 중의 하나인 연구관련 지표가 빠져있다. 교육부의 대학평가 지표 역시 충원율, 전임교원 확보율, 취업률로 구성되어 있다는 점에서 아직 연구를 대학의 중요한 경쟁력으로 보는데 소홀한 것이 아닌지 우려된다. 물론 대학 알리미 사이트에서 전임교원의 연구실적을 확인할 수 있다. 하지만 대학별로 논문과 저서수로 정리되어 비교를 위해서는 추가적인 판단과 수고가 필요하다.

이제 〈표 4－1〉을 중심으로 대학순위와 경쟁력지표 간의 관련성에 대하여 살펴보도록 하자. 첫째, 충원율 지표는 신입생 충원률과 재학생 충원률이라는 2가지 종류가 있다. 신입생 충원율은 거의 모든 대학이 99%를 넘고 100%를 기록한 대학도 여러 곳 있다. 경쟁력이 높은 대학의 경우 학령인구 감소에 따른 미충원 사태는 나타나지 않고 있음을 확인할 수 있다. 재학생 충원률은 재학생수를 편제정원수로 나눈 비율로서 거의 모든 상위대학이 100%를 넘어서고 있다.

■ 표 4-1 ■ 대학경쟁력 지표(2020)

(단위: %)

대학	중앙일보 순위	신입생 충원률	전임교원 확보율	취업률	재학생 충원률	학생 1인당 장학금*	학생 1인당 교육비*
서울대	1	99.8	123.4	70.9	114.8	90.4	328.8
성균관대	2	99.7	105.5	78.6	107.2	96.4	187.1
한양대(서울)	3	99.5	86.4	73.8	107.1	96.2	143.3
연세대	4	99.8	99.1	72.5	108.5	96.9	205.3
고려대	5	99.8	94.8	73.3	108.7	91.0	164.8
경희대	6	99.5	94.0	67.4	105.4	87.3	110.6
중앙대	7	99.0	78.5	72.4	107.4	86.2	115.6
서강대	8	99.5	75.1	73.7	108.0	75.8	120.9
이화여대	9	99.8	88.6	63.4	106.6	92.5	128.0
한양대(에리카)	10	99.8	75.0	67.3	102.7	n.a.	n.a.
아주대	11	99.7	99.2	70.4	105.8	89.3	152.9
서울시립대	12	99.5	75.7	70.0	117.6	47.2	99.3
한국외대	13	99.6	77.5	65.2	108.6	72.6	76.1
건국대	14	99.3	66.1	65.8	106.9	89.6	107.3
인하대	15	99.9	80.3	70.0	108.2	87.1	110.9
국민대	16	99.8	76.1	67.0	104.4	93.0	99.0
동국대	17	99.8	79.7	69.0	104.2	91.4	98.9
부산대	18	99.9	83.0	58.6	107.2	80.5	128.9
숙명여대	19	99.6	78.5	62.5	100.9	94.9	119.3
전북대	20	99.7	88.7	57.3	105.5	75.6	119.3
서울과기대	21	100	62.1	66.2	110.9	87.6	98.0
세종대	22	100	73.8	63.6	106.0	90.2	106.4
경북대	23	99.8	88.6	57.8	105.8	75.4	116.1
인천대	24	99.9	78.0	64.9	105.3	89.3	109.9
전남대	25	100	91.5	60.1	110.5	73.4	112.6

주: * 전국 국공립대학 및 사립대학(사이버대학, 교육대학, 특별법법인, 기술대학 및 산업대학 제외)의 평균치 대비 백분율 표시.
n.a.= 자료 없음.

자료: 대학알리미(https://www.academyinfo.go.kr/pubinfo/pubinfo0910/list.do)

이때 재학생수에는 농어촌 특별전형과 같은 사회적 배려 대상자나 해외 주재원 자녀 특례 입학, 외국인유학생 등 정원외 입학자가 포함된다. 특히 서울시립대(117.6%), 서울대(114.8%), 전남대(110.5%) 등 국공립대학의 충원률이 월등히 높게 나타난 것이 흥미롭다.

둘째, 취업률의 경우 수도권 대학과 비수도권 대학 간 차이를 확인할 수 있다. 취업률이 가장 높은 대학은 성균관대(78.6%), 한양대(73.8%), 서강대(73.7%), 고려대(73.3%), 연세대(72.5%), 중앙대(72.4%) 등 수도권의 사립대학으로 나타났다. 서울대는 이들보다 다소 낮은 70.9%, 그리고 서울시립대는 70.0%를 기록하였다. 흥미로운 점은 비수도권에 위치한 국립대학들의 취업률이 매우 낮다는 점이다. 특히 부산대(58.6%), 전북대(57.3%) 및 경북대(57.8%) 등은 취업률이 60%에 미달한다. 이러한 차이는 수험생들이 왜 수도권으로 몰리는가를 설명하는 데 도움이 될 것이다.

셋째, 전임교원 확보율은 재정사정과 연관성이 매우 높다. 서울대(123.4%)가 가장 높고, 그 다음에는 성균관대(105.8%), 아주대(99.2%), 연세대(99.1%), 고려대(94.8%) 순으로 나타났다. 비수도권의 국립대학의 경우 전임교원 확보율은 높은 편이다. 전남대(91.5%), 경북대(88.6%)와 전북대(88.7%)는 웬만한 수도권 사립대학보다 높은 수치를 보이고 있다.

넷째, 학생 1인당 장학금은 전국 대학들의 평균치 대비 비율을 보여준다. 대학순위가 높은 25개 대학 중 평균치인 100%에 도달한 대학이 없다. 이러한 사실은 1인당 장학금 지표가 대학 순위와는 별 상관이 없다는 점을 시사한다. 수도권의 사립대학인 연세대(96.9%),

성균관대(96.4%), 한양대(96.2%)가 선두권을 형성하고 있는 가운데, 숙명여대(94.9%), 국민대(93.0%), 이화여대(92.5%)가 뒤를 잇고 있다. 국공립대학의 경우는 등록금이 상대적으로 저렴하기 때문에 장학금 규모도 작은 편이다. 서울대(90.4%)는 예외적으로 높은 편이며, 전북대(75.6%), 경북대(75.4%)와 전남대(73.4%)는 상당히 낮다.

마지막으로 학생 1인당 교육비를 보도록 하자. 학생 1인당 교육비는 학교가 학생의 교육과 교육여건의 조성을 위해 투자한 비용을 학생수로 나눈 값인데, 인건비, 운영비, 장학금, 도서구입비, 실험 실습비, 기계기구매입비 등이 모두 포함된다. 교육비 지출이 클수록 경쟁력이 높을 것으로 예상된다. 실제로 서울대가 전국 대학의 평균치 대비 329%로 가장 높고, 연세대가 205%, 성균관대가 187%로 뒤를 따르고 있다. 반면에 비수도권 국립대학의 경우 부산대(129%), 전북대 (119%), 경북대(116%), 전남대(113%)로 낮은 편이다.

전임교원 확보율이나 취업률, 또는 교육비의 차이에도 불구하고 충원률에 큰 차이가 없다는 점을 확인하였는데, 이는 경쟁력이 높은 대학으로 학생들이 몰린다는 사실을 시사할지 모른다. 좀 더 명확하게 대학경쟁력의 결정요인을 확인하기 위하여 대학순위와 6개 경쟁력 지표 간 상관지수를 구해보도록 하자. 상관지수는 -1부터 1까지의 값을 갖는데, 상관관계가 높을수록(낮을수록) 그 절대값이 1(0)에 가까운 값을 갖게 된다. 〈표 4-2〉에서 보는 바와 같이 대학순위와 가장 상관관계가 높은 지표는 취업률(-.79)와 1인당교육비(-.60)으로 나타났다. 대학순위와 취업률 간 상관지수는 매우 높은데, 순위가 높을수록 취업률이 높다는 것을 보여준다. 1인당 교육비도 대학순위

■ 표 4-2 ■ 대학경쟁력 평가요소 간 상관계수 값(2020)

	중앙일보 순위	신입생 충원률	전임교원 확보율	취업률	재학생 충원률	1인당 장학금	1인당 교육비
중앙일보 순위	1.0						
신입생 충원률	0.12	1.0					
전임교원 확보율	-.53	.12	1.0				
취업률	-.79	-.34	.26	1.0			
재학생 충원률	-.23	-.00	.23	.24	1.0		
1인당 장학금	-.27	.11	.23	.29	-.56	1.0	
1인당 교육비	-.60	.10	.84	.39	.35	.33	1.0

주: 중앙일보 순위는 2019년 자료.

와 상관도가 높은 것으로 나타났다. 사실 취업률은 시장에서 평가하는 교육서비스 가치라고 볼 수 있다. 그렇다면 교육이 충실한 대학의 졸업생의 인적자본의 질이 높고, 취업률이 높다고 해석해도 좋을까? 취업률과 1인당 교육비 간의 상관지수는 .39로 그리 높지 않아서 문제가 간단치 않다는 것을 보여준다.

대학순위는 양질의 교육서비스 공급과 관련된 전임교원 확보율과 −.53의 상관지수를 나타내고 있어 교육서비스의 질이 의미 있는 지표임을 시사한다. 예전에는 대학순위가 높을수록 우수한 학생들을 유치할 가능성이 높기 때문에 대학교육서비스의 질은 별 상관없다는 말도 있었다. 지금은 그렇지 않다. 1인당 교육비가 높아야 전임교원도 확보하고 학생들에게 수준 높은 교육서비스를 제공할 수 있다.[5]

또 하나 흥미로운 점은 대학순위와 장학금규모의 상관관계가 낮다는 점이다. 예전에는 장학금이 우수학생을 유치하는 데 효율적인 수단이 되었다. 실제로 전액장학금을 주는 법대에 입학하여 대통령도 되고 장관도 된 사례가 있다. 하지만, 한국의 소득수준이 높아짐에 따라 현재는 장학금의 목적이 성적우수 학생의 유치와 격려보다 저소득층 학생에 대한 지원으로 바뀌고 있다.

종합하면 대학평가순위를 잘 설명하는 것은 취업률과 1인당 교육비라고 할 수 있는데, 이는 좋은 대학일수록 졸업생들이 취업하기 용이하다는 상식을 확인시켜 준다. 한편 1인당 교육비가 높다는 것과 대학경쟁력 간의 연관성이 높다는 사실은 재정여건이 나빠질수록 교육의 질이 하락하고 따라서 대학의 경쟁력에 부정적인 영향을 미친다는 점을 시사한다.

대학은 학생들에게 새로운 환경에 빠르게 적응하고 도전을 헤쳐 나갈 능력을 배양하라고 가르친다. 하지만, 학생들의 내재적 능력이 뛰어나도 혼자만의 힘으로는 사회에 나가서 성공하기는 쉽지 않다. 한국사회가 혈연, 학연, 지연으로 촘촘히 연결되어 있기 때문이다. 이런 면에서 평판도는 대학의 무형자산을 대변한다고 할 수 있다. 대학이 평판도를 쌓아가려면 어떻게 하여야 하는가? 전임교원 확보율, 취업률과 1인당 교육비 등이 대학경쟁력 지표로 의미가 있다는 점은 그만큼 대학순위와 평판도에 미치는 재정의 중요성이 크다는 것을 반증한다.

〈표 4-3〉은 2020년 대학의 등록금, 1인당 장학금, 1인당 교육비의 수준을 보여준다. 이 중에서 1인당 교육비를 보면 서울대가 4,828만 원으로 다른 대학들의 추종을 불허할 정도로 큰 차이가 존재한다.

■ 표 4-3 ■ 주요대학의 교육비 환원율 현황(2020)

(단위: 천 원, %)

대학	등록금	1인당 장학금*	1인당 교육비	교육비 환원율**
서울대	6,011.8	3,189.0 (53.0%)	48,247.9	802.6
성균관대	8,386.2	3,388.3 (40.4%)	27,895.1	332.6
한양대	8,482.9	3,394.8 (40.0%)	21,357.0	251.8
연세대	9,155.1	3,419.7 (37.4%)	30,591.1	334.1
고려대	8,261.0	3,211.3 (38.9%)	24,559.2	297.3
경희대	7,935.4	3,081.9 (38.8%)	16,480.6	207.7
중앙대	7,888.9	3,042.1 (38.6%)	17,223.2	218.3
서강대	7,947.4	2,647.2 (33.3%)	18,024.2	226.8
이화여대	8,691.6	3,263.2 (37.5%)	19,075.1	219.5
아주대	8,261.5	3,150.5 (38.1%)	22,780.6	275.7
서울시립대	2,392.1	1,664.1 (69.6%)	14,793.9	618.4
한국외대	7,130.0	2,661.2 (37.3%)	11,345.0	159.1
건국대	8,275.4	3,162.0 (38.2%)	15,990.9	193.2
인하대	7,692.2	3,072.5 (39.9%)	16,526.6	214.8
국민대	7,924.2	3,282.1 (41.4%)	14,758.1	186.2
동국대	7,939.2	3,223.4 (40.6%)	14,739.8	185.7
부산대	4,462.0	2,840.8 (63.7%)	19,203.9	430.4
숙명여대	8,069.5	3,347.5 (41.5%)	14,491.7	179.6
전북대	4,380.8	2,667.3 (60.9%)	17,785.0	406.0
서울과기대	5,435.4	3,089.6 (56.8%)	14,611.7	268.8
세종대	7,879.9	3,184.3 (40.4%)	15,857.6	201.2
경북대	4,500.6	2,661.1 (59.1%)	17,300.9	384.4
인천대	4,635.9	3,149.4 (67.9%)	16,376.0	353.2
전남대	4,167.1	2,591.2 (62.2%)	16,782.6	402.7
충남대	4,360.1	2,430.4 (55.7%)	17,662.2	405.1
평균	6,810.6	2,992.6 (43.9%)	19,378.4	284.5

주: * 괄호 안의 숫자는 등록금 대비 1인당 장학금 비율(%)을 의미.

** 교육비 환원율은 등록금 대비 교육비(%)를 의미.

자료: 대학알리미(https://www.academyinfo.go.kr/pubinfo/pubinfo0910/list.do)

사립대학 중 가장 높은 수준인 성균관대학교(2,790만 원)도 서울대학교의 60%에 못미친다. 한편 국립대인 부산대, 전북대, 경북대가 서울대의 40%에 미달한다는 사실은 이들 비수도권 국립대학의 재정이 얼마나 열악한지를 잘 보여준다.

장학금은 등록금에 비례하는 경향을 보이고 있다. 등록금 수준이 낮은 국립대학의 경우에는 장학금의 절대수준이 낮음에도 불구하고 등록금에 대한 비율은 50%를 상회할 정도로 높다. 서울시립대의 경우에는 등록금과 장학금 수준은 가장 낮지만, 등록금 대비 장학금 비율은 69.66%로 가장 높다. 사립대학들의 경우는 국립대학보다는 등록금 수준이 월등히 높지만 장학금 수준은 크게 높지 않고 오히려 떨어지는 경우도 있다. 따라서 등록금 대비 장학금 비율은 전반적으로 낮은 편이다.

교육비 환원율은 학생 1인당 교육비를 등록금으로 나눈 수치로 대학의 교육관련 투자를 파악하는 대표적 지표이다. 서울대의 교육비환원율이 800%로 가장 높고, 그 다음으로 서울시립대가 618%를 기록하였다. 비수도권 국립대학들도 부산대 430%, 전북대 403%, 그리고 충남대 405%로 높은 편이다. 사립대학의 경우 연세대 334%, 성균관대 332%, 고려대 297%를 기록하였으나, 100%를 기록한 대학들도 있어서 상당한 차이를 보이고 있다.

3. 반값 등록금과 등록금 동결의 명암

세계 최고의 대학교육을 절반 가격으로 받을 수 있다면 얼마나 좋을까? 과연 그것이 현실적으로 가능할까? 한국 사람이라면 그렇게 바랄 수 있다. 그렇기에 인기에 민감한 국회의원들이 이를 추진하였을 것이다. 2010년 가을 당시 여당이었던 한나라당이 단독으로 처리한 '반값 등록금' 정책은 등록금이 비싸다는 것을 전제로 하고 있다. 그 근거는 무엇인지 또 절반 가격이 타당한지 OECD 국가들과의 비교를 통해서 살펴보도록 하자.

〈그림 4−2〉는 2017년 구매력을 고려한 미국 달러로 OECD 회원국들의 대학 학사 과정의 등록금을 나타내고 있다.[6] OECD 회원국

■ 그림 4-2 ■ OECD 주요국의 국공립 및 사립대학 등록금 비교(2017)

(단위: 구매력평가 미국 달러)

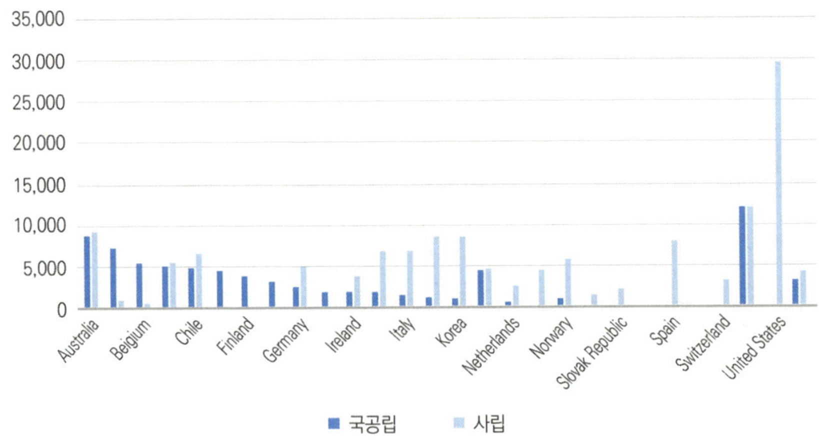

주: OECD 평균치는 자료가 있는 국가들을 대상으로 필가가 직접 계산.
자료: OECD, *Education at a Glance 2020.*

들의 3분의 1 정도는 등록금을 내지 않고 또 나머지 3분의 1 정도는 등록금이 2,000 달러 미만이다(OECD, 2020). 이에 비하여 한국의 등록금은 국공립대학이 평균 4,785 달러, 그리고 사립대학은 8,578 달러로 OECD 평균치보다 각각 1.7배 수준이다. 국가별로는 국공립대학이 6번째, 사립대학은 5번째로 높다.

OECD 회원국들과의 비교를 통하여 한국의 등록금 수준이 높은 편이라는 것을 확인할 수 있다. 하지만 국가마다 등록금 체계가 다른 만큼 단순히 한국의 등록금이 평균보다 높다고 비판하는 것은 적절치 않다. 등록금을 한푼도 안 내는 완전 무상 등록금 정책을 추진하고 있는 국가들은 대학교육비를 국가가 전담하고 있다. 등록금은 학생 일인당 교육비 중 제3자로부터 받는 지원금으로 충당되지 않는 부분을 메우는 역할을 한다. 따라서 등록금이 높고 낮음을 따지려면 대학에 대한 국가보조금의 크기를 같이 고려하여야 한다.

학생들의 교육비 부담을 비교할 때 또 한 가지 고려해야 할 점은 대출 및 장학금의 규모이다. 한국의 경우 반값 등록금의 목표는 등록금의 절반만큼을 국가가 부담하는 것이다. 대학생들의 등록금 부담을 완화하기 위하여 정부는 '국가장학금'이란 명목으로 소득과 재산이 일정 수준 이하인 대학생 중 성적 기준 등을 충족한 학생에게 장학금을 지원하고 있다.[7] 이와 유사한 정책을 오스트리아, 벨기에, 포르투갈 및 스위스 등이 시행하고 있다.[8]

대학생들의 교육비를 경감을 위하여 대출이 바람직한가 아니면 보조금이나 장학금이 바람직한가라는 문제는 오랫동안 논란이 되어 왔다. OECD 회원국들을 보면 이 두 가지 수단 중 어느것에 중점을 둘 것인가는 국가마다 상당히 다르다. 〈그림 4－3〉는 2018년 OECD 주요국의 보조금/장학금 대 공적대출 또는 정부보증민간대출규모를 보여준다. 이들 국가들의 평균치는 각각 5,774 달러와 6,678 달러를 기록하고 있어 대출이 보조금/장학금 보다 조금 더 크다. 보조금/장학금이 평균보다 큰 국가는 덴마크(8,161 달러), 오스트리아(8,136 달러), 스위스(7,590 달러), 이탈리아(7,136 달러), 호주(7,103 달러) 순으로 나타났다. 한편 대출의 규모가 큰 국가는 영국(18,280 달러), 노르웨이(12,119 달러), 네덜란드(9,440 달러), 뉴질랜드(8,273 달러) 순이다. 독일이나 칠레는 두 수단의 크기가 별로 다르지 않다. 한국의 경우에는 보조금/장학금(3,729 달러)이 대출(5,129 달러)보다 좀 작고, 둘다 OECD 평균치에 미달한다.

■ 그림 4-3 ■ OECD 주요국의 학자금 대출 및 공적 보조금/장학금 규모(2018)

(단위: 구매력평가 미국 달러)

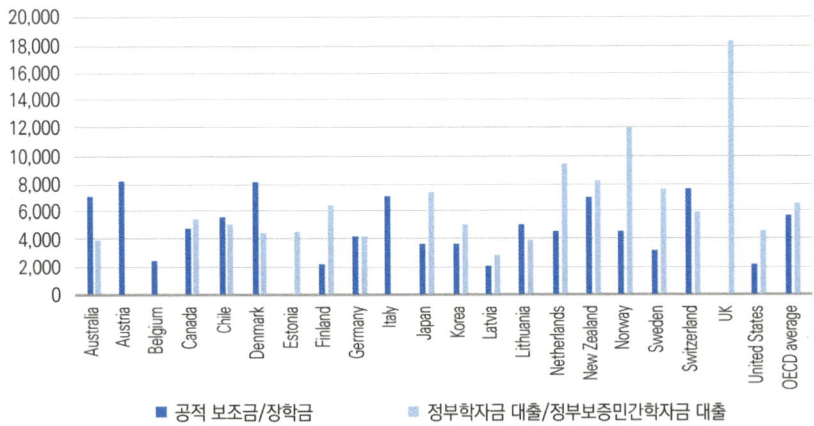

주: OECD 평균치는 자료가 있는 국가들을 대상으로 필자가 직접 계산.
자료: OECD, *Education at a Glance 2021*.

요약하면 사립대학의 등록금 수준이 지나치게 높다는 인식에 기반하여 등록금 절반을 국가장학금으로 보조하겠다는 '반값 등록금' 정책은 설득력이 충분치 않다. 국가마다 국공립과 사립대학 비중이 다르고 등록금 수준도 제각각이며, 대학의 접근성을 높이기 위하여 대출과 장학금 중 어느 것을 얼마나 사용할 것인가도 크게 다르기 때문이다.

정부가 반값 등록금 정책을 추진하면서 동시에 추진한 정책이 등록금 동결이다. 즉, 반값 등록금을 달성하기 위하여 국가장학금 규모를 점차 확대하는 한편, 등록금 자체를 올리지 못하도록 규제하여 온 것이다. 법적으로는 등록금을 직전 3개년도 소비자 물가상승률의 1.5배까지 올릴 수 있다. 하지만 실제로는 등록금을 올리면 정부의 재정지원사업이나 국가장학금(유형 II)을 신청하지 못하는 불이익을 주겠다고 위협하여 왔다. 과거 등록금이 소비자물가상승률보다 빠르게 상승하였던 것에 비추어볼 때 대학재정에 미친 부정적인 충격은 가히 짐작할 수 있다. 지난 10년 동안 소비자물가상승률을 감안하면 등록금의 실질가치는 약 20%가량 하락하였다.[9]

실제 대학재정에서 차지하는 등록금의 비중은 상당히 높다. 사립대학의 경우 일반대와 전문대 모두 2018년 등록금 수입이 각각 54.1%와 55.7%로 가장 많은 비중을 차지하고 있다. 그 다음으로 국고보조금이 15.4%와 24.5%를 차지하고 있으며, 전입금이나 기부금은 상대적으로 매우 적은 비중을 보였다. 더구나 등록금 수입 비중은 날로 줄어들고 있다(문보은 외, 2020). 주요사립대학의 경우도 이와 크게 다르지 않다. 〈표 4-4〉에서 볼 수 있는 바와 같이 주요사립대학의 경우 수입에서 등록금이 차지하는 비중은 평균 50%를 넘으며, 60%가 넘는 대학들도 절반가량 된다.[10]

등록금 동결이 지속되면서 비등록금(수강료, 법인전입금, 기부금, 국고보조금, 산단전입금, 교육 부대수입, 자산 및 부채수입)의 중요성이 점점 더 커지고 있다. 특히 교육부대사업이나 국고보조금, 그리고 수업료에 대한 의존도가 커지고 있다. 법인 전입금이나 기부금 비중은 평균 3%에 불과하다. 현재 사립대학의 재정상황을 보면 등록금 수입으로 부족한 재정수입을 다른 재원으로 메꾸기는 한계가 있어 보인다. 일부 대학은 규제의 적용을 받지 않는 외국유학생이나 대학원생을 대상으로 등록금을 올리는 편법을 써 왔지만 그 효과도 크지 않다.

대학의 수입이 여의치 않다면 지출을 줄여야 하는데, 이 역시 용이하지 않다. 〈표 4-4〉 하단에서 볼 수 있는 바와 같이 지출에서 중요한 항목은 보수, 연구학생경비, 그리고 관리운영비이다. 이 중 보수와 관리운영비는 고정경비 성격이 강하고, 연구학생경비 역시 대학 간 경쟁을 고려하면 마구 줄이기 어렵다. 그 대신 대학들은 건물의 관리 및 보수, 새로운 실험기기 구입이나 건물신축을 크게 줄였다. 또한 학교당국은 인건비 지출을 줄이기 위하여 강사의존도를 줄이고 전임교원들의 강의시수를 늘리는 한편, 우수논문 게재금과 같은 연구비지원을 크게 줄였다. 또한 학생들의 실험실습비도 줄었다. 물론 이러한 경비절감에도 불구하고 해마다 발생하는 부족분은 기금, 미사용이월자금 및 차입금 등에 의존하여 왔다.

등록금 수입을 절약해서 기금을 적립하고 또 건물을 신축한다는 이야기는 옛말이다. 반값 등록금과 등록금 동결 정책이 학생들에게는 환영을 받았는지 모르지만 장기적으로는 대학의 교육 및 연구경쟁력을 저하시키는 부작용을 낳고 있다.[11]

4. 등록금 정책의 경제적 효과

경제학 교과서에는 가격규제가 실시되면 수요는 증가하고 공급은 감소하여 초과수요가 발생한다고 가르친다. 금융권의 대출금리규제나 아파트 월세규제가 대표적인 사례이다. 한편 기업에 보조금을 지급하면 공급이 증가하면서 가격이 떨어지고 거래량이 증가할 것이다. 농업이나 중소기업에 대한 보조금 지급이 여기에 해당한다. 그렇다면 대학이 제공하는 교육서비스 시장에서 등록금을 규제하면서 반값 등록금이란 형태로 일종의 보조금을 지급하면 그 효과는 어떻게 나타날까?

■ 표 4-4 ■ 주요 사립대학의 수입 및 지출구조(2020)

1. 수입 (단위: %)

대학	등록금	수업료	법인 전입금	기부금	국고 보조금	산단 전입금	교육 부대수입	자산 및 부채수입	전기 이월
성균관대	43.54	2.45	5.03	3.74	5.80	1.12	27.01	4.61	4.61
한양대	56.99	4.26	1.29	2.68	10.18	1.19	8.24	9.79	2.49
연세대	39.63	3.96	5.07	4.12	5.91	1.44	6.96	8.20	1.01
고려대	48.70	3.80	2.14	8.42	8.08	2.93	5.24	7.15	2.54
경희대	60.22	4.96	1.94	1.91	11.71	1.93	4.27	5.49	0.00
중앙대	63.96	3.79	2.29	2.47	12.30	2.00	6.95	5.36	0.11
서강대	60.59	8.82	0.35	5.46	10.32	3.34	3.59	2.70	2.94

이화여대	51.88	1.92	2.12	3.30	7.89	1.49	9.00	16.10	1.73
아주대	42.34	1.55	3.88	1.78	10.80	2.49	5.14	11.79	3.66
한국외대	62.94	3.87	1.26	2.48	15.70	0.37	8.36	3.17	1.44
건국대	61.33	3.93	1.31	2.16	13.70	1.19	5.04	4.17	1.99
인하대	62.61	1.35	3.03	2.11	16.85	2.23	5.42	5.48	0.00
국민대	62.83	4.94	2.12	1.57	16.73	1.02	3.76	4.27	1.69
동국대	61.35	4.92	2.81	4.76	15.32	1.15	4.38	1.72	0.00
숙명여대	59.10	6.71	0.00	2.08	14.35	0.24	5.08	8.96	0.65
세종대	63.69	8.03	0.53	0.48	14.11	0.87	6.72	4.42	0.08
평균	53.61	5.24	2.78	2.11	9.96	1.00	16.87	4.51	2.34

2. 지출

(단위: %)

대학	보수	관리 운영비	연구학생 경비	교육외 비용	예비비	자산 및 부채지출	차기 이월
성균관대	49.42	8.15	29.91	0.15	0.32	12.05	0.00
한양대	40.85	10.76	29.90	0.07	0.46	16.04	1.92
연세대	48.31	14.33	23.48	0.24	0.23	13.43	-0.02
고려대	43.95	11.80	27.80	0.04	0.82	15.59	0.00
경희대	48.85	9.38	32.28	0.47	1.24	7.78	0.00
중앙대	38.18	14.59	37.36	0.19	1.50	8.18	0.00
서강대	46.34	13.48	31.47	0.01	0.28	8.42	0.00
이화여대	41.68	10.74	26.48	0.03	0.45	19.17	1.45
아주대	44.27	9.46	28.19	0.21	0.07	16.29	1.51
한국외대	47.34	12.85	33.46	0.30	0.09	5.96	0.00
건국대	47.79	11.24	33.08	0.33	1.41	5.65	0.49
인하대	44.00	10.24	37.09	0.13	0.00	8.53	0.00
국민대	41.71	12.59	35.45	0.07	0.16	10.02	0.00
동국대	45.68	10.11	33.66	0.16	0.38	10.00	0.00
숙명여대	46.04	11.08	32.00	0.03	0.94	9.48	0.42
세종대	40.60	10.14	34.39	0.10	0.11	13.63	0.08
평균	47.73	9.61	30.96	0.09	0.64	10.76	0.21

자료: 대학알리미(https://www.academyinfo.go.kr/pubinfo/pubinfo0910/list.do)

문제는 그렇게 간단하지 않다. 우선 대학교육서비스 시장의 시장 구조가 경쟁시장에 가까운지 아니면 독점에 가까운지부터 명확치 않다. 한국에는 4년제 대학만 해도 대략 200개가 된다. 이렇게 많은 대학이 수험생을 유치하기 위하여 치열하게 경쟁하고 있다. 한편으로는 대학의 서열화가 뚜렷해서 대학을 선택할 때 등록금(장학금)은 우선순위가 밀린다. 특히 의대의 경우는 선호도가 매우 높아서 등록금이 비싸더라도 수요에는 커다란 영향을 받지 않는다. 특정 대학은 분명 다른 대학과 차별화되는 요소를 가지고 있다. 그렇다고 해서 다른 대학을 의식하지 않고 마음대로 등록금을 올려받을 수도 없다. 명백히 경쟁이 존재하기 때문이다.

그렇다면 대학교육서비스 시장은 경쟁시장과 독점의 중간영역이라고 할 수 있는 독점적 경쟁시장이라고 보면 어떨까? 즉, 대학이라고 다 똑같지 않고, 조금씩 차별화되어 있다고 가정하는 것이다. 이런 시장의 특징은 개별 기업, 여기서는 대학이 제공하는 교육서비스에 대한 수요곡선이 우하향한다는 것이다. 즉, 대학들은 어느 정도 등록금을 차별화할 수 있지만, 그렇다고 그 영향이 없을 수는 없다. 다른 조건이 일정할 때 등록금을 높이면 비슷한 다른 대학을 선택하려는 학생수가 늘기 때문에 수요가 줄고, 반대로 등록금을 낮추면 수요가 늘 것이다.[12]

이제 공급측면에 대해 논의해 보자. 대학의 교육서비스 공급량을 학생수라고 본다면 이는 교육부가 관리하는 입학정원에 직결된다. 따라서 등록금이 높거나 낮거나와 관련 없이 교육서비스의 공급량은 일정하다. 즉 공급곡선은 수직선이 된다. 그렇다면 대학의 교육서비스 공급에 따른 비용은 어떻게 결정될까? 경제학에서는 독점적 기업의 경우 실제 공급이 이루어지는 영역에서 평균비용은 공급량이 늘수록 떨어진다고 본다. 즉, 공급량의 증가에 따라 규모의 경제가 존재한다. 마찬가지로 대학의 교육서비스 제공에 따른 평균비용도 공급량이 늘수록 하락한다고 볼 수 있을 것이다.[13]

이상의 논의를 바탕으로 등록금 동결이란 가격규제와 반값 등록금이란 등록금 보조 정책의 효과를 분석하여 보자. 〈그림 4-4〉는 등록금관련 규제이전과 이후를 비교하고 있다. x축은 대학교육서비스의 양(거래량)을 표시하며, y축은 등록금의 실질가격(명목 등록금을 물가로 나눈값)을 의미한다. 등록금을 실질가격으로 표시한 이유는 등록금의 명목가격을 동결하면 시간이 갈수록 물가가 상승하기 때문에 실질가격은 하락한다는 것을 표시하기 위해서이다. 이때 대학교육서비스에 대한 수요곡선은 등록금에 대해 비탄력적인 반면 비용곡선은 공급량에 탄력적이라고 가정했다.

우선 등록금 규제가 없을 때부터 살펴보자(〈그림 4-4.A〉). 균형은 수요량과 공급량이 일치하는 a점에서 성립한다. 대학교육서비스의 공급가격과 공급량은 각각 P_0와 Q_0이다. 대학은 가격과 평균비용의 차이에다가 공급량을 곱한 만큼 이윤을 남길 수 있다($abcP_0$).

이제 정부가 등록금을 동결하는 동시에 반값 등록금이라는 형태로 학생들에게 보조금을 지급한다고 하자(〈그림 4-4.B〉). 등록금 동결 시 시간이 경과하면 실질가격은 P_r으로 하락한다. 한편 반값 등록금 정책을 실시하면 수요가 증가하므로 수요곡선은 오른쪽으로 이동한다($D0 \rightarrow Dh$). 대학교육서비스의 공급량은 입학정원이 고정되

■ 그림 4-4 ■ 학령인구 감소 이전 등록금 동결과 반값 등록금의 효과

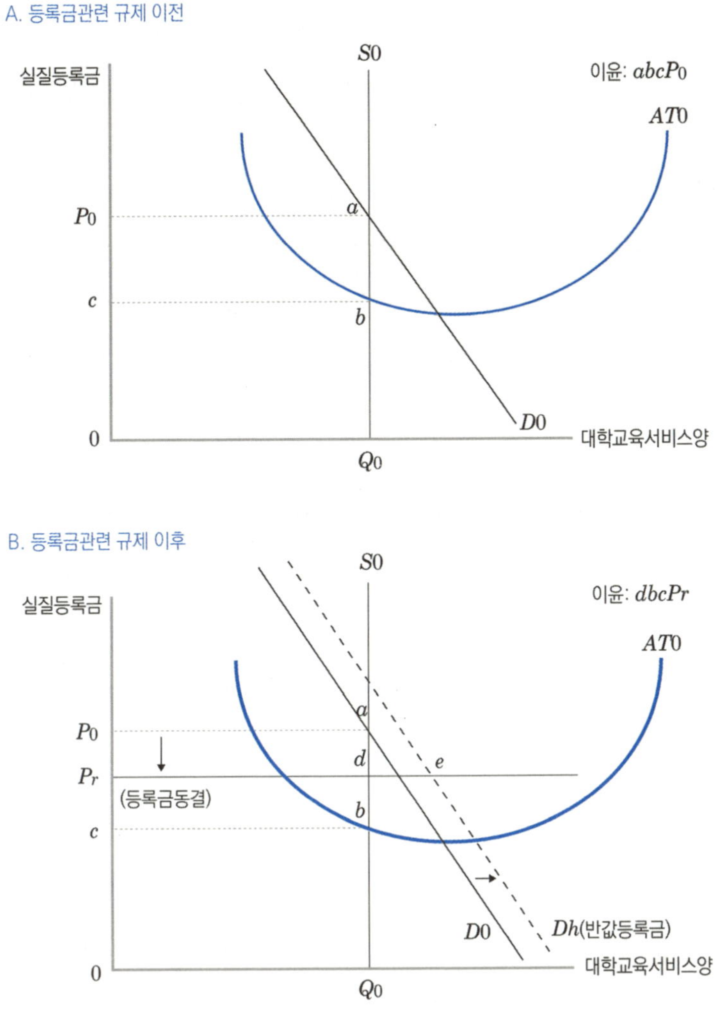

어 있기 때문에 de 만큼의 초과수요가 발생한다. 그러나, 등록금 동결 때문에 이러한 초과수요는 해소되지 못하고 지속될 것이다.

〈그림 4－4.B〉는 등록금 동결의 결과, 대학의 이윤이 감소함을 보여준다($dbcP_r$). 하지만 등록금 동결이 지속되어 실질등록금이 많이 하락하면 이윤이 아니라 손실이 발생할 수 있다. 즉, P_r이 평균비용(0c) 이하로 떨어지게 되면 이윤은 부(－)의 값을 갖게 된다. 현재 우리나라 대학들의 재정상태는 이미 이러한 상황에 이른 것으로 판단된다.

이제 등록금관련 규제정책과 동시에 학령인구 감소가 가져오는 영향을 분석해 보도록 하자. 〈그림 4－5.A〉에서 보는 바와 같이 학령인구 감소는 대학교육서비스에 대한 수요곡선을 왼쪽으로 이동시키게 된다($D0 \rightarrow D1$).[14] 이것은 새로운 수요곡선은 반값 등록금정책과 학령인구 감소 효과를 둘 다 반영하고 있는데 후자의 효과가 상대적으로 커서 현재보다 수요가 줄어들게 된다는 것을 의미한다. 한편 학령인구 감소에 따른 입학정원의 감축으로 공급곡선도 왼쪽으로 이동하게 된다($S0 \rightarrow S1$). 새로운 동결된 실질 등록금은 물가상승으로 인해 Pr'로 하락하고 이 수준에서 대학은 $Pr'fhPh$ 만큼의 적자가 발생한다. 그리고 이 경우 대학입원정원보다 입학가능 학생 수가 적어서 fg 즉, $Q_1 Q_2$만큼의 미충원이 발생한다.

〈그림 4－5.B〉는 시간이 지나면서 형성되는 장기균형을 보여준다. 위에서 설명한 바와 같이 학령인구가 줄어들고 등록금이 동결되면 대학의 손실이 발생한다. 이러한 손실이 누적되면 경쟁력이 낮은 대학부터 시장에서 퇴출될 것이다. 퇴출되는 대학이 나오면서 수요곡선은 오른쪽으로 이동($D1 \rightarrow D2$)하여 단기적으로 공급량과 수요량은 일치하게 될 것이다. 하지만 수요량과 공급량이 같은 g점에서 등록금 수준(Pr')은 공급량(Q_1)에서의 평균비용(k점)보다 낮기 때문에

■ 그림 4-5 ■ 학령인구 감소하의 등록금 동결과 반값 등록금의 효과

A. 단기균형

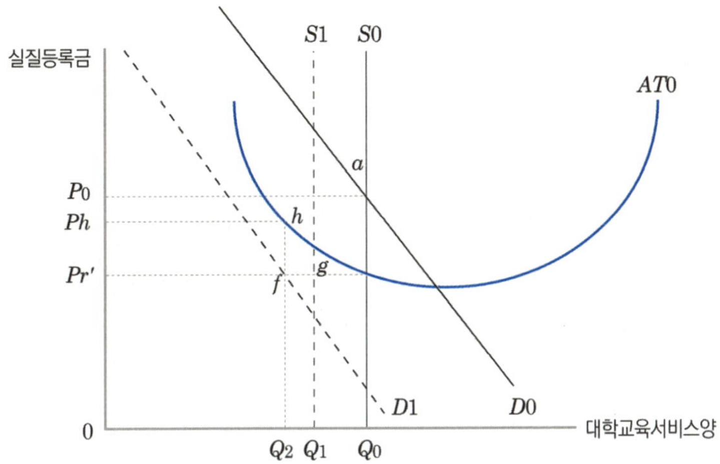

B. 장기균형

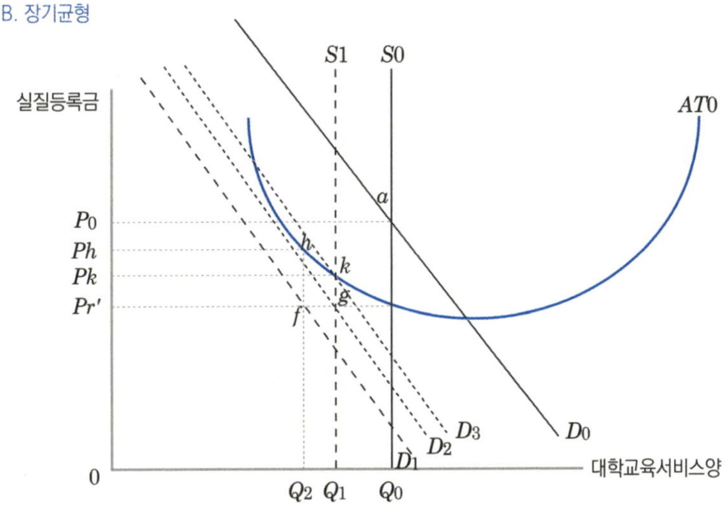

등록금 동결이 계속된다면 대학들은 계속 적자를 볼 수밖에 없다. 이러한 사실은 대학들이 경비절감을 통해서 비용곡선을 왼쪽으로 이동시키지 않는 한 재정적으로 파산하게 됨을 의미한다. 그러나 만약 등록금을 자율적으로 책정하도록 허용할 경우에는 적자로 인해 여전히 일부 대학이 퇴출되기 때문에 수요곡선은 또 오른쪽으로 이동($D2 \rightarrow D3$)하여 k점에서 수요과 공급이 일치되고 대학교육서비스의 가격인 등록금은 평균비용과 일치되는 Pk에서 결정될 것이다. 즉 대학은 등록금 자율화를 통해서 재정 적자에서 벗어나 대학교육의 정상화를 위한 기반을 마련하게 될 것이다. 이때 사립대학의 등록금 인상에 따른 학생들의 부담을 완화하기 위해서는 저소득층의 사립대학 진학 시 등록금 지원을 확대해야 할 것이다. 등록금 자율화 이외에 대학의 파산을 막기 위한 다른 방안으로 고려해 볼 수 있는 것은 모든 대학을 국립대학화하여 예산의 부족분만큼 정부가 지원하는 것이나 사립대학 비중이 매우 높은 우리나라 상황에서는 비현실적인 방안이다.

결론적으로 교육당국은 학령인구 감소에 따른 정원조정에 직면하여 등록금 동결과 반값 등록금 정책을 동시에 유지하기가 쉽지 않다. 특히 정원축소는 대학의 재정사정을 악화시키기 때문에 등록금 동결과 양립하기 어렵다. 궁극적으로는 대학교육서비스의 가격인 등록금의 자율화를 통해 시장에 의해서 정원조정이 이루어지도록 해야 할 것이다.

대학경쟁력을 끌어올리려면 투자가 선행되어야 하고, 이를 뒷받침하려면 대학재정이 튼튼해야 한다. 제2장에서 살펴본 바와 같이 한국의 대학들이 주춤하고 있는 사이에 중국의 대학들은 추월하여 앞으로 달려 나가고 있다. 4차 산업혁명시대를 이끌고 나갈 인재를 육성하려면 대학들의 대대적인 투자가 요구된다. 이런 상황에서 등록금 규제정책의 타당성을 다시 검토할 필요가 있다. 등록금 동결조치는 장기적으로 대학재정을 악화시켜 대학교육의 부실화와 대학경쟁력의 하락을 초래할 것이다. 정부는 대학교육서비스의 질 향상과 가격규제를 동시에 추진할 수 없다. 반값 등록금 정책과 등록금 동결은 대학교육서비스에 대한 저소득층의 부담을 줄여 주고 미미하게나마 수요를 증가시키는 효과를 가져 올 것이다. 그러나 대학부실이라는 부정적 효과도 크다. 따라서 반값 등록금을 지속하더라도 최소한 사립대학에 대한 실질적인 등록금 동결조치는 중단해야 한다. 등록금 동결을 지속하려면 대학재정에 대한 지원을 과감히 확대해야 한다. 이와 더불어 지금처럼 정부가 등록금의 절반을 단순하게 국가장학금으로 지급하는 것이 효율적인가라는 문제를 고민하여야 한다. 교육관련 예산의 효율성을 높이려면 저소득층 학생들에 대한 지원을 강화하는 한편, 예산의 일부분을 대학의 경쟁력 강화를 위한 연구 및 교육 환경 개선에 사용하는 것이 더 바람직할 것이다.

05

대학개혁의 구체적 방안 (I): 구조조정 및 지배구조 개선

1. 한시적 정부주도의 일률적 대학입학정원조정

2. 국공립대학 구조 개편

3. 사립대학 운영의 자율성 확대

4. 대학 지배구조 개선

•••

05
대학개혁의 구체적 방안(I): 구조조정 및 지배구조 개선

4차 산업혁명이 급속히 확산되는 상황에서 대학개혁은 국민 개개인의 능력 개발과 국가의 지속적이고 균형적인 발전을 위해서 과감하게 그리고 지체 없이 추진해야 할 국가적 과제이다. 그렇다면 대학개혁을 위하여 구체적으로 무엇을 해야 하는가? 가장 시급한 사항은 대학정원조정이다. 학령인구 감소에 따라 향후 4~5년 안에 현재 대학입학정원이 대학진학 예상인구보다 정원의 약 25%에 해당되는 10~12만 명이 초과될 것으로 전망된다. 만약 입학정원이 신속하게 조정되지 못할 경우에는 비수도권 상당수 대학들의 교육이 정상적으로 진행될 수 없는 상황이 초래될 수 있다. 그러나 앞에서 확인된 바와 같이 등록금이 동결된 상태에서 대학정원조정은 더 이상 대학자율로 진행될 수 없는 상황이기 때문에 현 시점에서는 한시적으로 정부의 개입을 통한 조정이 불가피하다. 대학 자율로 정원을 조정하고자 하는 정책이 실패한 이후 문재인 정부는 권역별 대학평가를 통해 정원을 조정하겠다는 새로운 방안을 발표하였다. 그러나 평가를 통한 인원감축은 정부의 지속적인 개입을 초래하고 대학들을 교육당국에 예속화시키는 부작용을 야기할 것으로 예상된다. 따라서 시장에 의해 대학의 구조조정과 정원감축이 이루어지도록 하는 것이 바람직할 것이다.

그러나 현 시점에서 무조건 시장에 맡긴다면 비수도권 대학이나 한계대학들의 자체적인 구조조정을 통한 경쟁력 강화가 이루어지기 어렵기 때문에 전체 대학시장의 지역적 불균형과 붕괴를 초래할 수 있다. 따라서 궁극적으로 시장에 의해서 구조조정이 이루어질 수 있는 여건을 마련하는 것이 우선적으로 요구된다. 그 방안의 하나는 대학평가 없이 정부에 의해 한시적으로 일률적인 정원 감축을 단행한 이후 교육당국은 단지 부실대학을 판별하고 퇴출을 유도하는 역할만 수행하고 그 이외의 정상적인 대학들은 자신들의 경쟁력에 의해서 충원율이 결정되고 정원조정이 이루어지는 시장주도 시스템의 채택이다. 정부에 의한 일률적인 감축 방식이 개별 대학 상황을 고려하지 않기 때문에 실질적인 형평성에 어긋난다는 비판이 있을 수 있다. 그러나 정원조정과 관련해서는 수도권 대 비수도권, 대규모대학 대 중소규모대학, 우수대학 대 부실대학 간의 이해관계가 첨예하게 대립되고 있어서 어떠한 방식도 모든 대학들을 만족시킬 수는 없고 매우 소모적인 논쟁이 이어질 것으로 예상된다. 따라서 관련 대학 당사자들 간의 갈등을 최소화하고 조속히 정원을 조정하기 위해서는 한시적으로 교육당국의 일회성 개입이 필요하다. 그리고 이후에는 시장에 의해 조정이 이루어지도록 하는 것이 현재 상황에서 가장 현실적이고 효율적인 방안이라 판단된다. 이러한 구조조정을 통해 대학사회는 지역경제의 침체 등과 같은 부작용을 최소화하면서 연구능력을 국제적 수준으로 높이고 동시에 디지털 기술을 적극 활용해서 학습자의 능력에 적합한 교육이 될 수 있도록 교육환경을 전면 개편하는 등 연구와 교육의 질을 높이고 지역사회를 활성화하는 역할을 수행해야 할 것이다.

이런 목표를 달성하기 위한 기본 과제로는 무엇보다도 국공립대학에 대한 획기적인 구조조정과 지원 그리고 사립대학 운영에 대한 각종 규제 및 간섭 철폐를 통한 자율성 확대가 요구된다. 이와 더불어 사립대학 운영의 자율성을 확대하는 것과 병행해서 일부 사립대학에서 발생되는 각종 비리 및 부정행위를 근절하기 위한 지배구조 개선과 대학운영관련 각종 제도 및 규정에 대한 보완 및 개편이 필요하다. 본 장에서는 정부주도의 일률적 대학입학정원조정의 구체적 방안과 국공립대학 구조 개편 그리고 사립대학의 운영에 관한 개혁 방안을 제시하고 대학의 지배구조와 관련된 개선 방안을 제안한다.

1. 한시적 정부주도의 일률적 대학입학정원조정

〈그림 2-1〉에서 보는 바와 같이 2021년을 기점으로 대학 입학연령(만 18세) 인구가 급감해서 대학 입학가능 학생 수가 입학정원 47만

4천 명에 비해 2024년에는 정원의 26% 수준인 약 12만 4천 명이 부족하고 2030년에는 정원의 20%가량인 약 9만 7천 명이 부족하게 될 것으로 전망된다. 따라서 향후 대학의 정원 감축과 기능 개편 등 구조조정이 불가피할 것으로 예상된다.[1] 또한 〈표 2-1〉에서 알 수 있는 바와 같이 2021년 등록자 기준 전체 대학의 신입생 충원율은 91.4%(미충원 인원은 총 40,586명)인데 지방대와 전문대에 미충원이 집중됨에 따라 이들 대학이 심각한 운영난에 직면할 것으로 전망되고 있다.[2] 그리고 2021년도 정시모집 전형 결과 모집단위 5,411곳의 약 20%인 1,103곳에서 무경쟁 입학이 이루어진 것으로 나타났는데 특히 지방 사립대학의 경우는 모집단위의 38%가 지원자 전원 합격통보를 받은 것으로 파악됐다.[3]

2018년 이전 정부에서는 정부주도 대학 구조개혁 평가 등을 통하여 정원 감축이 시행되었다. 그 결과 상당한 규모의 정원 감축이 이루어졌는데 노무현 정부에서는 7만 1천여 명, 이명박 정부 3만 6천 명 그리고 박근혜 정부에서는 6만여 명의 정원감축이 진행되었다. 그러나 문재인 정부에 들어와서는 정부주도의 감축 대신 대학의 자율적 정원조정으로 정책을 전환했다. 기본역량 진단 결과와 일반 재정지원을 연계하여, 대학의 자체 계획에 기반한 체질 개선 및 전략적 특성화를 지원하는 방식으로 정원 감축이 추진되었다. 그러나 사립대학 재정의 높은 등록금 수입 의존도를 감안할 때 대학이 자율적으로 정원을 줄인다는 것은 기대하기 어려운 상황이다. 그 결과 정원 감축 규모는 약 1만 명 수준으로 미미하였다. 그러나 대학학령인구 급감에 따른 신입생 미충원율이 확대되고 이로 인해 교육의 질

저하 및 지역경제에 미치는 부정적 효과가 본격화될 것으로 전망됨에 따라 2021년 5월 교육부는 2018년부터 추진해 온 대학의 자율적 정원조정 입장에서 적극적인 정부의 개입을 통한 정원조정이라는 정책으로 기조를 전환했다.[4] 새로운 정책의 핵심사항은 교육·재정 여건을 검토해서 한계대학을 선정한 후 집중 관리하고 회생이 어렵다고 판단되는 경우에는 폐교·청산하고, 대학 여건 및 역량에 따라 자율혁신 역량을 갖춘 대학에 대해서는 자체적 적정 규모화를 추진하도록 유도하되 권역별 유지충원율을 설정한 후 유지충원율 미충족 대학에 대해서는 선제적으로 정원감축을 권고한다는 것이다. 권역별 유지충원율은 신입생·재학생 충원율을 토대로 지역 간 균형 및 자율혁신 계획상 자체 정원조정 규모를 반영하되, 권역별 감축권고 대상 대학 범위를 약 30~50%로 설정할 예정이다. 또한 대학 간의 학점 교류와 교육과정 및 인프라의 공유 등을 통해서 고등교육기관의 네트워크를 구성한다는 것이다. 즉 이번 교육부의 정책은 권역별 입학정원조정 및 자율혁신 그리고 대학 간 협력체제 구축 등으로 특징지어 진다.

2021년에 발표된 대학정원조정과 관련한 정책의 핵심은 과거의 대학평가에 따른 일률적 인원 조정과 달리 지역적 요소를 감안해서 권역별로 적정 충원율을 설정한 후 정원감축을 지역별로 안배하겠다는 것이다. 현재와 같은 상황이 지속될 경우 지방대학의 미충원율이 급속히 증대될 가능성이 크기 때문에 일부 수도권 대학에 대해서도 인원 감축을 추진하겠다는 의도가 포함되어 있다. 그러나 대학평가를 통해서 교육당국이 정기적으로 정원을 조정하겠다는 그동안 채택해 왔던 기본 방식에는 변함이 없다. 이번 정책도 이전 정부에서 시행된 대학별 평가방식의 문제점인 등급화로 인한 대학 서열화와 정원조정을 피하기 위한 개별 대학의 투자가 획일적인 평가항목으로 인해 교육의 질을 실질적으로 향상시키는 결과와 연결되기는 쉽지 않다는 문제점이 여전히 상존한다. 그리고 이번 정책의 핵심인 유지충원율의 산정과 정원 감축 대상 대학 결정을 교육당국이 주도하는 것으로 설계되어 있기 때문에 관치교육이 지속되고 많은 대학들이 직간접적으로 교육당국 및 정치권에 대한 적극적이고 다각적인 로비의 필요성에 대한 부담을 느끼게 하는 부작용이 나타날 수 있다.

향후 정원조정을 위한 방안은 사안의 시급성과 지방대학의 심각한 상황에 비추어 볼 때 정부주도하에 한시적으로 평가 없이 일률적 정원조정을 추진하는 것이 효과적이다. 이 경우 정부는 더 이상 대학평가를 통한 선별적 재정지원을 중단하고 고등교육시장에서 학생들로부터 선택되지 못한 미충원율이 높은 대학 중 부실대학 여부만을 결정해서 이들 대학에 대한 신속한 구조조정 내지 퇴출시키는 역할만 수행한다. 정부의 일률적 정원조정은 향후 대학들이 시장경쟁을 통해 자율적으로 구조조정을 해 나가는 기반을 마련하기 위한 조치라 이해할 수 있다. 교육당국은 대학평가에 의한 포괄적인 지원 대신 대학의 연구와 교육환경개선과 관련된 개별 프로젝트에 대한 평가를 통해 선별 지원하는 역할을 담당한다. 한편 교육당국은 외부평가기관들과 협의해서 합리적이고 투명한 평가지표를 결정, 공표한 후 이 평가지표에 근거한 절대평가 방식(PASS－FAIL 방식)으로 한계대학 또는 퇴출대학을 판별, 퇴출시키는 역할을 수행한다. 이럴 경우 부실대학 대상에 포함되지 않을 것이 확실시되는 대학들은 교육부의 서열적인 평가방식에 매달리지 않게 됨으로써 평가결과에 크게 신경쓰지 않고 보다 자율적으로 대학을 운영할 수 있을 것이다. 퇴출대상으로 판정된 대학에 대해서는 지체 없이 퇴출시킴으로써 해당 대학의 학생이나 교직원들에 피해가 최소화되도록 해야 할 것이다. 반면 한계대학으로 결정된 대학에 대해서는 국가장학금 지급이나 학자금 대출 그리고 재정지원을 제한함으로써 대학이 자체적으로 구조조정을 추진해서 정상적인 대학으로 회생하거나 퇴출되도록 유도해야 한다. 퇴출된 대학의 정원은 향후 일반 정상대학들이 자율적으로 사회적 수요가 높은 분야의 인원을 늘리는 데 활용되어야 할 것이다.

본 절에서는 2023학년도부터 2026학년도까지 4년 동안 10만 명 이상의 대학정원을 효과적으로 감축하기 위한 구체적 기준과 추진 방안을 제시한다.

- 첫째, 한시적으로 정부주도로 일률적인 인원 감축을 추진한다. 2021년 현재 대학입학정원 47만 4천 명인데 이 중 4년제 대학의 정원은 31만 2천 명(전체의 약 65.7%)이고 전문대 정원은 16만 2천 명(전체의 약 34.3%)이다. 그리고 2024년 대학 진학 가능 인구(대학입학자원)는 약 37만 3천 명으로 예상되고 있다. 따라서 향후 4년에 걸쳐 약 10만 명(입학정원의 20%)의 정원 감축이 필요하다. 이에 정부는 2022년에 준비기간을 갖고 2023학년도부터 4년에 걸쳐 매년 2021년 정원의 5%에 해당되는 인원을 감축해서 2026학년도 입학정원을 2021학년도 대비 20% 감축한다.

- 둘째, 수도권 대학도 인원 감축 대상에 포함한다. 시장에 맡겨서 정원 감축을 추진할 경우 비수도권 대학은 정원의 약 20% 이상(비수도권 대학정원은 현재 28만 9천 명)이 미달되고 일부 비수도권 대학의 경우는 신입생 입학이 50% 이상 줄어드는 사태가 야기되는 될 수 있다는 전망이 나오고 있다. 이런 상황에서 지역적인 이유로 학생충원에 유리한 입장에 있는 수도권 대학이 정원조정에서 예외가 되기보다는 비수도권 대학의 정원감축 충격을 일부 흡수한다는 차원에서 수도권 대학과 비수도권 대학의 정원조정이 차등적이나마 동시에 이루어져야 한다.
- 셋째, 일반대학과 전문대학 간에 차등적인 정원조정을 진행한다. 고등학생들의 일반대학에 대한 선호도가 아직은 전문대학보다 높기 때문에 전문대학에 대한 감축 규모를 더 크게 책정한다. 2021학년도 전국 129개 전문대 중 신입생 모집 정원을 채우지 못한 대학은 103개에 달하고(약 80%) 미달 인원은 2만 3천 2백 명으로 입학정원의 14% 수준에 달하고 있다.
- 넷째, 국립대학에 대한 정원 감축을 사립대학보다 더 큰 규모로 진행한다. 국립대학은 기본적으로 정부의 예산으로 운영하기 때문에 재정적 안정성이 일반 사립대학보다 높다. 따라서 국립대학은 정원 감축의 충격을 정부 지원으로 흡수하기가 상대적으로 수월하다.
- 다섯째, 정원감축이 시행되는 기간인 2023학년도부터 2026학년도까지는 2022학년도 신입생 충원율을 기준으로 매년 일정 비율 감축되는 인원으로 인해 발생되는 등록금 수입 감소분을 정

부가 보전해 준다. 이럴 경우 대학들은 2022학년도 기준 등록금 관련 재정 결손 없이 2026년까지 자체적인 구조조정을 할 수 있는 기간을 확보할 수 있다.

- 여섯째, 정부는 2022년 안에 교육환경과 재정여건, 대학운영 지표 등을 중심으로 한계대학과 퇴출대학을 포괄하는 부실대학에 대한 정의 및 판정 기준 그리고 평가방식 등을 공표한 후 2026년에 한계대학과 퇴출대학을 결정하고 이후 정기적으로 부실대학 여부를 판별한다.
- 일곱째, 비영리 법인이라는 법적 성격을 크게 훼손하지 않은 범위에서 대학의 퇴출이 원활하게 이루어질 수 있도록 퇴로를 만들어 준다.
- 여덟째, 정부와 대학이 공동으로 사학구조조정기금을 조성해서 사립대학교의 M&A를 적극 유도하고 사립대학의 구조조정 및 퇴출 비용을 위한 재원으로 사용한다.

앞의 기준에 따라 보다 구체적으로 감축 방안을 제시하면 다음과 같다. 먼저 국공립대학교의 경우는 일반대학교와 전문대학교 모두 일률적으로 30%의 정원을 감축한다. 반면 사립대학의 경우는 수도권 일반대학은 10%, 비수도권의 일반대학은 20% 감축한다. 전문대학교의 경우는 수도권 대학은 20%, 비수도권은 30% 감축을 추진한다. 이런 방식으로 감축할 경우 국공립대학의 경우 일반대학은 2만 3천 1백 명, 전문대학은 2천 4백 명으로 총 2만 5천 5백 명이 감축된다. 반면 사립대학의 경우 수도권 일반대학은 1만 5백 명, 비수도권 일반대학은 2만 7천 6백 명이 감축되어서 총 3만 8천 1백 명이 줄어들게 된다. 전문대학의 경우 수도권 대학은 1만 4천 3백 명, 비수도권 대학은 3만 1백 명 감축되어서 총 4만 4천 4백 명 줄어들게 된다.

결과적으로 4년제 일반대학은 정원의 19.6%에 해당되는 6만 1천 2백 명이 감축되고 전문대학의 경우는 정원의 27.2%인 4만 4천 4백 명이 감축되어서 2021년 현재 대학입학정원 47만 4천 명의 22.2%에 해당되는 총 10만 5천 6백 명의 감축이 이루어진다(보다 구체적인 사항은 〈도표 5-1〉 참조).

■ 표 5-1 ■ 조정된 2023~2026학년도 대학 모집인원 예시

(단위: 천 명)

구분	전체					일반대					전문대				
	22	23	24	25	26	22	23	24	25	26	22	23	24	25	26
전국	475	449	422	396	369	312	297	281	266	251	163	152	141	130	119
수도권	186	178	171	163	156	116	112	108	104	100	70	66	63	59	56
비수도권	289	270	251	232	213	196	185	173	162	151	93	86	78	71	63

주: 2022학년도 입학인원은 정원 내 입학생 기준으로, 정원 외 입학생 제외.
순차적으로 감원/연도별 정원조정을 표시(백 명 이하는 반올림).

한편 2023학년도부터 4년에 걸쳐 일정 비율로 감축이 진행되는 동안 구조조정이 원활하게 진행되기 위해서는 감축으로 인한 등록금 손실을 보전해 주는 것이 필요하다. 단 보전받은 재원은 디지털 교육시설에 투자해서 맞춤형 교육이나 자기주도적 교육이 가능한 교육환경을 조성하는 데 제한적으로 사용되도록 한다. 2021학년도 일반대학과 전문대학의 등록금 총 수입은 12조 5,000억 원 정도인데

4년에 걸쳐 22.2%의 정원 감축이 이루어지면 대학의 등록금 수입은 4년 동안 약 6조 9,400억 원이 줄어든다.[5] 국가장학금 지원규모가 변함없이 유지될 경우 국가장학금 비율이 전체 등록금의 27%이므로 실질적으로 줄어드는 등록금 수입 감소액은 6조 9,400억 원의 73%인 약 5조 600억 원인데 이 금액만큼 4년 동안 등록금 보전을 위한 재정이 필요하다. 즉 연간 평균 약 1조 2,700억 원의 재정투입이 요구된다. 최근 교육부는 연간 2조 8,500억 원을 국가장학금으로 추가로 투입해서 반값 등록금을 실현하는 정책을 제시했는데 이는 등록금이 계속 동결될 경우를 가정하고 있다. 명목적인 반값 등록금 정책과 대학의 정원 감축에 대한 지원정책 중 어느 정책이 더 시급하고 효율적인지 면밀한 검토가 필요하다.

이와 더불어 교육당국은 2023년부터 시작해서 2025년까지의 개별 대학평가에 기초해서 2026년에 한계대학과 퇴출대학을 결정해야 한다.[6] 서영인 외(2020b)에 따르면 2010~2020년까지 재정결손이 심하고 교육 및 연구 여건이 열악해 정상적인 대학으로 기능하기가 어려운 부실대학이 84곳으로 나타났다. 이 중 62곳이 비수도권 지방대이고 79곳은 사립대이다. 부실대학 중 퇴출대학은 즉각 퇴출을 시행하는 반면 한계대학의 경우 자체적으로 구조조정을 추진할 수 있는 기간을 부여해서 회생 기회를 주거나 국가장학금 지급이나 학자금 대출 제한 그리고 정부재정지원 제한 등과 같은 간접적인 방식을 통해서 대학 자체가 스스로 퇴출을 신청하도록 유도함으로써 시장친화적인 구조조정 시스템이 구축되어야 할 것이다.

한편 현재는 부실대학들의 실질적인 퇴로가 없고 퇴출에 대한 기

■ 도표 5-1 ■ 구체적 입학정원 감축 방안(2021학년도 정원 기준)

1. 일반 4년제 대학

□ 입학정원 31만 2천 명
- 국공립 6만 9천 8백 명(전체 입학정원의 22.5%)
- 사립대 24만 2천 명(전체 입학정원의 77.5%)

◇ 수도권 정원 11만 6천 명(전체 입학정원의 37%)
- 서울 7만 2천 명, 인천 6천 2백 명, 경기 3만 7천 5백 명
- 국공립 1만 8백 명, 사립대 10만 5천 명

◇ 비수도권 정원 19만 6천 명(전체 입학정원의 63%)
- 국공립대 5만 9천 명, 사립 13만 8천 명

□ 감원 방안

◇ 국공립대학
- 수도권 국공립대 정원 30% 감원 ⇨ 1만 8천 명×0.3=5천 4백 명
- 비수도권 국공립대 정원 30% 감원 ⇨ 5만 9천 명×0.3=1만 7천 7백 명

◇ 일반 사립대학
- 수도권 사립대학 정원 10% 감원 ⇨ 10만 5천 명 × 0.1 = 1만 5백 명
- 비수도권 사립대학 정원 20% 감원 ⇨ 13만 8천 명 × 0.2 = 2만 7천 6백 명

⇨ 4년제 대학 6만 1천 2백 명 감원(입학정원의 19.6%)
- 국공립대 2만 3천 1백 명/사립대 3만 8천 1백 명
- 수도권 대학 1만 5천 9백 명/비수도권 대학 4만 5천 3백 명

2. 전문대학

□ 입학정원 16만 3천 명
- 국공립 8천 명(전체 입학정원의 5%)
- 사립대 15만 5천 명(전체 입학정원의 95%)

◇ 수도권 정원 7만 명(전체 입학정원의 43%)
- 서울 1만 5천 명, 인천 6천 명, 경기 4만 9천 명
- 국공립 1천 명, 사립 6만 9천 명

◇ 비수도권 정원 9만 3천 명(전체 입학정원의 57%)
- 국공립대 7천 명, 사립 8만 6천 명

□ 감원 방안

◇ 국공립 전문대학
- 수도권 국공립대 정원 30% 감원 ⇨ 1천 명×0.3=3백 명
- 비수도권 국공립대 정원 30% 감원 ⇨ 7천 명×0.3=2천 1백 명

◇ 사립 전문대학
- 수도권 사립대학 정원 20% 감원 ⇨ 7만 명 × 0.2=1만 4천 명
- 비수도권 사립대학 정원 30% 감원 ⇨ 9만 3천 명×0.3=2만 8천 명

⇨ 전문대 대학 4만 4천 4백 명 감원(입학정원의 27.2%)
- 국공립대 2천 4백 명/사립대 4만 2천 명
- 수도권 대학 1만 4천 3백 명/비수도권 대학 3만 1백 명

결론: 총 정원 감축 규모: 61,200명(일반대학) + 44,400명(전문대)
= 30,200명(수도권) + 75,400(비수도권)
= 25,500명(국립대) + 80,100명(사립대)
= 105,600명(2021년 입학정원의 22.2%)

준이 애매하기 때문에 부실대학들이 좀비처럼 살아남아 교육의 질 하락은 물론 상당한 사회적 비용을 초래하고 있다. 부실대학의 폐교 시 잔여재산이 국고로 귀속됨에 따라 신속하고 실질적인 청산에 어려움이 있다. 그동안 해산 시 대학 설립자에게 출연금 일부를 돌려주는 법안이 국회에 제출되었으나 사립대학에 대한 특혜논란으로 폐기되거나 계류 중에 있다. 고등교육기관이 보다 원만하게 퇴출될 수 있게 고등학교 이하를 경영하는 학교법인의 해산 시 적용하는 특례를 일부 원용하는 것을 고려할 수 있다.[7] 즉 사립학교법 35조의2 4항 1호의 내용과 같이 대학의 경우도 기본재산 감정평가액의 100분의 30 이내의 범위에서 해산장려금 지급을 허용하되, 특정개인에

■ 표 5-2 ■ 한시적 정부주도 대학입학 정원조정 및 퇴출 방안

세부방안	목표
수도권과 비수도권 대학 간, 일반대학과 전문대학 간, 국립대학과 사립대학 간 차등적 입학 정원조정	2026년까지 2021학년도 입학정원의 22.2% 감축
2026년까지 정원감축에 따른 등록금 수입 감소 한시적 보전(연간 평균 1조 2,700억 원 재원 소요)	대학 구조조정 및 교육환경 개선
절대평가를 통한 한계대학과 퇴출대학 선정	정상대학의 대학 운영의 예측 가능성 증대 및 자율성 확대
사립대학 해산 장려금을 지불하되 공익법인을 위한 재산으로 출연만 허용	퇴출대학에 대한 퇴로 마련
사학구조조정 기금 마련	사립학교 퇴출 및 M&A 구조조정 원활화

게 지급되는 것은 허용하지 않고 35조2 7항에서 규정된 바와 같이 공익법인의 설립을 위한 재산으로 출연할 수 있도록 허용하는 방안을 검토하는 것이 필요하다.[8]

주요 국가들의 한계대학 판정 및 퇴출 방식

대학 퇴출과 관련한 미국의 사례를 살펴보면 2000년 이후 폐교 고등교육기관의 수는 764개교에 해당되는데 이 중 사립대학이 99%를 차지하고 있다. 2018년 사립대학 중 4년제 대학의 폐교비율은 5.7%에 달하고 2년제 대학은 26.5%에 달하고 있다. 미국 연방정부는 대학의 재정책임점수제도를 통해 대학의 재정 건전성을 공표하고, 주정부는 교육성과에 기반한 평가를 하고 고등교육기관 평가·인증기구도 자체적인 평가를 하는데 이런 평가를 통해서 각 대학의 운영상황을 점검하고 기준에 미달되는 부실대학에 대해서는 연방정부나 주정부로부터의 재정지원이나 학자금대출이 제한된다. 일본의 경우는 저출산에 따른 인구감소로 2005년경부터 많은 대학들이 도산하였는데 특히 소규모 단과대학이 도산하는 경우가 많다. 사립대학의 경우 정부와 사립학교진흥·공제사업단과의 협력을 통해 대학등급별 진단 및 단계별 퇴로를 마련하는 방식을 적용하고 있다. 한계대학을 진단하는 경영판단 지표로는 재무비율 지표와 관리운영지표가 사용된다. 영국의 경우는 미국이나 일본과는 달리 폐교보다는 대학 간, 학과 간 자율적인 통폐합을 통해서 대학의 부실문제를 해결하는 방식을 택하고 있다.

구분	미국	일본	영국
한계대학 발생 배경	• 학령인구 감소 및 경기 침체 • 입학생 감소로 인한 등록금 수입 감소	• 인구감소 및 고령화로 대학경영 위기 지속	• 2010년 보수당 집권 후 등록금 상승, 정부 예산 삭감, 시장화 실패 • 비EU 유학생 감소
폐교 현황	• 주로 소규모 사립대, 전문대, 종교대, 예술대	• 지역 4년제 대학 파산 폐교 • 지역 사립대학 구제	• 통·폐합 또는 이름 변경, 학과단위 소규모대학의 대규모대학

	• 2000년 이후 총 764개교 폐교 중 사립대학이 759개	신청 • 전문대학: 1997~2016년까지 280개 폐교	의 흡수통합 • 1994~2018년까지 약 54건 통·폐합 진행
학생 및 구성원 지원	• 연방정부의 학생 편입, 학자금 융자 면책, 학생기록부 보존 • 인증평가기관의 폐교 단계별 지침 제공	• 학생 및 관계자 사전 조정 • 전학 지원 및 관련 정보 제공 • 폐교 전까지 서비스 지원	• 대학 간 다양한 합병으로 교육 및 연구기반 지원
대표적 폐교사례	• 스윗브라이어칼리지: 2015년 폐교 결정 후 동창 지원금으로 소생 • 모스랜드칼리지: 연방정부의 재정지원 차단 및 폐교 진행 • 위락칼리지: 보스톤대학과 합병	• 하기국제대학: 2회에 걸친 민사재생으로 회생 • 창조학원대학: 경영악화, 정부 권고 무시, 체납 등으로 강제 폐교 • 토키와대학: 하마마즈대학, 후지토키와대학을 합경하여 대학 통합 및 학부 재편	• 순수 폐교(종교대학) - 카디프 성미카엘 대학 - 글래스고 국제기독 대학

출처: 서영인 외(2020b) V장.

2. 국공립대학 구조 개편

우리나라는 미국이나 일본과 유사하게 고등교육기관 중 일반대학의 경우 입학정원의 77.5%, 전문대학의 경우 입학정원의 95%가 사립대학으로 사립대의 비중이 매우 큰 국가이다. 해방 이후 고등교육을 국가재정으로 감당하기 어려운 시절 토지개혁 등을 계기로 일반 개인들의 출연으로 사립대학이 대거 설립되었고, 사립대는 각종 정부지원으로 인해 산업화시대의 인적 자본형성에 상당한 기여를 한 것으로 평가되고 있다. 이런 역사적 배경과 새로운 디지털 기술혁명 시대에 국가의 연구능력을 강화하고 교육의 질을 제고하기 위해서 국공립대학과 사립대학의 역할이 어떻게 조화를 이루어야 하는지는 매우 중요한 국가적 관심사이다. 국공립대학은 기본적으로 국민의 세금으로 운영되는 교육기관이므로 국가의 장기적 목표에 부합되어야 하고 공공재의 경우와 유사하게 시장에서 공급되기 어려운 유형이나 방식의 고등교육 서비스를 제공해야 할 것이다. 그러나 최근에 와서는 국공립대학과 일반 사립대학 간의 차별화가 뚜렷하게 나타나지 못하고 있다. 따라서 향후 국공립대학은 원래의 설립 취지를 강화해서 일반 사립대학이 제공하기 어려운 기초과학분야나 현 시점에서는 인기가 없지만 우리 사회에 필수적인 인문학분야 전공과 관련된 고등교육서비스를 제공해서 장기적인 국가의 경쟁력 강화와 다양하고 질 높은 고등교육을 받을 수 있는 기회를 확대해야 한다. 반면 사립대학은 특성화와 자율성에 기반을 두고 다양한 분야에서 경쟁을 통해서 고등교육의 질적 향상을 추구해야 할 것이다.

국공립대학의 역할 중 하나는 수도권과 비수도권 지역 간의 교육 격차를 완화하는 것이다. 학령인구가 대폭 감소되면서 2021년도 대학 신입생 충원율은 앞의 〈표 2-1〉에서 알 수 있는 바와 같이 수도권 대학이 94.7%인 반면 비수도권은 89.2%로 나타났다. 특히 중소도시와 군 지역의 충원율은 각각 88.7%와 84.9%로 비수도권 평균보다 더 낮게 나타났다. 비수도권 대학 신입생의 미충원율 확대는 해당 지역의 경제 침체 및 일자리 감소 그리고 청년들의 이탈 등 지역 균형발전에 심각한 영향을 끼친다. 더욱이 4차 산업혁명시대에는 거대도시로의 집적화가 가속화되고 있기 때문에 수도권과 비수도권 대학 간의 불균형은 향후 점차적으로 더 심해질 것으로 예상된다. 2020학년도 비수도권 소재 4년제 국공립대학 35곳의 평균 신입생 자퇴율은 6.5%이었고 9개 비수도권 거점국립대의 자퇴율은 10%에 달하였다.[9]

이러한 불균형을 완화하기 위한 방안의 하나는 비수도권 국공립 대학 시스템의 전면적인 구조 개편과 개혁이다. 비수도권 지역 주요 국공립대학들에 대한 특단의 재정지원을 통해서 이들 대학의 연구 능력과 교육서비스의 질을 대폭 높이고 지역거주 학생들이 수도권 대학이 아니라 해당 지역 대학에 진학할 동기부여를 강화해야 한다. 그리고 해당 지역의 공기업이나 국책연구소 그리고 지역기업들과의 산학연네트워크를 강화해서 연구와 기술개발능력을 제고해서 지역 경제를 활성화하는 데 기여해야 한다. 서울대학교의 경우는 서울에 소재하고 법인화된 우리나라 최고의 대학으로 자리매김하고 있음을 감안할 때 지원 확대는 물론 학교운영에 대한 정부의 간섭을 최소화하는 것이 필요하다.

국공립대학 개혁과 관련해서는 미국 캘리포리아주의 주립고등교육시스템을 참고할 필요가 있다. 캘리포니아주의 경우 주립대학을 연구중심대학－교육중심대학－평생교육 및 직무중심교육대학으로 구분해서 운영하고 있다.[10] 우리의 경우도 2020년 현재 일반대학 35개, 전문대학 9개인 국공립대학을 연구중심대학－교육중심대학－지역실무전문대학으로 구분해서 육성하는 것이 바람직하다. 각 시도의 거점국립대학 10개를 기초연구중심대학으로 적극 지원, 육성하고 나머지 25개 일반 국공립대학은 교육중심대학으로 그리고 전문대학은 취업자나 중장년층의 직무교육이나 평생교육을 담당하는 대학으로 역할을 분담한다. 비수도권 거점국립대학(서울대를 제외한 9개 대학)은 지역의 특성에 맞게 특성화 분야를 선별한 후 현재의 서울대 수준으로 지원해서 거점 연구중심대학으로 육성한다. 이와 더불어 해당 분야 국책연구소 및 기업연구소와 공동 연구 및 협력 등 산학연 기능을 강화해서 지역기업에 대한 기술개발 등을 지원한다. 서울대학교의 경우는 다른 국립대와 비교할 때 2.6~3배 더 큰 학생 1인당 예산을 지출하고 있으며 학생 1인당 정부 지원도 다른 국립대학의 약 2배에 달하고 있다. 2020년 국공립대학에 대한 정부지원금은 약 2조 3천억 원 수준이다. 서울대의 경우 법인회계 예산은 약 8천 3백억 원 수준인데 이중 정부 출연금은 4천 580억 원이다.[11] 여타 다른 비수도권 거점국립대학의 정부지원금은 2천억 내외 수준이다.[12] 만약 9개 비수도권 거점 국립대학에 서울대와 유사한 규모로 지원을 한다면 추가로 약 2조 5천억 원의 예산이 요구된다.

한편 학부교육중심 국공립대학은 해당 지역 중상위권 학생들의 입학을 유도하되 적극적인 M&A를 통해서 경쟁력을 강화하고 대학원 설치를 최소화해서 인문교양이나 기초 이공학분야 교육위주 대학으로 운영한다. 그리고 교육중심 국공립대학 간에는 네트워크를 형성하고 교육플랫폼을 구축해서 공동 온라인수업을 확대하는 등 통합시스템으로 운영해서 교과과정의 상호 인정과 편입학을 자유롭게 허용한다.[13] 학위과정 중 일부 기간은 온라인으로 그리고 나머지 기간은 오프라인으로 진행하는 O2O(on-line to off-line) 시스템을 도입한다. 즉 2~3년은 현재의 OCU(open cyber university, 열린사이버대학)의 형태로 국공립대학 통합사이버교육과정을 이수한 후 나머지 1~2년은 면대면 수업인 오프라인을 통해서 입학한 학교의 학위를 취득하는 방식이다. 한편 비수도권 국립전문대학은 취업자 직무능력 강화나 중장년층의 평생교육을 담당하고 졸업생이 보다 손쉽게 교육중심이나 연구중심대학으로 편입이 가능하도록 지원한다. 일종의 지역플랫폼 대학의 역할을 한다.

이와 더불어 비수도권 국공립대학은 입학정원의 60% 이상을 지역할당하고 해당 지역 고등학교의 내신 상위 15%~20% 수준의 학생들은 최저 수능점수 이상을 취득할 경우 무시험으로 해당 지역의 국공립대학에 진학할 수 있도록 한다. 미국 텍사스주의 경우 주내 고등학교 졸업생 중 내신 성적이 상위 10% 안에 드는 사람은 원하는 텍사스주립대학 캠퍼스를 선택해 자동 입학하는 '상위 10% 규정'을 도입하고 있다. 단 상위 10% 규정은 신입생 정원의 2/3에만 적용한다. 또한 해당 지역출신 학생들은 일정 수준 이상 학점 취득

■ 표 5-3 ■ 국공립대학 구조개편 방안

세부방안	목표
9개 비수도권 거점국립대학을 연구중심대학으로 집중 육성	비수도권 거점국립대학을 서울대 수준으로 지원, 육성
25개 일반 국공립대학은 학부교육중심대학으로 육성	일반 국공립대학의 전국 네트워크 구축 교육과정 상호 인정 및 편입학 허용
비수도권 국공립대학 입학정원의 60% 지역주민 할당	지역균형발전과 지역인재 양성의 견인차 역할
지역주민 학생들에게 등록금 면제(연 3천 6백억 원 재정 소요)	지역학생들이 해당 지역 국공립대학에 진학할 인센티브 강화

시 등록금을 면제(제로등록금정책)하고 타 지역 학생에 대한 등록금은 현재와 같이 사립대학의 절반 이하 수준으로 책정한다. 2018년 사립대의 등록금은 719만 원인데 반해 국공립대학 평균 등록금은 389만 원이다. 그리고 국공립대학 재학생 수는 약 31만 명이므로 국공립대학 등록금 수입은 약 1조 2천억 원 수준에 달한다. 이 중 60%가 등록금 면제를 받는다고 하면 약 7천 2백억 원이 소요되는데 입학정원을 30% 감축한다고 했을 때 약 5천억 원 추가 재정부담이 발생한다. 현재 국가장학금이 전체 등록금의 27%를 차지하고 있기 때문에 실질 추가 재정부담은 약 3천 6백억 원에 달할 것으로 예상된다.

3. 사립대학 운영의 자율성 확대

학령인구가 줄어들어 신입생 충원율이 급감하는 상태에서 대학이 생존하기 위해서는 개별 대학들이 특성화를 통해서 수준 높은 연구와 차별화된 교육을 도모할 수 있어야 한다. 그러나 우리나라 대학은 운영의 많은 부분에서 교육당국의 규제와 간섭하에 있다. 대표적인 규제로 대학등록금의 실질적인 동결과 학사 운영에 대한 세부 지침 그리고 자율적 정원조정 불허 등이 있다. 최근까지도 대학의 온라인 강의 비중은 규제대상이었다.[14] 대학교육도 일종의 서비스생산이다. 대학교육 자체가 공공재적 성격을 상당부분 갖고 있지만 우리나라는 민간부문인 사립대학에 의해 매우 큰 비중으로 고등교육 서비스가 공급되고 있다. 민간부문에 의해서 공급되는 서비스에 대해서는 원칙적으로 해당 서비스 공급자가 가격 설정이나 생산과정 및 방식 등에 대해 독자적으로 의사결정을 하되 품질경쟁을 통해서 양질의 서비스가 공급되도록 해야 한다. 특히 사립대학은 그 특성상 설립목적과 교육철학에 입각해서 특색 있게 운영되어야 한다. 그러나 그동안 우리나라의 대학들은 공급자주도 시장에서 독과점적 지위에 안주해서 개혁을 시도하기 보다는 교수, 직원, 이사회 이사 등 대학 구성원들의 각종 기득권을 유지하는 데 급급했던 측면이 있다. 이런 상황에서 규제 및 대학평가의 주체이자 재정지원 당국인 교육부와의 원만한 관계를 유지하는 것은 매우 중요한 생존전략이기 때문에 규제에 안주해서 차별화된 고등교육서비스를 효과적으로 제공하는 데는 미흡했다. 그러나 이제 국내 고등교육시장이 공급자주도 시장에서 수요자위주 시장으로 빠르게 전환되고 디지털 기술혁명으로 교육시장에서 국가 간 경쟁이 치열해지는 상황에서는 공급자가 수요자의 요구에 부합되는 서비스를 효율적으로 제공하기 위해 시설 및 환경의 시급한 재정비와 제도적 개혁이 요구된다. 그러나 한국의 사립대학은 10여 년 등록금 동결로 인해서 재정상태가 열악해졌고 정부의 대학평가 결과에 따른 정원조정 및 재정지원 결정 등으로 인하여 평가항목에 초점을 맞추어서 획일적인 투자를 진행하여 왔다.

향후 정부는 민간에 의해서 주도되는 사립대학에 대해서는 대학교육의 공공재적 성격을 일정부분 유지하는 범위 내에서 교과과정이나 재정운영에 대한 자율성을 최대한 허용하는 방향으로 정책 전환을 해야 할 것이다. 정부의 규제를 그동안의 포지티브시스템에서 네거티브시스템으로 전환해야 한다. 자율화를 통해 각 대학들이 특성화된 교육과정을 마련할 때 대학교육시장은 일정 수준 독점력은 있지만 서비스 공급자들 간에는 치열한 경쟁이 존재하는 독점적 경쟁시장의 속성이 확고하게 나타날 것이다(제4장 4절 참조). 그 결과 교육수요자들에게는 선택의 폭이 실질적으로 확대되기 때문에 만족도가 크게 증가될 것이다. 장기적으로 독점적 경쟁시장에서는 진입과 퇴출이 가능하기 때문에 가격과 평균비용이 일치되고 경제적 이윤이 0이 되는 수준에서 서비스의 공급량과 가격이 결정된다.[15] 더 이상 대학운영에 따른 초과수익이 존재하지 않는다. 대학입학자원이 대학정원보다 줄어드는 상황에서 부실대학은 적자가 발생되고 결국 퇴출당하게 된다는 것을 의미한다.[16] 그러나 시장에 의한 부실대학의 퇴출에는 상당한 기간이 요구되므로 이 기간 동안 학생, 교수 그리고 직원들에게 피해가 최소화되도록 정부의 신속한 조치가 요구된다.

향후 개별 사립대학은 자체적 역량과 설립 목적 등에 비추어서 연구중심 또는 일반 교육중심대학을 지향할지 아니면 직업직무교육중심 대학을 지향할지 자신들의 정체성을 명확하게 결정해야 한다. 그동안 한국의 많은 대학들이 연구중심대학을 지향하는 방식으로 운영되어 옴으로써 교육의 질적인 면에서 미흡한 점이 많았다. 대부분 대학들의 교수업적평가는 연구중심대학이나 일반 교육중심대학 간에 큰 차이 없이 연구성과 중심으로 진행되고 있다. 이제 각 대학들은 획일적인 교과과정에서 탈피하고 특성화를 통해 다른 대학들과 차별화하고 사회적으로 요구되고 있는 다양한 고등교육 수요를 충족시킬 수 있어야 한다. 이것이 가능하기 위한 기본 여건은 앞서 지적한 바와 같이 정부의 규제와 획일적인 평가방식이 대폭 개선되어 대학경영의 자율성이 최대한 보장되어야 한다. 미국에서 가장 혁신대학으로 평가받고 있는 애리조나주립대학의 경우 수준 높은 연구중심대학이면서 저렴한 등록금 수준으로 아이비리그와 같은 일류대학에 버금가는 질 높은 학부교육을 대규모 학생들에게 제공한다는 목표로 대학을 재구조화하는데 성공했다.[17] 이렇게 할 수 있었던 배경에는 주립대학이지만 주정부의 간섭보다는 대대적인 지원과 총장 책임하에 대학을 자율적으로 운영하는 것이 가능하기 때문이라는 점이 지적되고 있다.

한편 대학이 특성화를 통해서 다양한 사회적 수요에 대응하기 위해서는 사립대학의 경우 무엇보다도 자체적인 재원 조달이 뒷받침되어야 한다. 대학의 일반 경상운영과 관련해서 정부의 지원을 받게 되는 경우에는 사립대학의 자율성은 상당 부분 제약받게 될 것이다. 사립대학의 재원 중 가장 큰 비중을 차지하는 것은 등록금 수입이다. 2018년 일반대학 교비회계 18조 6천억 원 중 등록금 수입은 약 10조 원으로 54.1%에 달하고 전문대학의 경우는 등록금 수입이 2조 5천억 원으로 교비회계 총수입의 55.7%에 달한다.[18] 한편 사립대학 등록금을 경상가 기준으로 살펴보면 2004년 578만 원에서 2018년 719만 원으로 증가했다. 그러나 소비자 물가지수를 반영한 불변가 기준으로 살펴보면 2004년 757만 원에서 2018년 688만 원으로 실질적으로 하락한 것으로 평가된다. 정부는 국가장학금의 부담을 최소화하기 위해 사실상 대학들의 자율적인 등록금 책정을 규제했다. 현행 규정에 따르면 대학들은 직전 3년 동안의 평균 물가상승율의 1.5배 수준 이내에서 등록금을 인상할 수 있다.[19] 그러나 등록금을 인상하는 경우 대학평가나 재정지원에서 낮은 점수를 받게 되므로 실질적으로 등록금을 자율적으로 조정하기는 어려운 상황이다. 제4장 4절에서 분석한 바와 같이 실질적으로 등록금이 인하되고 학령인구가 감소되는 상황에서는 대학의 재정수지 적자 폭이 점차 커질 것으로 예상된다. 2020 회계연도에 전국 사립대학 118개 중 85곳(72%)이 운영 적자를 기록했는데 적자 규모는 약 4천 200억 원으로 코로나19의 영향도 있었지만 2019년에 비해 54% 늘어났다. 따라서 대학은 자체적으로 재정운영의 전문가를 동원해서 자산을 보다 효율적으로 운용하고 비용을 절감하려는 노력을 강화해야 한다. 이와 더불어 정부도 대학의 재정운영에 대한 규제를 과감히 완화하는 것이 필요하다. 최소한의 건전성 규제기준을 마련하고 외부 전문가들이 정기적으로 감사해서 학교구성원들에게 운영실태를 투명하게 공개하도록 해야 할 것이다.

사립대학 운영의 자율성을 확대하고 대학의 구조개혁이 원활히 진행되기 위해서는 무엇보다도 지난 2012년부터 지속되어 온 실질적인 정부의 등록금 동결조치가 철회되어야 한다. 차별화된 서비스를 제공하기 위해서 기본적으로 해당 서비스에 대한 가격규제는 철폐되어야 한다. 만약 사립대학의 등록금을 지금처럼 계속 동결한다면 결국 사립대학은 경상운영비를 정부보조금을 통해서 해결할 수밖에 없고 현재의 중·고등학교와 같이 실질적으로 정부의 지배하에 놓이게 됨으로써 사립대의 준국립대화가 초래될 것이다. 학문의 자유와 다양성을 위해서 결코 바람직하다고 볼 수 없다. 등록금 책정을 완전 자유화하는 것이 경제사회적 측면에서 어렵다는 점을 감안할 때 최소한 법에서 허용하는 범위 내에서의 자율적인 등록금 책정이 허용되어야 할 것이다. 그러나 이와 반대로 정부는 최근 과다한 등록금 인상 대학에 대한 실질적인 제재조치를 확보하기 위해 2022년부터 법으로 정한 한도 이상으로 등록금을 인상하는 대학에 대해서는 입학정원의 최대 10%까지 줄이는 제재 내용을 발표했다. 그러나 이러한 조치는 향후 등록금 책정을 대학 자율에 맡길 경우 과다한 등록금 인상을 억제하는 방안이 될 수 있을 것이나 현재와 같이 실질적으로 등록금이 동결된 상태에서는 전혀 의미가 없다. 과도하게 등록금을 인상하는 대학의 경우에도 해당 대학의 정원을 감축하는 조치보다는 국가장학금이나 학자금 대출 또는 연구비 지원을 제한하는 등의 간접적인 조치가 더 바람직하다.

한편 대학의 자율성을 실질적으로 보장하기 위해서는 현재와 같이 대학의 서열화를 확인하는 획일적인 평가를 폐기하고 부실대학 여부만 평가하는 방식으로 교육당국의 평가가 단순화되어야 한다. 그동안 대학 규모를 고려하지 않고 거의 동일한 잣대로 재정 지원 및 인원 감축을 결정하는 평가방식으로 인해 모든 대학이 평가기준에 맞춰 학교 운영 및 투자방향을 결정할 수밖에 없었고 그 결과 대학의 특성화 추진도 쉽지 않게 되었다.[20] 향후에는 본 장 1절에서 제시한 바와 같이 별도의 평가 없이 정부주도로 입학정원에 대한 일률적 감축과 동시에 교육과 재정 그리고 지배구조와 관련된 핵심지표를 평가지표로 사전에 예고하고 절대평가 방식인 합격·불합격제(PASS–FAIL방식)로 부실여부만을 결정하는 것이 바람직하다.[21] 부실대학 판별 평가기준 지표도 가급적 최소화해야 한다. 예를 들어 교육여건관련 평가지표로는 과거 대학평가 시 가장 많이 활용된 전임교원 확보율, 장학금 지급률, 재학생 및 신입생 충원율, 교육비 환원율 등이 있고 재정여건 지표로는 등록금 의존율, 법정부담금 부담률, 법인전입금비율 등이 있다. 또한 대학의 지배구조를 선진화하기 위해 대학 의사결정구조의 다양성과 대학운영 건전성 관련 지표가 평가항목에 포함되어야 한다.[22] 부실대학으로 판정된 대학 중 한계대학에 대해서는 국가장학금이나 학자금 융자 신청 금지나 재정지원 제한 등의 조치를 통해서 신속하게 자율적으로 구조조정을 하도록 유도하고, 퇴출대학으로 결정된 대학에 대해서는 과감하게 퇴출을 진행해서 해당 대학의 학생들이나 교직원들에 대한 피해가 최소화되도록 해야 한다. 정상대학으로 판정된 대학들에 대해서는 수업방식, 취득학점이나 학위취득 기간, 온라인 학위 수여 등과 같은 학사운영 방식의 차별성을 인정하는 등 대학의 자율성을 대폭 허용해야 한다. 정부는 대학의 연구활동과 교육시설 개선 등 학사행정운영과는 무관한 사항을 지원하는 것에 중점을 두어야 한다.

대학입시전형과 관련해서도 궁극적으로는 해당 대학들이 자신들의 건학이념과 비전에 적합한 방식을 채택할 수 있도록 대학들의 재량권을 확대해야 한다. 그러나 대학의 입시전형은 현재 고등학교의 교과과정과 밀접한 관련이 있고 입시생에게 지대한 영향을 미치기 때문에 전반적인 중등 공교육의 혁신을 통한 정상화와 상호 연계해서 점진적으로 결정, 개선되어야 할 것이다. 예를 들어 대부분의 대학들이 입학전형으로 논·서술 본고사를 채택할 경우 현재 고등학교의 공교육도 논술형 교육과 평가가 이루어져야 하는데 그렇지 못한 상황에서는 대학입시를 대비하는 사교육이 발생할 수밖에 없다. 현재는 입학전형에서 수능과 내신의 비율이나 수시와 정시의 비율은 대학이 실질적으로 결정할 수 있도록 해야 할 것이다.

대학정원과 관련해서는 앞에서 지적한 바와 같이 입학정원이 입학가능인구를 대폭 상회하고 비수도권 대학의 미충원율이 확대되는 상황에서 대학이 입학정원을 자유화할 경우 지방대학은 살아남기 어려운 것이 현실적 상황이다. 따라서 일단 대학정원을 본 장 1절에서 제시한 방식으로 조정하되 대학 내에서의 입학모집단위별 정원조정은 대학 자율에 맡겨야 한다. 그렇게 함으로써 각 대학이 자체적인 구조조정을 통해서 경쟁력을 제고하고 4차 산업혁명에 필요한 인력을 배출하는 데 탄력적으로 대응할 수 있을 것이다. 개별 대학은 필요

■ 표 5-4 ■ 사립대학 운영의 자율성 확대 방안

세부방안	목표
대학운영 규제를 포지티브방식에서 네거티브방식으로 전환	대학의 자율적 운영을 최대한 허용함으로써 대학 간 경쟁 및 혁신 촉진
등록금 책정의 실질적 자율성 허용	대학별 교육서비스의 특성화 촉진 및 교육환경 개선 재원 마련
현행의 대학평가제도를 폐지하고 한계대학/퇴출대학 결정을 위한 절대평가방식으로 전환	획일적인 대학평가체제로 인한 대학재정의 부담을 완화하고 신속하게 부실대학을 구조조정
대학내 모집단위별 정원조정 자율화	기술변화와 사회적 수요변화에 선제적 대응
연구중심대학 대학원 정원 자율화	연구중심대학 본연의 연구 능력 강화

하면 특정 분야에 대한 강의와 평가를 타대학들과 공유해서 실질적인 정원 증대 효과를 도모할 수 있을 것이다. 장기적으로는 모든 대학들이 정원을 자체적으로 결정할 수 있어야 하지만 입학정원 충원의 지역 간 불균형이 확대되는 상황에서는 주어진 정원 내에서 특성화에 적합하게 입학전형 인원을 조정하는 것이 바람직하다. 그리고 현재 학사정원 1.5명을 줄어야 석사 1명을 늘릴 수 있고 석사 2명을 줄어야 박사 인원을 1명 증원할 수 있는 규제를 연구중심대학의 경우에는 대학 스스로 대학원 정원을 결정하도록 자유화해야 한다.[23]

교육부의 2021년 대학 기본역량 진단 결과 발표

수도권 유명 대학을 포함한 52개 대학·전문대학이 내년부터 3년간 정부의 재정 지원 대상에서 빠졌다. 이른바 '살생부'로 불리는 '대학 기본역량 진단' 가결과에 따라 선정되지 못한 이들 학교에는 비상이 걸렸다. 교육부와 한국교육개발원은 2022~2024년 일반재정지원 대상 대학의 기준인 2021년 대학 기본역량 진단 가결과를 17일 각 대학에 통보했다. 선정 대상 대학 수는 이날 오전 대학구조개혁위원회가 결정했다. 진단 대상 대학(전문대 포함 319개교)의 73%인 233개교만 지원받는다. 일반재정지원금은 대학별 발전 계획에 따라 쓰라고 정부가 주는 돈이다. 이전에는 인문 역량 강화, 산업 연계 교육 활성화 등 목적별로 사업비를 줬다. 2019년부터는 이를 통합해 용도 제한 없이 주고 있다. 평균 연간 사업비는 올해 기준 대학 48억 원, 전문대학 37억 원 수준이다. 평가는 5개 권역별로 한 다음 탈락 대학의 10% 정도를 전국 단위에서 부활시키는 식으로 진행했다. 그 결과 대구·경북·강원권에서는 주요 사립대학을 포함해 일반대 6곳이 떨어졌다. 충청권과 전라·제주권에서는 3곳씩 6곳, 부산·울산·경남권에서는 2곳이 탈락했다.

미선정 대학은 일반재정지원을 받지 못할 뿐 특수목적 재정지원 사업 참여나 학생들의 국가장학금·학자금대출 등에 대한 제한은 없다. 학생까지 불이익을 받는 '재정지원 제한 대학'과는 다르다. 교육부 관계자는 "이번 미선정 대학이 부실 대학이라거나 재정지원 제한 대학과 같다고 생각하면 곤란하다"고 말했다. 선정 기준이 너무 엄격하다는 지적도 있다. ▶신입생·재학생 충원율(20%) ▶교육과정 운영·개선(20%) ▶전임 교원 확보율(15%) ▶강좌 수, 강의 규모, 강사 보수수준 등(9%) ▶교육비 환원율(5%) ▶졸업생 취업률(5%) 등이 지표다.

지원 대상 선정 대학은 지원금을 받는 대신 내년 3월까지 적정 규모화 등 자율혁신 계획을 내야 한다. 대학 기본역량 진단에는 이전 정부의 '대학구조개혁평가'처럼 '2만 4,000명 감축' 등의 구체적 목표는 없다. 다만 대학의 유지충원율을 점검해 미충족이 계속되면 지원금을 끊을 수도 있다. 따라서 대학은 충원율에 문제가 없도록 정원을 줄이거나 특성화를 강화해 학생들에게 외면받지 않아야 한다.

출처: 중앙일보, 2021.8.18.

4. 대학 지배구조 개선

대학의 지배구조 내지 의사결정구조는 기본적으로 각 대학별로 자율적으로 결정해야 할 사항이다. 그러나 대학의 구성원들인 학생, 교수, 직원 및 동문들의 의견이 정당하게 그리고 적절하게 반영될 수 있는 장치를 마련하는 것도 중요하다. 현재 많은 대학들이 채택하고 있는 대학평의원회가 다양한 대학구성원들의 참여를 보장하고 있지만 실질적으로 제 역할을 한다기보다는 상당부분 형식적이라는 평가를 받고 있다.

사립대학의 지배구조 개선에서 핵심적인 사항은 법인이사회의 과도한 권력 집중을 개선, 완화하는 것이다. 대학의 민주적 의사결정을 위해서는 이사회에 대한 실질적인 견제와 균형이 필요하다. 일부 사립대학에서는 이사장이 실질적으로 총장 역할도 수행하는 경우도 있는데 엄밀히 말하자면 재단의 학사개입이다. 이사회의 핵심 권한 중 하나가 총장 선임 및 해임 권한이므로 총장들이나 총장후보자들은 지나치게 이사회의 눈치를 보는 상황이 초래되기도 한다. 현행 제도하에서는 이사회의 이사 중 일정 비율을 개방이사로 충원하는 개방이사제도를 통해 사립재단의 공공성을 강화하고 있다. 그러나 개방이사추천위원회의 구성을 결정하는 대학평의원회를 재단이 사실상 장악하고 비리로 해임된 재단관계자를 개방이사로 추천하는 편법도 일부 대학에서 나타나고 있다. 한편 사립대학의 지배구조를 개편하는 방안으로 대학운영비의 50% 이상을 정부로부터 지원을 받되 이사회의 과반수 이상을 공익이사로 구성해서 실질적으로 국립대학과 같은 방식으로 운영되는 공영형 사립대학이 현 정부의 공약으로 제시되었으나 아직 실현된 대학은 없다.[24] 2021년 교육부는 공영형 사립대학 정책을 사학혁신 지원사업 정책으로 전환하고 7월 5개 대학을 사학혁신 지원사업 수행대학으로 선정하였다. 사학혁신 지원사업은 정부가 선제적 재정 지원을 하는 공영형 사립대와 달리 사학이 투명성·공공성을 강화하는 사업을 스스로 발굴해 실천하면 정부가 대학에 지원하는 방식이다. 법인이사회에 대한 견제를 위한 또 다른 방안의 하나로 법적인 구속력은 없지만 이사회의 주요 결정에 대해 객관적이고 독립적으로 자문 및 의견을 제시하는 대학동문이나 지원자들로 구성된 별도의 위원회를 설치하자는 안도 있다. 미국 하버드대학의 경우 총장을 비롯한 대학 경영자 위주로 구성된 법인이사회와 하버드 학위 소지자 30명으로 이루어진 감독이사회(board of overseers)라는 두 개의 이사회가 있는데 감독이사회는 학교의 주요 결정에 대해 조언을 하는 자문기구의 역할을 하고 있다.[25]

법인이사회에 대한 견제 기능을 강화하기 위한 또 다른 장치로는 대학평의원회를 대학 구성원의 실질적인 토의 및 심의를 하는 법정 기구화하는 방안과 전체 교수회의를 교육 및 연구와 관련된 범위에 한해 법정 기구화하는 방안을 고려해 볼 수 있다. 또한 재단과 학교 운영 담당자 간의 권한 분점과 협력을 위한 방안의 하나로 총장을 이사회의 당연직 이사로 참여시키고 이사회는 총장선임 및 타 대학과의 통합 등과 같은 대학의 핵심적인 사항만 결정하고 학교 운영과 관련된 주요 사항(예: 신임교수 임명권, 교수들의 연봉 협상 등)은 총장에게 권한을 위임하는 것을 법제화하는 것도 검토해 볼 만하다. 현재 우리나라 사립대학 총장 임기는 평균 3.82년에 불과한데 4년 임기가 일반적이나 일부 대학에서는 2년 또는 3년인 경우도 있다. 총장이 이사회와 협력하되 소신껏 대학 개혁을 수행하기 위해서는 연임도 중요하지만 총장의 임기를 최소 6년 내지 8년까지 보장해 주는 것도 필요하다.[26] 이사회의 권한 분산과 책임 강화를 위한 또 다른 방안의 하나로는 영국의 옥스퍼드대학이나 캠브리지대학의 경우처럼 각 단과대학의 독립성을 별개의 대학 수준으로 보장하는 독립채산제 방식도 고려해 볼 수 있다.

한편 정책당국은 대학운영의 자율성을 침해하지 않는 범위 내에서 사립대학의 입시 및 회계부정이나 채용비리 등에 대해서 보다 세밀하고 엄격하게 감사를 집행하고 처분을 강화해야 한다. 교육부가 2019년에 적발한 사립대학 비리는 4,500여 건에 해당된다. 따라서 향후 정부재정지원의 확대와 병행해서 일정 수준 이상의 외부회계법인을 선정해서 일반기업에 대한 회계 감사에 버금되는 수준으로 감사를 하고 부실회계에 대한 처벌수위도 높여야 한다. 그리고 법인이사들에 대한 교육자로서의 적격성 및 도덕성 기준을 대폭 강화하고 비리로 인하여 임용이 취소된 이사들의 복귀 허용 기간을 현행 5년에서 10년 이상으로 늘려야 한다. 심각한 비리가 적발된 대학에 대해서는 임시이사를 파견해서 정상화시킨 후 설립자측에게 다시 대학운영을 되돌려 주기보다는 대학구성원들의 피해를 최소화하고 설립자측의 도덕적 해이를 줄이기 위해 공영형 사립대학으로 전환하는 것도 적극 고려할 필요가 있다.

■ 표 5-5 ■ 사립대학 지배구조 개선 방안

세부방안	목표
법인이사회와 별도로 감독이사회 구성	이사회의 책임감과 투명성 제고
대학평의원회를 실질적인 토의 및 심의 기구화 교육·연구분야에 국한해 교수회의를 법정 기구화	대학운영의 투명성 제고
총장에게 학교운영 권한 위임을 법제화 총장임기 확대	대학운영의 자율성 강화
사립대학의 회계 및 입시 부정행위 처벌 강화	대학 구성원의 도덕성 강화

한편 국공립대학의 지배구조와 관련해서 본 장 2절에서 제시한 국공립대학에 대한 개편이 시행될 경우 새로운 거버넌스 형태로 거점 연구중심대학 통합이사회와 비거점 교육중심 국공립대학 통합이사회를 각각 구성해서 대학별 의사결정을 보완하고 협력하는 시스템을 구축하도록 해야 한다. 더 나아가서 전국 국공립대학 협의체에 법적 기능을 부여해서 국공립대학 간의 인적교류 및 물적 자원의 공유를 활성화시켜야 할 것이다. 국공립대학들은 보다 적극적으로 지역주민들과의 교류를 확대하고 지역주민들의 교육수요를 충족시키도록 다양한 프로그램을 마련해서 지역사회의 전반적인 생활수준 증대에 이바지해야 할 것이다.

06

대학개혁의 구체적 방안 (II): 연구경쟁력 및 교육의 질 개선

1. 특성화된 연구중심대학 지원 강화

2. 에듀테크 활용과 토론중심 학습으로 교육의 질 향상

3. 평생교육 및 직업직무교육 체계 강화

06

대학개혁의 구체적 방안 (II): 연구경쟁력 및 교육의 질 개선

대학의 핵심적인 역할과 기능은 수월성 높은 연구를 수행하고 질 높은 교육을 제공하는 것이다. 현재 우리나라 대학의 연구 수준은 국제적 기준에 비추어 볼 때 상당히 미흡한 상황이다. 우리 경제가 향후 재빠른 추격자(fast follower)에서 벗어나 최초의 선도자(first mover)로서의 역량을 갖춘 선진경제로 나아가기 위해서는 대학의 연구능력이 크게 강화되어야 한다.[1] 그리고 지금까지의 강의 위주 주입식 교육에서 탈피해서 발표와 토론 그리고 프로젝트 수행 등을 통해 창조적이고 독창적인 아이디어가 교환되고 실제적으로 현실에 적용할 수 있는 교육방식이 채택되어야 할 것이다. 최근의 에듀테크를 이용한 맞춤형 학습이 학습의 질을 획기적으로 개선할 수 있는 가능성을 암시하고 있다. 한편 4차 산업혁명시대에는 현재 직업유형의 약

70% 이상이 사라지고 새로운 형태의 일자리가 만들어질 것으로 전망되고 평균수명이 크게 늘어남에 따라 전 생애에 걸쳐 다수의 직업을 가지게 될 확률이 높아지고 있다. 대학은 기본적인 인문사회적 소양과 관련된 교육은 물론 새로운 직업이나 일자리에 적합한 지식 배양이나 실무직업교육을 효과적으로 수행하는 역할을 담당해야 한다. 따라서 교육의 대상과 내용을 더 이상 학령인구층과 전공교육에 국한하지 말고 초고령화 시대와 4차 산업혁명시대에 걸맞게 평생교육과 직업직무교육을 강화하는 방향으로 전환해야 할 것이다. 본 장에서는 특성화를 통한 연구 수준을 창조국가의 수준으로 높이고 수요자 중심의 교육으로 전면적인 개혁을 하기 위한 구체적 정책과 제도 그리고 지원 방안에 대해 논의한다.

1. 특성화된 연구중심대학 지원 강화

디지털 기술혁명시대에 대학이 국가발전과 국민들의 삶의 질을 높이는 데 기여하기 위해서는 무엇보다도 연구능력을 높이고 국가 경쟁력을 강화하는 데 기여해야 한다. 그러나 연구능력을 제고하는 것은 하루 아침에 이루어질 수 있는 사안이 아니다. 장기적이고 지속적인 투자와 국가적 차원에서 신중한 전략과 지원이 요구된다. 우리나라 대학의 경쟁력은 〈표 1-1〉에서 본 바와 같이 세계 10위권의 경제규모에 비해 상당히 낮은 상태이다. 한국 최고의 대학으로 평가되고 있는 서울대학교조차 일부 국제적 대학평가기관의 평가에서 100위권 밖으로 나타나고 있다. 최근에는 아시아권에서도 중국이나 홍콩의 대학들에게 뒤처지는 상황이다. 우리 대학의 경쟁력을 세계적 수준으로 높이기 위한 첫 번째 방안은 선택과 집중을 통해 특성화된 연구중심대학을 적극적으로 지원하고 육성하는 것이다. 제한된 재원하에서 모든 대학들의 연구능력을 키우기는 어렵다. 따라서 대학들 자체가 대학원 중심의 연구중심대학이나 일반적인 인문교양이나 이공관련 교육중심대학 또는 취업을 우선시하는 실무중심의 직업교육 중 어떤 것을 중점적으로 지향할 것인지를 결정해서 그에 맞는 대학운영을 해야 할 것이다. 대학의 연구능력을 높이기 위해서 정부는 특성화된 연구중심대학의 연구비 지원 강화에 초점을 맞추어서 재정을 집행해야 한다. 중국의 경우는 100개 연구중점대학을 선별해서 집중적으로 지원하고 있다.

2018년 현재 우리나라의 GDP 대비 고등공교육 재정지출 비율은 약 0.6%으로 OECD 평균 0.9%에 보다 낮은 수준인데 그중에서도 많은 재원이 학생들의 학자금 지원으로 지급되고 있다. 〈표 6-1〉에서 보는 바와 같이 2018년 고등교육지원 예산 13조 4천억 원 중 약 32%(4조 3천억 원)가 학자금 지원이다. 한편 우리나라 대학생 1인당 공교육비는 2018년 기준으로 11,290 달러를 기록하여 초등교육(12,535 달러)이나 중등교육(14,978 달러)에 비하여 낮다(〈그림 6-1〉 참조). OECD 평균 대학생 1인당 공교육비(17,065 달러)의 66.2% 수준에 불과하다.[2] 초등교육이나 중등교육의 일인당 공교육비가 2014년부터 가파르게 증가한 것과 달리 고등교육의 경우는 증가세가 확연히 낮은 것도 주목할 만하다.

국가장학금의 지급에도 불구하고 고등공교육비 중 정부부담 비율은 2018년 기준 40%인데 반해 OECD 평균은 66%에 달하고 있다. 그 결과 우리나라 고등교육비의 정부부담비율은 OECD 평균의 60.6%에 불과한 반면, 민간부담비율은 176.5%에 달한다.[3] 따라서 고등교육재정지출 중 장학금 지원 비중이 유지되거나 확대될 경우 가뜩이나 낮은 수준의 연구비에 투자할 수 있는 여력은 매우 낮을 수밖에 없다. 고등교육 지원규모가 가장 큰 부서인 교육부의 예산 중 학자금 지원을 제외한 액수는 약 5조 원으로 전체 고등교육지원 재정의

■ 표 6-1 ■ 우리나라 고등교육 재정지원사업 예산 현황

(단위: 억 원, %)

회계연도	고등교육 재정지원사업 예산				학자금 지원(C)	교육부의 학자금 외 예산 (D=A-C)	전체예산대비 교육부예산	
	교육부 (A)	타부처	지자체	계 (B)			A/B*100	D/B*100
2008	35,613	19,117	3,009	57,739	4,431	31,182	61.7	54.0
2009	43,916	21,401	3,501	68,368	7,063	36,853	64.2	53.9
2010	42,792	24,301	4,070	71,163	7,568	35,224	60.1	49.5
2011	51,018	32,805	3,296	87,119	8,602	42,416	58.6	48.7
2012	61,801	34,635	3,087	99,523	21,531	40,270	62.1	40.5
2013	74,227	31,530	3,819	109,576	29,767	44,460	67.7	40.6
2014	89,961	30,193	3,197	122,951	37,875	51,686	72.8	42.0
2015	93,638	37,758	3,044	134,440	41,440	52,686	69.7	38.8
2016	98,133	37,523	3,955	139,611	42,505	55,628	70.3	39.8
2017	91,890	41,039	4,714	137,642	43,346	48,544	66.8	35.3
2018	92,735	41,554	4,213	134,289	43,053	49,682	53.8	37.0

자료: 서영인 외(2020a).

■ 그림 6-1 ■ 우리나라 학생 1인당 공교육비 추이

(단위: 구매력평가 미국 달러)

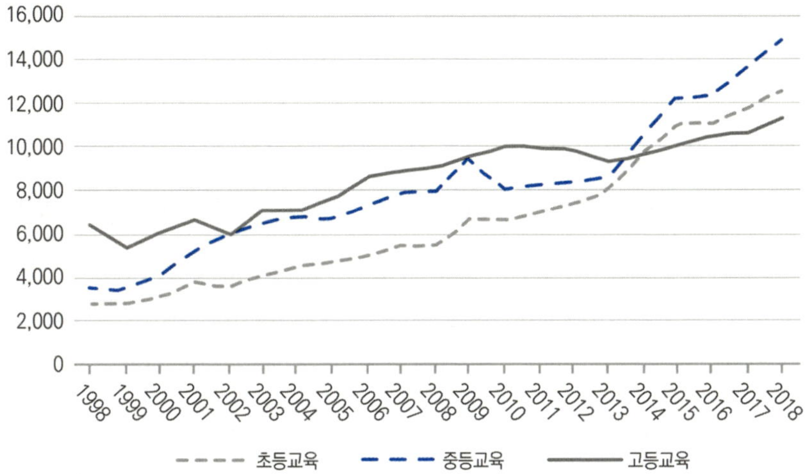

자료: e-나라지표.
출처: OECD, *Education at a Glance*, 각 연도.

37% 수준에 지나지 않는다. 따라서 특성화된 연구중심대학에 대한 연구지원비의 확대를 위한 고등교육재정의 안정적인 확보가 절실하다.

한편 우리나라의 연구개발비 지출은 2018년 GDP 대비 4.55%를 기록하여 세계 1위를 차지하였고 정부의 R&D 투자액은 2020년 23조 9,000억 원, 2021년 27조 4,000억 원에 달할 것으로 전망되고 있는데 이는 미국, 중국, 일본 및 독일에 이어 세계 5위에 해당된다. 그럼에도 불구하고 대부분의 R&D 투자는 주로 기업을 통해서 이루어졌고 대학 차원에서는 규모가 작다. 대학의 연구개발비 수준은 GDP 대비 0.33%로 OECD 평균 0.42%에도 미달하고 있다(제4장 1절

BOX 참조). 따라서 연구중심대학이 우수한 연구인력을 기업에 공급할 수 있도록 대기업을 중심으로 일반 기업과 국민들이 참여하는 수십조 원 규모의 연구기금 모금운동을 거국적으로 전개해야 한다는 주장은 심도있게 검토해 볼 만한 내용이다.[4] 우리나라는 연구할 수 있는 환경과 인프라가 일본, 독일, 미국에 비해 열악한 실정이므로 응용부문에 비해 취약한 기초과학연구에 대한 지원을 확대해야 한다. 과학분야에서 한국은 노벨상 수상자가 전무한 반면 일본의 경우는 2020년 현재 24명에 달하고 있다. 일본은 지방국립대에 우수학생을 유치하고 기초과학교육을 강화하고 있다. 4차 산업혁명시대에 걸맞는 연구개발을 수행하기 위해서는 융복합 연구를 활성화하고 대학의 연구소나 센터 등이 외부 연구기관이나 기업연구소 등과 실질적 협력과 공동연구를 수행할 수 있도록 산학연 네트워크를 강화해야 한다. 또한 주요국의 연구중심대학들과의 협력을 확대하고 연구소나 센터를 실리콘 밸리 등과 같은 관련 전문지역에 설립해서 글로벌 연구네트워크의 이점을 십분 활용해야 한다.

■ 표 6-2 ■ 특성화된 연구중심대학 지원 강화 방안

세부방안	목표
대기업을 중심으로 한 범국가적 연구기금 모금 • 산학연네트워크 강화	우수 연구인력 배출
기초과학연구에 대한 지원 강화	원천 기술개발 능력 제고
글로벌 연구네트워크 구축	국제공동연구의 시너지효과 극대화

포스텍 "윤리적인 의사과학자 양성으로 한 단계 더 진화할 것"

포스코는 대일청구권 자금으로 설립된 회사다. 그리고 그 포스코에서 피땀 흘린 선배들이 만든 재원으로 세워진 게 포스텍이다. 포스텍은 사립대지만 어느 대학보다도 국가 발전을 위해 연구와 교육에 힘써야 하는 대학이다. 올해로 35주년을 맞은 포스텍은 교수들의 '세대교체' 시기를 보내고 있다. 우리대학의 성장세가 둔화한 것처럼 보일 수 있지만 이는 설립 된 지 50년이 넘지 않는 신규 대학들이 겪는 자연스러운 흐름이다. 최근 10년 안에는 큰 연구 성과를 내왔던 석학들이 은퇴할 시점이 돼 2011년부터 2020년까지 총 73명이 퇴임했다. 대신 169명의 교수를 뽑았다. 그렇게 뽑은 40대 '라이징 스타' 교수들의 활약으로 포스텍의 성장세가 회복되고 있어 미래가 희망적이다.

포스텍 법인의 자산은 6월 현재 1조 5,000억 원 규모다. 작년과 비교해 5,000억 원이나 늘었다. 교육비 환원율도 포스텍은 1440.4%로 높다. 더군다나 지금 연구하고 있는 2차전지 소재만 잘 개발한다면 재정 1조 원 추가 확보도 현실이 될 수 있다. 또 동문들의 기부도 큰 힘이 돼주고 있다. 만약 포스텍이 국내의 좋은 대학으로 남는 정도의 '현상유지'만을 목표로 한다면 지금의 자산으로도 충분하다. 그러나 포스텍의 목표는 세계 최고의 이공계 대학이 되는 것이다. 미국 캘리포니아 공과대학의 재정 규모가 작년 기준으로 7조 원 정도라고 한다. 두 대학의 등록금 차이만 해도 10배에 이른다. 등록금 동결 상황이 이어지는 중에도 질 높은 교육과 연구를 위해서는 과학 발전에 뜻있는 많은 분의 성원과 지원이 필요하다.

재원 확보를 위해서는 단기적으로는 교수들의 연구를 독려하고 장기적으로는 창업 활성화가 필요하다. 산업에서 필요로 하는 연구를 적극적으로 수행해 성과를 거두면 우리대학이 보유하고 있는 주식이 기업의 가치를 높이게 된다. 장기적으로는 연구 성과 기반의 창업 활성화도 필수다. 창업을 활성화하여 많은 스타트업이 성공적으로 안착할 수 있다면 그 이윤이 다시 학교로 돌아와 중요한 재원이 되어줄 것이다.

최근 포스텍은 의대설립을 통해 의사과학자를 양성하자는 새로운 도전를 하고 있다. 의사과학자란 의과대학을 졸업한 의사면허 소지자가 과학·

기술·의학·융합 연구를 중심을 연구를 수행하는 의사를 뜻한다. 포스텍은 이미 자연과학과 공학 분야에서 우리나라를 대표 대학으로 단백질의 구조를 볼 수 있는 4세대 방사광가속기, 생명공학연구센터, 바이오 오픈이노베이션 센터(BOIC), 세포막단백질연구소 등을 보유 중이다. 또한 바이오 관련 인프라와 네트워크가 탄탄하고 기술이전 실적의 83%가 바이오분야일 정도로 사업화 경험이 풍부하다. 여기에 '의사과학자'와 의료 기술을 테스트해볼 공대 역량 기반의 '스마트 병원'이 확보된다면 경북지역의 의료 수준도 올라가고 헬스케어 산업 확장에서도 역량을 발휘할 수 있을 거라 확신한다.

포스텍은 의대학생들에게도 AI기초와 기초과학 교육과정을 이수하게 하고 SES(Summer Experience in Society)를 의대로 확장해 의학박사(MD) 선배들이 진출해 있는 연구소, 제약회사, 벤처기업 등으로 인턴십을 경험하게 할 예정이다. MD로서 바이오 및 헬스 산업에서 어떤 역할을 할 수 있는지 이해할 기회를 줌으로써 학생들의 미래 설계에 큰 도움이 될 것이다.

출처: 한국대학신문, 2021.7.3.
https://news.unn.net/news/articleView.html?idxno=511698

2. 에듀테크 활용과 토론중심 학습으로 교육의 질 향상

그동안 한국대학의 교육은 산업화시대에는 적합한 지식전달 위주의 주입식 강의가 주를 이루었다. 고등교육에 대한 폭발적인 수요증대와 대학들의 등록금 의존 재정 등을 고려할 때 대학원이나 일부 예술계열 전공에서의 소규모 토론수업을 제외하고는 일반적인 학부

수업에서 일대일 수업이나 토론 수업은 거의 불가능했다. 현재 많은 대학의 교수들이 공통으로 느끼는 강의실 분위기는 수업시간에 토론은 말할 것도 없고 질문하는 학생들도 거의 없다는 점이다. 많은 학생들이 참여하는 수업시간에 질문을 하는 것에 대해 부담을 느끼는 수업문화가 고착화되어 가는 것이 아닌지 우려가 높다. 21세기의 4차 산업혁명시대에는 학생들에게 '비판적 사고력, 창의력, 의사소통능력, 협업능력'(critical thinking, creativity, communicaton, collaboration, 4C)과 같은 역량이 강조되고 있다.

연구 및 교육중심대학을 중심으로 대학들은 보다 적극적으로 에듀테크 기술을 활용한 온라인 및 맞춤형 쌍방향 교육을 강화해야 한다. 현재 일반 사교육시장에서는 디지털기술을 교육과정에 접목하는 에듀테크가 엄청나게 빠른 속도로 확산되고 있다. 대학교육도 개인의 능력과 성과를 감안해서 학습진도를 조정하고 개별 질의응답이 가능한 인공지능 맞춤형 학습방식을 도입해서 학습효율화를 증대해야 한다.[5] 미국을 위시한 일부 선진국에서는 이미 에듀테크가 대학교육에 적극 활용되고 있다. 예를 들어 일방적인 강의위주의 수업을 최소화하고 온라인 등을 통해서 전달되는 강의 내용을 학생들이 사전에 개인적으로 학습한 이후 면대면으로 토론하고 소통하는 플립러닝(flipped learning) 방식이 많은 대학에서 이루어지고 있다. 이 경우 지식전달 위주의 강의는 교수 자신의 온라인 강의나 MOOC(massive open online course, 대규모 온라인공개강좌)의 유명교수 강의를 적극 활용하고 토론과 프로젝트 등을 수행하기 위해 면대면 수업을 병행한다. 심지어 일부 대학들이나 유명 MOOC에서는 방송국이 드라마를 외

주로 제작해서 방영하듯이 유명 교수들의 강의를 외주형태로 제작 의뢰해서 강의자료로 제공한다. 국내 MOOC로는 K-MOOC, 외국 MOOC로는 코세라(Coursera), 유다시티(Udacity), 유데미(Udemy), 하버드/MIT대학의 에드엑스(edX), 칸아카데미(Khan Academy), TED 등이 있다. 글로벌 MOOC인 코세라나 유다시티, 유데미, 에드엑스는 캠퍼스 없는 글로벌대학의 역할을 하면서 전 세계를 대상으로 학위나 자격증 프로그램을 확대하고 있다. 국내외 일반대학들도 자체 온라인 학위프로그램을 개발하거나 개발된 온라인학위 프로그램을 코세라나 유다시티 등과 협력해서 MOOC에 업로드하는 추세이므로 앞으로 국내외에서 온라인학위에 대한 치열한 경쟁이 예상된다. 코세라의 경우는 현재 전 세계 약 7,700만 명이 등록되어 있고 2,000개의 기업을 대상으로 20개 학위 과정과 수천개의 단기 교육과정을 제공하고 있다(본 장 3절 BOX 참조).

한편 학습자 맞춤형 쌍방향 교육으로 전환하기 위해서는 인공지능, 증강현실, 가상현상, 메타버스 등을 활용한 강의가 가능하도록 대학 강의실을 스튜디오로 개조해야 한다. 효율적인 맞춤형 강의를 마련하기 위해서 각 대학은 적극적으로 에듀테크개발센터를 설립해서 소프트웨어 개발은 물론 교수들에 대한 디지털 교육을 강화해야 할 것이다. 에듀테크를 활용한 맞춤형 학습을 위한 소프트웨어 개발과 디지털시설 투자 등에는 엄청난 재원이 요구된다.[6] 따라서 에듀테크를 활용한 학습환경을 조성하기 위한 재원을 어떻게 안정적으로 확보할 것인가가 대학 교육개혁의 핵심 사항 중 하나라고 할 수 있다. 2021년도에 미국에서 대학으로 정식으로 인증된 미네르바대학은 에듀테크를 활용한 '포럼' 방식을 통해서 전 세계에 분산되어 있는 학생들에게 비대면 맞춤형 교육을 시행하고 있다(제3장 3절 BOX 참조). 미네르바대학의 교육방식은 고비용과 첨단 테크닉의 활용이 필요하지만 앞으로 우리나라 대학의 교육방식도 그러한 방향으로 전환되어야 할 것이다.[7]

또한 이론위주의 일방적 강의교육을 축소하는 대신 실질적 프로젝트 과제의 수행을 교과목으로 채택하는 방식도 학부교육의 새로운 방안의 하나로 고려할 만하다. 학생들은 프로젝트 수행을 통하여 사고력, 행동력, 대인관계 능력 그리고 사회참여 능력을 제고하고 교수는 지식전달자뿐만 아니라 프로젝트를 수행하는 데 코칭 내지 멘토로 역할을 해 주는 역량강화자로서의 역할을 수행한다. 미래학자이자 교육학자인 프렌스키(Marc Prensky, 2018)는 이론 중심 교육은 현재의 세상에는 적합하지 않고 보다 통합적이고 실질적인 교육이 필요하고, 교육의 새로운 목표는 어릴 때부터 세상을 더 나은 곳으로 바꾸는 일에 참여할 수 있도록 학생들의 역량을 강화하는 것이라고 역설한다. 학생들의 역량강화를 위해서는 사회문제에 대한 실제 해결방안을 찾아 실행하는 프로젝트중심수업(project-based learning, PBL)이 필요하다는 것이다. 더 나아가서 해당 지역사회에 실질적으로 도움을 줄 수 있는 프로젝트 수행을 정식 교과과정으로 채택하는 것도 검토할 수 있다. 그리고 주변 교육중심대학이나 해외대학과 공통으로 교과과정을 개발하거나 학점교류 등을 적극 추진하고, 기업이나 공공기관과 긴밀히 파트너십을 구축해서 재학생에게 인턴을 포함한 체험학습기회를 제공하고 그것을 졸업요건으로 제도화하는 것도 필요하다.

4차 산업혁명시대의 특징은 다양한 분야의 융복합과 경계의 파괴이다. 최근 화이자나 모더나 백신개발 과정에서 바이오산업과는 전혀 관계가 없어 보이는 반도체산업의 초미세공정으로부터 도움을 받은 것처럼 인문, 사회, 이공계 그리고 의학 등 모든 분야를 아우르는 융복합의 방식으로 문제를 해결하려는 시도가 다양한 분야에서 이루어지고 있다. 따라서 향후 대학에서는 학과 위주의 전공교육을 축소하고 다양한 분야를 아우르는 융복합교육을 확대하고, 구태의연한 학과 이기주의에서 벗어나 다양한 분야를 융합한 교과과목을 학생과 교수들이 집단으로 토론하는 방식의 수업이 요구된다. 애리조나주립대학의 크로우(Michael M. Crow) 총장은 대학개혁의 핵심 과제로 학과 간 벽을 허물고 다학제 연구소인 글로벌미래연구소를 통해 다양한 융복합 센터와 다학제 시스템을 추진한 바 있다. 대학 4년의 교과과정도 지금의 도식적인 구성에서 벗어나 전면적으로 개편되어야 한다. 대학원이 없고 한 학년 수가 300명 이내인 미네르바대학의 경우와 유사하게 1학년 과정은 인문교양교육 및 컴퓨터코딩 교육, 2학년 과정은 전공교육 및 다양한 분야를 아우르는 융합교육, 3학년~4학년 과정은 현실적용이 가능한 다수의 프로젝트 및 창업을 커리큘럼으로 도입하는 것도 하나의 대안이다. 이때 학위과정도 4년 기간을 필수로 하기보다는 능력에 따라서 유연하게 조정할 수 있도록 해야 한다. 중규모 이하의 대학이 교육중심대학으로 특성화할 경우 미국의 교육중심대학인 학부중심대학(liberal art college)의 교과과정을 참고할 필요가 있다. 한 학년 규모가 대략 1,000명 내외 수준인 학부대학으로 졸업 후 많은 학생들이 대학원에 진학하는데 교육중심대학에 걸맞게 학생들에게 인문교양분야를 중심으로 일대일 맞춤형 교육과 융복합 강의를 진행하고 있다(제2장 3절 BOX 참조).

우리나라는 중등교육과정이 논문식 교육보다는 선택형 정답위주의 교육이 주를 이루고 있고 대학입학시험인 수능고사도 다지선택형 방식으로 출제되고 있다. 그런데 대학에 와서도 전공과목이 있다는 차이만 있을 뿐 논문을 작성하거나 토론을 하는 수업은 매우 제한적이다. 대학교육의 질을 높이는 방법의 하나로 국제바칼로레아(internatioal baccalaureat, IB)의 교육방식을 일반대학 수업에 원용하는 것을 검토할 수 있다. IB는 고교 교육과정에 지식주입보다는 문제제기를 통해서 독창적이고 창의적인 사고를 키우는 교육방식이자 대학입학 시험이다. 비록 IB는 중등교육을 위한 교육과정이지만 기본적으로 단순한 지식 숙지보다는 비판적·창의적 사고력을 기본적인 패러다임으로 채택하고 학습자가 평생교육을 수용할 수 있는 능력을 배양하는 교육방식이다. 따라서 교육중심대학이나 연구중심대학의 저학년 과정에서 이러한 교육방식을 채택해 대학생들이 중·고등학교에서 접하기 어려웠던 사고하는 능력을 제고하는 방식으로 활용하는 것도 고려해 볼 만하다.

또 다른 교육의 질을 개선하는 방향의 하나로 프랑스의 그랑제콜의 교육방식을 활용하는 것이다. 프랑스의 그랑제콜(Grandes Écoles)은 평준화된 학문중심의 일반대학과는 달리 엘리트층 양성을 위한 실무중심 교육기관이다. 대학입시인 바칼로레아가 아닌 프레파(prepas)의 과정을 거쳐야 입학할 수 있다. 프레파 과정을 거쳤음에도 불구하고 그랑제콜에 입학하지 못할 경우 일반 국립대학의 2학년 수료증을 주기 때문에 일반대학에 편입할 수 있다. 그랑제콜을 졸업하면 석사학위를 수여한다. 현재 약 250개의 그랑제콜이 있고 전체 학생의 3%인 약 2만 명의 학생이 재학중이다. 그랑제콜의 교육방식을 원용해서 일반 4년제 대학의 경우 대학 2학년까지는 일반교양과 기본 전공과목을 이수한 후 나머지 2년은 실무중심의 전문교육을 진행하는 방식을 도입하는 것도 검토해 볼 만하다.

■ 표 6-3 ■ 에듀테크 활용과 토론중심 학습으로 교육의 질 향상 방안

세부방안	목표
융복합 교육과정 확대	대학 학과 전공위주 및 이기주의 타파
맞춤형 쌍방향 교육 확대 • 국내외 MOOC를 활용한 플립러닝 도입 • 국제바칼로레아 교육방식 도입	주입식 수업에서 토론식 수업으로 전환 • 비판적·창의적 사고력 육성
에듀테크개발센터 설립	온라인 교육 소프트웨어 및 맞춤형 학습법 개발
그랑제콜 방식의 실무중심 교육 강화	대학의 전문실무교육 강화

미국 애리조나주립대의 혁신: 새로운 대학모델 선도

최근 전 세계대학들 중 '혁신' 하면 첫손에 꼽히는 곳은 애리조나주립대(ASU; Arizona State University)다. ASU는 5년 연속 US 뉴스 앤드 월드 리포트(US News&World Report)가 선정하는 '가장 혁신적인 대학(The most innovative schools)' 1위를 차지하며 혁신 성공사례로 확고히 자리매김했다. ASU의 혁신은 단순 교육 프로그램 혁신 수준에서 그치지 않는다. 총장의 강력한 리더십 아래 대학 구조를 완전히 뜯어고쳤으며, AI를 기반으로 하는 적응 학습 프로그램, MOOC 플랫폼 활용을 통한 입학 프로

그램 제공 등 정보화 시대에 발맞춘 변화도 다양하게 적용했다. ASU가 흔히 말하는 '아이비리그' 대학이 아니며 지역적 여건도 좋다고 말할 수 없다는 점은 시선을 더욱 모으는 대목이다. 공고한 대학서열화라는 우리나라 특유의 현실장벽에 부딪힌 수많은 대학들에 '반면교사'로서 활용도가 높을 것으로 보인다.

ASU 혁신의 시작은 2002년으로 거슬러 올라간다. 크로우는 신임 총장으로 선임되자마자 특유의 강력한 리더십을 발휘해 ASU를 근본부터 바꾸기 시작했다. 'New American University'라는 비전을 바탕으로 조직·교육·강의 등 대학 전반에 강한 변화를 주는 것이 목표였다. 비전에서 알 수 있듯 크로우 총장이 구상한 것은 '혁신'이란 표현에 걸맞은 완전히 새로운 대학 모델이었다. 이를 위해 학문 간 경계를 무너뜨리는 등 기존 대학들이 가지고 있던 고정관념을 깨는 데 집중했다. 기존 학과들은 통폐합돼 새로운 학과나 단과대학으로 재구조화했고, 새로운 학위과정을 만들기도 했다.

이 과정에서 기업들과의 협약을 통해 새로운 교육 프로그램을 도입하고 MOOC를 폭넓게 활용하며 창업 중심 교육과정을 마련하는 등 혁신의 바람도 불러일으켰다. 특히, 창업을 중심으로 하는 교육과정의 '새 판 짜기'는 ASU가 아닌 대학들은 생각조차 하지 못했던 일이다. 현재 ASU의 모든 학생들은 학습-참여-창업의 3단계 교육과정을 따르고 있다. 개별강의를 수강하고 학위를 취득하는 학습 단계 이후로는 기업 인턴십 등의 실질적 경험을 겪는 참여 단계를 밟게 된다. 마지막 단계인 창업에서는 창업입문 과목 등을 수강함으로써 창업 관련 관심을 극대화하도록 했다. 지역사회와 기업 등 외부기관과의 연계를 충실히 함으로써 대학의 영향력도 극대화했다. 대표적인 사례가 스타벅스와 맺은 협약이다. 스타벅스 직원이 온라인 수업으로 학위를 취득하면 학비를 받지 않는다. 시 단위와의 협약으로 인해 다운타운 캠퍼스를 조성한 것, 저소득층 가정이 많은 지역 사정을 고려해 인근 중·고교 학생들이 대학진학을 꿈꿀 수 있도록 돕는 Me3프로그램을 만든 것 등 대학의 선한 영향력을 발휘한 사례가 즐비하다. 퍼듀대·미시간주립대·아이오와주립대 등과 컨소시엄을 맺어 대학 운영전략과 성공사례들을 공유한 것은 대학 혁신을 앞당길 수 있는 발판이 됐다.

특히 ASU의 교육 프로그램에는 정보화 기술이 적극 활용되고 있다. '적응적 학습' 프로그램도 그중 하나다. 적응적 학습 프로그램은 AI를 기반으로 하는 교육 시스템을 뜻한다. ASU는 뉴턴(Knewton), 맥그로힐에듀케이션(McGraw Hill Education), 코그북스(CogBooks) 등 기업들이 개발한 프로그램을 통해 강점과 약점, 학습능력을 측정함으로써 학생들에게 보다 나은 학습 방법을 제공하고 있다. 이외에도 ASU는 학생들의 적성을 파악하기 위한 정보화 기술 분야에서 혁신이란 이름에 걸맞은 프로그램을 운영하고 있다. 학생들의 출석부터 학습 진행상황, SNS상의 정보 등을 수집해 적성을 파악하고 그에 맞는 전공선택을 유도하는 eAdvisor프로그램이다. 해당 프로그램은 학습속도가 뒤처지면 경고를 주고 유사강의를 추천하기도 한다. 성적이나 대학 '네임밸류'에 맞춰 대학·전공을 선택하는 경향이 짙은 국내 고등교육의 문제점을 해결할 수 있는 수단이라는 점에서 국내대학들이 도입을 적극 고려해 봐야 할 프로그램이다.

출처: 한국대학신문, 2020.9.28.

3. 평생교육 및 직업직무교육 체계 강화

4차 산업혁명시대의 특징 중 하나는 경제활동 기간이 현재보다 늘어나고 복수의 직업을 갖게 될 확률이 높다는 점이다. 그리고 빠른 기술변화에 적응하기 위한 평생교육의 중요성이 높아지고 있다. 이런 변화와 더불어 학령인구 감소로 인한 대학입학자원의 부족을 보완하는 방안의 하나로 평생교육에 대한 비중 확대와 선취업 후진학을 활성화하는 제도마련이 필요하다. 전문대학의 경우 미국의 지역전문대학(community college)처럼 고교 졸업 후 취업한 청년이나 일반인들의 입학을 용이하게 함으로써 교육기회 확대 및 평생교육기관으로서의 역할을 강화해야 한다. 또한 재학 중 실무실습교육을 강화하기 위한 인턴십이나 직장실습을 확대하고, 일정기간 직장생활을 한 근로자들에 대한 재훈련 그리고 중장년층을 위한 실무실습교육기관으로서의 역할을 강화해야 한다. 이와 더불어 전문대학의 졸업생들이 해당 지역의 국공립대학에 일정 비율 이상 편입학 할 수 있도록 규정함으로써 전문대학 졸업생들이 보다 쉽게 일반대학에 진학할 수 있는 통로를 마련해 줄 수 있어야 한다. 현행 폴리텍대학이나 기술교육대학은 수준을 높여서 청년들이 선호하는 직업실무훈련기관으로 적극 육성해야 한다. 고용보험기금을 활용해서 전문대학이 직업훈련을 담당하도록 유도하는 것도 고려할 수 있다.

전문대학뿐만 아니라 일반 4년제 대학의 경우도 평생교육을 확대, 강화해야 할 것이다. 일반인들뿐만 아니라 졸업생에 대한 평생관리 차원에서 졸업생이 새로운 직업이나 직무로 전환하는 것을 지원하기 위해 저렴한 비용으로 평생교육 프로그램을 제공하는 것도 필요하다. 미국 하버드대학의 경우 성인교육을 위한 평생교육원(Harvard Extension School)을 운영하고 있는데 의예과를 포함해서 60개 분야에서 강의가 개설되고 있다. 매년 7백 명의 학사와 석사를 배출하고 있는데 등록금은 일반 사립대학에 비해 상당히 낮은 수준이다.

한편 기업들과 파트너십을 체결해서 온라인을 비롯한 다양한 방식으로 기업맞춤형 교육을 추진하고 해당 기업에 취업이 되도록 지원하는 직업실무교육시스템이 필요하다. 예를 들어 기업들이 원하는 인재를 양성하고 채용 후 재교육을 최소화하기 위해서 시행하고 있는 계약학과 설치를 기업 요구 시 정원 외로 자유롭게 허용하는 것이 필요하다. 미국 온라인 교육플랫폼인 유다시티의 나노학위(nano degree)과정은 온라인형태의 계약학과라 할 수 있다. 나노학위 프로그램은 IT기업들과 커리큘럼 수립 단계부터 협력해서 해당 기업들의 직원들에 대한 온라인 강의를 진행한다. 또한 삼성전자의 청년 소프트웨어 인재 양성 프로그램인 사피(SSAFY)나 SK하이닉스, 포스코 같은 대기업에서 지원하는 IT관련 전문인재 양성프로그램을 학위과정은 아니지만 자율적인 특수전문실무과정으로 전환하거나 유다시티의 나노학위방식과 유사하게 K−MOOC와 협조해서 보다 많은 청년들이 최상위 전문적인 실무교육을 받을 수 있도록 하는 것도 필요하다. 애리조나주립대학은 전 세계 스타벅스 직원들을 대상으로 200여 개의 학위프로그램을 제공하고 4천여 명의 졸업생을 배출했다. 현재는 약 4만 명의 직원들이 애리조나주립대학의 온라인강좌에 등록되어 있다. 미래학자 프레이(Thomas Frey)도 유사한 개념의 마이크로 칼리지를 설립했는데 데이터분석, 웹디자인, 게임프로그래밍 같은 IT분야를 15~20주 동안 1,000시간에 걸쳐 실무중심으로 단기

■ 표 6-4 ■ 평생교육 및 직업직무교육 강화 방안

세부방안	목표
전문대학과 일반대학의 평생교육프로그램 확대	직장인이나 졸업생 대상 재훈련 및 직업실무 훈련을 통한 전업이나 재취업 지원
전문대학의 선취업 후진학 프로그램 확대	고교졸업자나 일반인 취업자의 교육기회 확대
기업과 연계한 직업실무교육 유형 확대	기업 맞춤형 실무교육 제공

간에 필요한 교육을 하고 마이크로학위를 수여한다. 미국의 맥도널드, 아마존, 애플과 같은 기업들은 자체적으로 실무교육을 위한 전문대학을 설립해서 활발하게 운영하고 있다.

코세라(Coursera)와 유다시티(Udacity)의 나노학위

코세라는 2012년 스탠포드대 콜러(Daphne Koller) 교수와 응(Andrew Ng) 교수가 세운 MOOC 플랫폼이다. 코세라의 목표는 최대한 많은 사람들에게 최상의 교육을 제공하기 위해 최고의 대학에서 최고의 교수들에 의한 최고의 강의들을 모아 세계 모든 사람에게 무료로 보급하는 것이라고 설명하고 있다. 코세라에는 2021년 2월 현재 227개의 파트너가 있고 55개국에서 약 7천 7백만 명이 참여하고 있으며 개설 강좌수는 6,221개이다. 코세라는 2021년 3월 기업을 공개했다. 미국 기업들이 코세라의 교육을 인정해 주면서 코세라는 더욱 성장할 것으로 전망되고 있다. 특히 1,000시간(약 3개월) 정도의 학습으로 나노학위라는 수료증을 제공하는 마이크로 칼리지라는 교육기관이 4차 산업혁명시대에는 주류를 이룰 것으로 전망되는데 코세라가 이 분야에서 선두의 위치를 차지하고 있다.

코세라 강좌는 가이드프로젝트, 일반 강좌, 특정 경력 기술을 익히는 특화 과정, 새로운 분야에서 경력을 찾거나 현재의 경력에 변화를 주기 위한 전문가 수료증, 대학과 연계해서 대학에서 발급하는 경력 자격 증명을 취득할 수 있는 매스터트랙 수료증 그리고 학사학위나 석사학위를 얻을 수 있는 학위과정 등 크게 6가지로 분류된다. 일부 대학들이 석사학위 프로그램을 코세라에 제공해서 많은 사람들이 저렴한 비용으로 석사학위를 취득하고 있다. 코세라가 제공하는 많은 강의는 해당국가의 언어로 번역되고 있기 때문에 전 세계 어떤 누구도 강의를 수강할 수 있는 세계 최고의 교육플랫폼이다.

한편 유다시티는 2011년 스런(Sebastian Thrun), 스테이븐(David Stavens) 그리고 소콜스키(Mike Sokolsky)가 설립한 영리 온라인교육기관이다. 처음에는 대학의 과정을 제공하는 데 중점을 두었지만 지금은 전문가 과정 및 나노학위를 위한 과정에 더 초점이 맞춰져 있다. 나노학위는 기업과 연계한 강의가 주를 이루고 있는데 강의 기획부터 인증까지 기업과 대학이 협력한다. 평균 6개월에서 1년 과정으로 개설되는데 주로 AI, 딥러닝, 머신러닝 엔지니어, 로보틱스 소프트웨어 엔지니어 등 4차 산업혁명시대에 주목받는 분야를 운영하고 있다. 유다시티는 총 59개의 나노학위를 수여 중이다.

향후 MOOC의 글로벌화 그리고 평생교육의 일상화가 맞물려서 코세라나 유다시티, 에드엑스와 같은 MOOC의 학위과정이 현재의 전통적인 대학학위를 상당부분 대체하리라 전망된다.

출처: 박병기(2021).

07

대학개혁의 구체적 방안 (Ⅲ): 재정확충 및 사회적 책임 강화

1. 고등교육재정 확충

2. 대학 서열화 완화

3. 사회적 약자를 위한 기회의 사다리 확대

•••

07
대학개혁의 구체적 방안 (III): 재정확충 및 사회적 책임 강화

대학의 경쟁력 강화와 구조 개혁에는 상당한 규모의 재원이 요구되므로 이를 효율적으로 뒷받침하기 위한 고등교육재정 확대 방안이 다각적으로 모색, 추진되어야 한다. 또한 세계화의 확산과 디지털 기술혁명으로 인해 대부분의 국가에서 경제적, 사회적 양극화가 심화되면서 사회적 갈등과 불안이 가중되고 있다. 이와 더불어 일부 국민들의 삶의 질이 저하되고 있으며 특히 많은 청년들이 미래에 대한 희망을 포기하는 사태가 확산되고 있다. 고등교육이 계층을 세습하는 수단이 아니라 젊은 세대와 사회적 약자들에게 계층상승과 더 나은 인간다운 삶을 영위할 수 있는 기회와 희망의 사다리로서의 역할을 수행해야 한다. 이를 위해서는 무엇보다도 최상의 교육을 제공하는 대학들을 대거 육성하는 것과 동시에 전반적인 대학교육의 질을 높여야 한다. 그리고 사회적 약자들이 보다 쉽게 수월한 고등교육에 접근할 수 있도록 해야 한다. 또한 한국사회의 고질적 병폐인 단선적이고 공고한 대학 서열화를 완화하기 위한 획기적인 방안도 추진되어야 할 것이다. 물론 대학의 서열화를 완화하기 위해서는 대학교육시장뿐만 아니라 노동시장의 이중구조 즉 대기업과 중소기업 간, 정규직과 비정규직 간의 임금 및 복지수준 격차가 동시에 완화되어야 하고 좋은 일자리가 더 많이 만들어져야 한다.

본 장에서는 대학개혁에 필요한 재원 마련 방안을 제시하고 대학 서열화 완화와 사회적 약자들이 계층 상승과 삶의 질을 높일 수 있는 기회의 사다리로 대학교육에 보다 손쉽게 접근할 수 있는 방안에 대해 논의한다.

1. 고등교육재정 확충

대학의 구조조정을 통해서 연구능력을 강화하고 강의환경을 IT기술혁명시대에 걸맞게 개선하고 사회적 약자들이 질 높은 고등교육에 보다 쉽게 접근할 수 있는 기회를 확대하기 위해서는 무엇보다도 고등교육개혁을 위한 상당한 규모의 재원이 확보되어야 한다. 현재와 같이 대학 등록금이 10년가량 동결되어 있고 2018년 기준 GDP 대비 정부재원 고등공교육비의 비율이 0.6%로 OECD 평균 0.9%에도 못 미치고 있는 상황에서 대학이 연구경쟁력을 강화하고 교육의 질을 획기적으로 개선한다는 것은 거의 불가능하다.[1] 현재 대학의 재정은 반 빈사사태라고 해도 과언이 아니다. 따라서 진정한 대학개혁이 순조롭게 진행되기 위해서는 대학에 대한 사회 전반의 지원과 투자가 절실히 요구된다.

고등교육의 재원을 확대할 수 있는 방안의 하나로 초·중등교육에 쓰여지는 지방교육재정교부금과 유사한 형태의 고등교육재정교부금 제도 제정이 언급되고 있다. 지방교육재정교부금은 예산당국의 자의적 판단에서 벗어나 안정적으로 초·중등교육 재원을 확보하기 위해서 1971년에 제정되었는데 2021년 현재 내국세의 20.79%를 교부받고 있다. 다른 재원 확보 방안은 2020년 현재 약 5조 원 수준인 국세분 교육세를 고등교육세로 전환하자는 안이다. 이럴 경우 내국세가 줄어들므로 지방교육재정교부금 일부가 줄어들게 된다. 또 다른 방안으로는 그동안 학령인구의 감소와 초·중등교육에 대한 투자가 꾸준히 이루어졌기 때문에 지방교육재정교부금의 일정부분을 고등교육재정교부금으로 전환하자는 안이 제시되고 있다. 지방교육재정교부금은 2010년 32조 3,000억 원에서 2019년 55조 2,000억 원으로 증대되었는데 2015~2019년 기간 동안 총 30조 9,283억 원의 지방교육재정교부금이 쓰이지 못한 것으로 나타났다.

앞의 5장에서 제시한 대학입원정원조정을 위한 일시적인 등록금 보전 금액(4년간 매년 1조 2,700억 원)과 비수도권 거점국립대학에 대한 재정지원(매년 2조 5천억 원), 국공립대학 등록금 면제에 따른 등록금 지원(매년 3천 6백억 원) 그리고 사학구조조정기금 지원 등에 소요되는 예상 금액은 2023~2026년 동안 연간 약 4~5조 원 안팎으로 추정된다. 입학정원조정을 위한 등록금 보전 지원금은 2027학년도부터는 대학지원을 위한 다른 용도로 사용할 수 있을 것이다. GDP 대비 고등교육의 정부재정 규모를 OECD 평균수준(0.9%)으로 올릴 경우 GDP 대비 약 0.3% 증액이 필요한데 금액으로는 약 6조 원 수준이다. 추가적인 증세 없이 대학개혁에 소요되는 재원을 안정적으로 확보하기 위해서는 지방교육재정교부금의 일정 부분을 고등교육재정으로 이전하고 국세분 교육세의 일부를 확보하는 것이 필요하다. 그러나 초·중·고등학생이 2010년 761만 명에서 2020년 534만여 명으로 약 30% 감소하는 등 학령인구가 급감하는 상황에서는 지방교육재정교부금의 10% 정도(약 5~6조 원)를 고등교육재정교부금으로 전환하는 것이 가장 현실적인 방안이라 판단된다.

확보된 고등교육재정은 국가장학금 확대를 통한 저소득층의 교육기회 확대, 앞에서 제시한 국공립대학 구조조정 지원 및 제로등록금 정책 지원, 대학의 연구프로젝트 및 교수 연구비와 재교육 등에 대한 지원 그리고 에듀테크 기법을 활용한 맞춤형 교육을 위한 디지털학습 환경 조성 등 교육여건 개선에 사용하는 것이 바람직하다. 일부에서는 초·중·고등학교의 교사들에 대한 인건비 지원과 같이 대학의 경상비 지원에 사용해야 한다고 주장한다. 그러나 사립대학이 자율성과 독자성 그리고 책무성을 유지하기 위해서는 가능한 한 정부로부터 일상적 경상운용비를 지원받는 것은 억제하고 연구활동과 교육여건 개선 등과 관련된 부분에 국한해서 지원을 받는 것이 바람직하다. 연구중심 및 교육중심대학에 대해서는 평가와 결부된 재정지원은 원칙적으로 하지 않고 자율적 대학운영하에서 경쟁을 통해 경쟁력이 키워지도록 하는 반면 산학연대에 기초한 대학의 경우에는 초기에 원활히 정착될 수 있도록 다양한 재정지원이 필요하다는 주장도 있다.[2] 한편 정부의 재정 지원은 정부가 직접 결정하기보다는 한국연구재단이나 준공공기관 성격을 가진 교육관련자율기구를 통해서 객관적이고 투명하게 집행함으로써 교육당국의 대학에 대한 간섭과 규제를 최소화해야 한다.

대학의 재원 확대를 위한 다른 방안으로는 기업 및 일반 단체 그리고 동문들을 비롯한 일반 국민들의 대학 기부에 대한 세제혜택을 강화하는 것이다.[3] 특히 기업의 경우 우수한 인력을 대학으로부터 확보하기 위해서라도 대기업을 위시한 일반 기업들도 대학에 대한 각종 지원사업에 적극 동참하는 것이 필요하다. 미국 하버드대학은 운영수입 중 절반에 가까운 47%를 각종 민간 기부금에서 충당하고 있다. 현재 공익법인에 주식을 상속할 경우 전체 발행주식 총수의 10% 까지만 상속세를 면제하는 소위 '10%룰' 이 적용되고 있는데 기업의 기부를 활성화하기 위해서는 상속세 면제 상한을 대폭 올리거나 완전 면제하는 방안을 검토할 필요가 있다. 그리고 일반인들의 대학 기부금은 법정기부금으로 분류되는데 법정기부금의 근로소득 세액공제율을 현행 15%(1,000만 원 초과 금액은 30%)에서 대폭 상향 조정하는 것도 검토해 볼 만하다.[4] 또한 대학에 대한 각종 세제체계를 개선하고 세율을 하향 조정하는 등 세제혜택을 확대하고 각종 공과금의 인하 및 면제도 필요하다. 2021년에 일몰이 될 대학에 대한 지방세특례제한법의 면세조항을 연장 내지 영구화하는 것이 필요하다. 지방자치단체들도 해당 지역의 대학들에 대한 지원 및 투자를 대폭 확대해서 대학이 지역사회의 구심점이 되도록 해야 한다. 동시에 대학들은 해당지역 공기업이나 연구소 그리고 기업체들과 적극적인 협력체제를 구축해서 지역의 경쟁력을 키우고 고용을 창출하는 데 기여해야 할 것이다.

사립대학의 재정증대를 위해서 한동안 논의되었던 미국 사립대학의 기여금입학제도(the legacy policy)와 같은 제도는 아직까지 우리 사회가 수용하기는 어려운 것으로 판단된다. 미국의 사립대학이 거액 기부자나 졸업생 자제들에게 일정수준 입학특혜를 준다는 것은 공공연한 비밀이다. 이 제도에 대해 많은 불평과 비난이 있음에도 불구하고 여전히 존속할 수 있는 것은 근본적으로 미국 사립대학의 자율성은 확고하게 보장되어야 한다는 미국사회의 전통적 가치를 반영하는 것이라 할 수 있다. 대학의 명성이 기여금입학제도로 인해 훼손되면 그것은 대학이 스스로 감수해야 할 몫이지 정부가 나서서 금지해야 할 사항은 아니라는 입장이다. 우리나라의 경우 대학 서열화가 견고하게 유지되고 있고 일부 사립대학의 비리로 인해 대학에 대한 사회적 신뢰가 높지 않고 양극화가 심화되고 있는 상황에서 기여금 입학에 대한 사회적 합의는 당분간 이루어지기는 어려울 것이다. 그러나 장기적으로 대학의 서열이 완화되고 사립대학에 대한 국민들의 신뢰가 높아지고 대학의 자율성이 강화될 경우 대학의 재정확보 차원에서 검토해 볼 수 있을 것이다.

치열하게 경쟁하는 수요자중심의 대학시장으로 전환되는 과정에서 사립대학이 재정을 건실하게 유지하기 위해서는 등록금 수입 증대와 정부나 기업, 동창 등과 같은 외부로부터 기부와 지원도 필요하지만 기본적으로 대학자체의 경영능력을 제고해서 학교재정을

■ 표 7-1 ■ 고등교육재정의 확충 방안

세부방안	목표
지방교육재정교부금의 약 10% 정도를 고등교육재정으로 전환	증세 없이 고등교육재정교부금 재정 확보
대학 기부금에 대한 상속세 면제 범위와 세액 공제율을 상향 조정	대학 기부금 확대
학교자산운용이나 기금모금을 위해 외부 전문가 활용	재정의 안정성과 효율성 강화

효율적으로 운영해야 할 것이다. 투자 및 자산을 외부 투자기관의 자문을 받거나 전문가를 채용해서 보다 전문적으로 운용해야 한다. 기금모금도 외부 전문가에 맡기는 것도 필요하다. 그리고 지출을 절감할 수 있는 방안을 심도있게 연구, 검토해서 실행해 나가야 할 것이다.

2. 대학 서열화 완화

한국 대학사회의 고질적인 사항 중 하나는 대학 간의 확고한 서열이다. 〈표 2-3〉에서 보는 바와 같이 중앙일보에 의해서 평가된 대학순위는 일부 예외가 있지만 대체적으로 크게 변동하지 않는 것으로 나타나고 있다. 특히 상위 10위권 이내의 대학의 구성은 매우 견고하다. 최근에는 비수도권 거점국립대학의 순위가 하향 추세에 있다는 특징을 보이고 있다. 어느 국가든 정도의 차이는 있지만 대학 서열화와 학벌주의가 존재하는 것이 일반적이다. 그러나 우리나라와 같이 대학 서열의 순위가 단선적으로 규정되고 거의 변동 없이 확고하게 유지되는 나라는 찾아보기 어렵다. 일본의 경우도 우리처럼 대학 서열화가 심한 나라이지만 도쿄대학 이상으로 교토대학이나 오사카대학도 우수하다고 평가되는 등 서열화 강도가 우리보다는 낮다. 서열화로 인해 SKY로 대변되는 일류대학 입학에 대한 학부모들의 과도한 열망이 커져 엄청난 사회적 비용이 초래되고 있다. 2020년도 초·중·고교 전체 학생 1인당 월평균 사교육비는 약 28만 9,000 원으로 집계됐다. 그리고 전국 고교생 중 60.7%가 사교육을 받는 것으로 나타났다. 더욱이 고소득층과 저소득층 간 사교육비 격차는 5.1배로 소득양극화가 교육양극화를 심화시키는 방향으로 작동함으로써 더 이상 개천에서 용이 나오기는 어려운 상황으로 진행되고 있다. 2014년에 강북구에서 일반고 학생의 서울대 합격률이 0.1%였던데 비해 강남구는 2%였다(김세직, 2021). 즉 강남구는 강북구보다 서울대 합격률이 무려 20배나 높은 것으로 확인됐다. 강남구 학생들이 강북구 학생들보다 설사 확률적으로 잠재력이 더 높다고 하더라도 20배까지나 더 높은지에 대해서 의문을 제기하고 있다.

현재 한국사회에서는 대학에서 배우는 교육의 수준과 내용보다는 일류대학에 입학했다는 자체로 개인의 능력이 평가되고 사회생활을 하는 데 매우 중요한 평가기준으로 작용하고 있다는 것이 엄연한 현실이다. 물론 미국에서조차도 하버드대학에 졸업한 것보다 입학했다는 것이 더 중요하게 평가된다는 얘기도 있다. 최근에 와서 고등학교만 졸업하고 운동선수나 연예인으로 활동해 성공하는 사람이 생겪나면서 학벌이 모든 것을 결정하는 것은 아니라는 인식이 확산되고 있지만 여전히 일반인들의 경우에는 학벌 중시의 고정관념에서 탈피하기가 쉽지 않은 상황이다. 고용의 주체인 기업의 입장에서 볼 때 신입사원 채용 시 입사희망자들에 대한 신뢰할 수 있는 능력평가 자료가 부족한 상태에서 그나마 확률적으로 위험이 적다고 판단되는 기준은 입사희망자의 출신대학이라고 할 수 있다. 다행히 최근에 와서는 단순한 학위취득 대학뿐만 아니라 면접, 프로젝트 수행 능력, 인턴경험 등 다양한 보완자료를 통해서 평가하고 있지만 여전히 출신대학은 가장 중요한 기준 중 하나이다. 따라서 학부모들의 입장에서는 할 수만 있다면 자기 자식을 기업들이 선호하는 일류대학에 입학시켜서 졸업 후 좋은 직장에 취업하고 안정적으로 사회생활을 할 수 있도록 지원하는 행위가 합리적 선택이라고 할 수 있다.

대학 서열화를 완화하기 위한 방안의 하나로 대학도 중·고등학교의 경우처럼 평준화를 하는 방안을 고려할 수 있을 것이다. 대부분의 대학이 국립화되어 있는 프랑스나 독일과 같은 유럽 대륙국가들의 경우에는 대학이 상당한 수준 평준화가 되었다. 그러나 우리나라의 경우 대학의 80% 이상이 사립대학이고 사립대학의 자율성을 감안할 때 대학 평준화는 실현되기 쉽지 않은 과제이다. 그렇다고 모든 사립대학을 국립대학으로 전환해서 대학 평준화를 추진하는 것 또한 현실적으로 불가능하다. 한때 대학 서열화를 완화하는 상징적 방안의 하나로 평준화 대신 우리나라 최상위의 대학이자 국립대학인 서울대학교의 학부를 없애자는 방안도 제시되기는 했지만 그 다음 서열의 대학이 최상위대학으로 대두하면 또 그 대학을 없앨 것이냐 하는 난감한 상황을 감안해 보면 매우 비현실적인 제안이다. 21세기 디지털혁명시대에는 정보유통이 다양한 채널을 통해 신속하게 전달될 수 있기 때문에 특정 개인에 대한 평가에서 출신대학의 비중이 줄어드는 대신 그 사람이 가진 능력과 개성 등을 종합적으로 감안해서 판단하는 방식으로 서서히 변화하고 있다. 이런 추세에 걸맞게 대학의 서열화도 이제 일률적인 순위가 아니고 분야나 전공에 따라 다양하게 평가되고 다극화될 가능성이 커지고 있다.

학벌에 대한 우리 사회의 전반적인 인식의 변화를 가져오기 위해서는 다양한 분야에서 소위 SKY대학에 버금가는 특성화된 일류대학이 적극 육성되어야 한다. 그리고 서비스생산물의 일종인 대학교육의 질이 상향평준화 되어야 한다. 이럴 경우 경직된 서열화로 인해 독점적 지위를 갖는 최상위그룹의 대학들도 독점적 경쟁시장으로 편입하게 되고 학생들의 선택의 폭도 커진다. 또한 대학교육 수요자와 기업이 원하는 전문 실무분야 교육에 집중해서 실질적으로 취업하는 데 도움을 주는 대학들이 대거 증가되어야 할 것이다.[5] 특히 수요자중심으로 대학교육이 전환되는 과정에서 교육수요자의 요구에 부합되는 차별화된 교육서비스를 제공하고 시장에 의해서 퇴출여부가 결정되도록 유도하기 위해서는 대학 자체의 노력과 책임하에 대학을 자율적으로 운영할 수 있도록 해야 한다. 대학들이 정부의 지원과 규제에 얽매일 경우 다양하고 독특한 방식으로 교육하고 지도하는 것은 결코 쉽지 않을 것이다.

우리나라에서도 미네르바대학과는 다른 방식이지만 과거 특성화와 재정지원을 통해서 초일류대학으로 일거에 부상한 사례가 여러

건 있다. 예를 들어 KAIST(한국과학기술원), 포스텍, GIST(광주과학기술원), DGIST(대구경북과학기술원), UNIST(울산과학기술원) 등이 정부나 기업의 지원을 통해 짧은 기간에 상위대학으로 도약하였다. 성균관대의 경우는 삼성그룹의 지원으로 지난 10년 동안 대학 서열이 의미있는 수준으로 상승했다. 결국 일류대학으로 분류, 인식되는 대학들이 분야별로 다양하게 있다면 대학의 서열화 문제는 상당 수준 완화되리라 예상된다. 문제는 일류대학이 되기 위해서는 재정의 뒷받침이 중요하다는 점이다. 물론 대학자체가 구조조정을 통해서 경비를 절감하고 효율적인 경영과 미래지향적 전략을 통해서 일류대학으로 도약할 수 있을 것이다. 그러나 재정이 충분히 뒷받침 되지 못한 경우에는 양질의 교육서비스를 공급하는 상위대학으로 도약할 가능성이 낮아진다. 〈표 4−3〉에서 본 바와 같이 2020년 서울대학교의 학생 1인당 교육비는 4,825만 원이고 KAIST는 7,196만 원이고 포스텍은 10,228만 원이다. 반면 비수도권 거점국립대학의 학생 1인당 교육비는 1,600~1,900만 원대이고 사립대인 연세대는 3,059만 원, 고려대는 2,456만 원 그리고 성균관대는 2,790만 원 수준이다.[6] 이런 수치를 참고할 때 학생 간은 물론 대학 간 교육의 질 격차를 줄여서 대학 서열화를 완화하기 위해서는 에듀테크 등을 통해 교육환경을 개선하는 작업에 투자할 수 있는 재원을 어떻게, 얼마나 확보하느냐가 관건이다. 참고로 한국 대학의 평균 교육비 환원율은 170% 수준인 반면 미국 명문대의 교육비 환원율은 평균 약 500%에 달하고 있다.

한편 교육서비스시장이 완전 개방되어 있고 온라인으로 학습은 물론 학위취득도 가능한 새로운 교육혁신의 시대에서는 국내는 물론 애리조나주립대학이나 피닉스대학과 같은 해외 유명대학의 온라인과정에 입학하는 것이 가능하다. 따라서 국내대학의 개혁과 투자가 지연되고 교육의 질에 대한 만족도가 하락하는 경우에는 국내의 적지 않은 학령인구가 국내대학보다는 해외대학으로 물리적 유학은 물론 온라인 등록을 통해서 교육서비스를 구매할 수 있다. 결국 국내대학은 줄어드는 학령인구를 대상으로 여타 국내대학은 물론 해외 유명대학 그리고 코세라와 유다시티와 같은 캠퍼스 없는 글로벌 MOOC대학 그리고 국내외 에듀테크기업이 주도하는 교육훈련 프로그램과 치열한 경쟁에 직면하게 될 가능성이 높다. 따라서 이러한 경쟁에서 살아남기 위해서라도 국내대학들은 교육의 수월성을 높이고 대학 간의 격차를 줄여서 서열화를 완화하는 방향으로 노력해야 할 것이다.

경쟁력이 약한 국내대학의 경우는 신입생의 일부를 외국 유명대학으로 진학할 수 있도록 지원해 주는 프로그램을 제공해서 해당 대학의 경쟁력을 보완하는 소위 플랫폼대학으로 전환할 수 있을 것이다. 플랫폼대학 시스템은 신입생에게 입학한 대학에서 학위를 취득하거나 원하는 경우 입학 조건의 하나로 일정한 조건하에서 협정을 맺은 해외대학으로 편입학을 주선해서 해당 해외대학에서 학위를 취득하도록 지원해 주는 시스템이다. 현재 플랫폼대학으로 콘코디아 국제대학교(Concordia International University)가 유명하다.[7] 이와 더불어 외국대학과 공동학위과정을 확대하는 등 글로벌화를 적극 추진해서 해당 대학의 경쟁력을 높이는 것도 고려할 수 있다. 한편 최근 국제사회에서의 한국의 위상이 날로 높아지고 있으므로 특성화의 일환으로 외국인을 대상으로 한 K-팝이나 드라마와 같은 한국문화 그리고 한국경제 등과 관련된 온라인 강좌 및 온라인 학위과정을 자체 플랫폼이나 국내외 MOOC에 개설하는 것도 검토해 볼 만하다.

대학 서열화를 완화하는 장기적인 방안의 하나로는 대학 교과과정과 학위를 대체하는 신뢰할 수 있는 새로운 평가시스템을 개발, 확산하는 것이다. 최근에 미국에서는 대학학위 대체 방안의 하나로 '열린대학과정'이 추진되고 있다. '열린대학과정' 유형의 하나인 오픈배지시스템을 주도하는 '모질라 프로젝트'는 일반적인 대학의 학점평가시스템을 대체하는 대안적 학위발급 시스템이다. 디지털 자료인 오픈배지는 단순히 학점만 표시하는 불충분한 대학의 성적표나 학위보다 구직자의 관련 지식 습득 과정을 모두 기록하는 자료이기 때문에 특정기업이나 분야에서 구직자들을 평가할 때 대학 학위보다 선호하기도 한다.[8] 미국의 카네기멜론대학은 컴퓨터공학 분야에서 해당 대학의 학생이 아닌 일반 사람들을 대상으로 온라인교육과 평가를 배지시스템으로 구축하였다. 한편 미국의 구글은 2020년부터 기존 대학 학위를 대체할 수 있는 IT분야 온라인 교육 과정으로 '구글경력인증서 프로그램'을 도입했다. 이 프로그램의 수료증은 구글 협력기업에서 4년제 대학 학위와 동등한 대우를 받고 있다.

학벌주의와 대학 서열화를 조장하는 요인 중 하나로 지적되는 또 다른 사항은 SKY대학 로스쿨의 SKY대학 출신 비중이다. 2020년 이 비중은 87%에 달하고 있다. 특히 서울대 로스쿨의 경우 SKY대학 출신이 90.4%이고 서울대 출신이 66%이다. 이 비율은 2002~2008년 미국 하버드대 로스쿨 신입생의 경우 하버드대 학부 출신 비율은

13.4%, 미국의 상위 12개 대학 출신 비율은 48%이고, 예일대 로스쿨의 상위 12개 대학 출신 비율 54%보다 훨씬 높다.[9] 따라서 대형 로펌에 입사할 가능성이 높은 SKY대학 로스쿨에 입학하기 위해서는 무엇보다도 SKY대학 졸업이 절실하다는 점이다. 대학의 서열화를 가중시키는 이러한 편중된 출신학교 문제를 완화하기 위해서는 서울의 주요 대학의 로스쿨은 저소득층이나 지방대학 출신에 대한 입학배정 비율을 대폭 확대하는 것이 필요하다.

학벌주의를 완화하는 또 다른 방안의 하나로 과거에 시행된 사법고시를 부활해서 누구나 응시할 수 있는 제도로 변경하자는 주장이 일부에서 제기되고 있다. 사법고시 부활에는 찬반논쟁이 치열하다. 사법고시의 부작용으로 사법시험 준비로 인해 학부교육이 왜곡되고 소위 고시낭인이 양산된다는 점이 지적되고 있다. 그러나 학벌주의와 로스쿨의 경제적 부담을 완화하기 위해서는 로스쿨 이외에 변호사 자격증을 취득하기 위한 새로운 통로가 필요하다는 주장이 지속적으로 제기되고 있다.[10] 따라서 과거의 사법고시 문제점을 보완할 수 있는 새로운 유형의 변호사 자격시험제도 도입을 검토해 볼 수 있다. 구체적인 대안으로 새로운 유형의 변호사 시험은 1차 예비시험과 2차 본시험으로 나누어서 대학에서 일정 수준의 법학관련 과목을 이수한 일반대학 졸업자들에게는 1차 변호사 예비시험에 응시할 자격을 부여한다. 그리고 1차 예비시험 합격자들은 변호사협회의 주관, 관리로 일정 수준 이상의 변호사 사무실에서 5년 이상 실무경험을 쌓은 후 2차 본시험으로 현행 변호사 시험에 응시할 자격을 부여해서 로스쿨 졸업생들과의 경쟁을 통해 변호사 자격증을 취득하게 하는 방안이다. 이런 과정을 거쳐 변호사 시험에 합격한 경우 로스쿨 졸업생들과 동일하게 6개월 이상 실무수습을 마치도록 한다. 이러한 변호사 자격증 취득제도는 과거의 군법무관제도와 유사한 측면이 있다. 2007년에 공식 폐기된 군법무관 시험의 경우 시험에 합격하면 사법연수원을 수료하게 한 후 군법으로 임용되어 10년간 군대에서 근무한 후 제대하면 사법고시 출신과 동일하게 변호사 자격증을 부여하였다. 영국이나 독일과 같은 유럽국가에서는 변호사 자격 취득의 요건으로 2년 이상의 실무수습을 요구하고 있다.[11]

■ 표 7-2 ■ 대학 서열화 완화 방안

세부방안	목표
특성화된 우수대학 대거 육성 • 비수도권 거점국립대학 지원 확대를 통해 SKY대학에 버금가는 최상위권 연구중심대학으로 육성 • 사립대학의 특성화와 차별화를 통한 대학교육 질의 상향 평준화	대학 서열화 완화
국내외 MOOC를 통한 저명강사강의 수강확대	온라인교육에 기반한 교육의 질 개선
플랫폼대학 허용과 해외대학과 공동학위 과정 확대	해외학위취득을 용이하게 함으로써 경쟁 촉진
열린대학과정 도입과 기업연계 취업프로그램 확대	대학 학위를 대체하는 실무중심 학습 확대
로스쿨 균형선발 비율 확대	특정대학 출신 SKY로스쿨 입학생 비중 축소
1차 예비 시험과 2차 변호사 시험을 통해 변호사 자격증을 취득하는 새로운 유형의 변호사 시험 제도 도입	로스쿨 이외에 변호사 자격 취득 방안 마련

사례연구: SKY 로스쿨 신입생 87%가 SKY대 출신

서울대·고려대·연세대 법학전문대학원(로스쿨) 신입생 10명 중 4명은 서울대 학부 출신인 것으로 나타났다.

1일 종로학원하늘교육이 '2021학년도 로스쿨 신입생 선발 결과'를 분석한 바에 따르면 서울대·고려대·연세대 3개 대학의 로스쿨 신입생 403명 중 서울대 학부 출신은 173명(42.9%), 고려대 출신은 96명(23.8%), 연세대 출신은 82명(20.3%)인 것으로 집계됐다. 이들 'SKY 로스쿨'에서 학부도 SKY 출신인 신입생 비율은 87%로 지난해(85.4%)보다 높아져 로스쿨 입시에서 SKY 출신들의 독주 현상이 1년 새 더욱 공고해졌다.

이들 로스쿨은 올해 신입생 중 절반 이상을 자교 출신으로 채웠다. 서울대가 66%로 자교 출신 비율이 가장 높았고 이어 고려대(48.4%), 연세대(44.4%) 순으로 나타났다.

올해 전국 25개 로스쿨의 자교 출신 신입생 비율은 평균 19.4%였다. 현행 '법학전문대학원 설치·운영에 관한 법률'에 따르면 로스쿨 입학자 중 자교 출신 비율은 3분의 2를 넘을 수 없다. 서울대는 최소 한도로 규정을 지키고 있는 셈이다.(중략)

로스쿨 준비생이 입시에 민감한 이유는 법조시장에서 로스쿨 간판이 취업에 절대적 영향을 끼치기 때문이다. '김광태세율(김앤장·광장·태평양·세종·율촌)'로 불리는 대형 로펌에 상위권 로스쿨 출신이 아닌 변호사가 취업하는 일은 손에 꼽는다. 대형 로펌 변호사 C씨는 "로 클러크나 검사 등 공직 진출에는 상관없을지 모르나 로펌 입사에서 로스쿨 학벌은 절대적"이라며 "중하위권 로스쿨 출신이 메이저 로펌에 들어오는 것은 현실적으로 힘들다"고 말했다.

출처: 매일경제, 2021.4.1.

3. 사회적 약자를 위한 기회의 사다리 확대

미국 애리조나주립대학교의 크로우 총장은 동부의 아이비리그 대학과 대등한 연구중심대학으로 학부 신입생 규모를 아이비리그 대학들보다 월등히 크고 교육의 질도 뒤떨어지지 않는 대학을 목표로 2002년부터 개혁을 추진했고 많은 부분에서 성공한 것으로 평가되고 있다. 현재 애리조나주립대학은 우수한 연구중심대학으로 평가되면서 학부생은 6만 명이 넘는 대학으로 위상이 크게 올라갔다. 이러한 대학개혁에는 엘리트중심의 아이비리그 대학에 입학하지 못하는 사회적 약자 계층의 학생들에게 아이비리그 대학 수준의 교육을 받을 수 있게 하자는 취지가 내포되어 있다(제6장 2절 BOX 참조).

대학교육이 신분상승을 위한 기회의 사다리로서의 역할을 효과적으로 수행하기 위해서는 전반적인 대학교육 수준을 높이는 것과 더불어 사회적 약자층이 질 높은 교육에 보다 쉽게 접근할 수 있도록 수월성 높은 교육기관의 수를 대폭 늘리는 정책이 필요하다.[12] 우리나라의 경우 2018년도 SKY대학 재학생 중 소득상위 20% 가정의 비율은 약 46%에 달하고 하위 20% 계층의 비율은 20% 수준에 달했다. 사회적 약자들에게도 소위 일류대학이라고 하는 SKY대학은 물론 SKY대학에 버금가는 수월한 교육을 제공하는 대학에 보다 많이 입학할 수 있어야 한다. 한국도 애리조나주립대학과 같은 대학을 양성하기 위한 노력과 개혁이 필요하다. 이것을 위한 방안의 하나가 바로 제5장 2절에서 제시한 비수도권 거점 국립대학에 대한 대대적인 지원 등을 통한 수월성 높은 대학의 수를 확대하는 것이다. 비수도권 거점 국립대학의 업그레이드를 통한 제2의 SKY대학화는 지역의 어려운 계층의 능력있는 젊은이들에게 계층상승의 사다리를 마련해 준다는 것과 더불어 인재의 지역유치와 지방경제의 활성화를 도모한다는 의미도 있다. 이와 더불어 미국의 '적극적 우대조치(affirmative action)'와 같은 제도를 확대해서 사회적 배려 대상층의 고등교육 기회를 확대하는 것이 필요하다. 2004년 서울대학교에서 도입한 지역균형선발제도를 최근 전체 대학으로 확대해서 정원의 10%를 사회적 배려대상자로 선발하도록 의무화되었는데 저소득층에 대한 비율을 보다 확대할 필요가 있다. 서울대학교는 2019년 기준으로 약 18.7% 학생을 지역균형선발제도로 운영하고 있다.[13] 애리조나주립대학의 경우는 지역의 고등학교와 연계해서 대학진학에 도움이 될 수 있도록 애리조나주립대학 재학생들이 지역 중·고등학생들에게 방과 후 과외나 대학진학에 도움이 되는 정보와 비교과 활동을 지원하는 프로그램을 시행하고 있다. 우리나라도 대학차원에서 저소득층이나 사회적 약자층의 중·고등학생들을 지원하는 프로그램이나 프로젝트를 교육과정의 일환으로 도입, 확대해서 이들이 원하는 고등교육기관에 보다 수월하게 접근할 수 있도록 도움을 주는 것이 필요하다.

미국의 적극적 우대조치(affirmative action)

적극적 우대조치(affirmative action)는 인종이나 경제적 신분간 갈등을 해소하고 소수 집단에 특혜를 주는 사회정책을 말한다. 단순히 차별을 철폐하고 공평한 대우를 하는 것보다 좀 더 적극적으로 가산점을 주는 형태로 이루어진다. 즉, 사회적 자원을 공유할 수 있는 기회의 차이를 상쇄시키는 일종의 혜택부여 조치이다.

대표적으로 미국에서 소수집단의 차별을 줄이기 위해 시행되는 정책으로 인종차별이 극심한 1961년 당시 케네디(John F. Kennedy) 대통령이 '평등고용기회위원회'를 설립하는 행정명령을 내리면서 시작됐다. 취지는 여성, 흑인, 장애인 등 구조적으로 외면받아 온 미국 내 사회적 소수자에게 대학 입학과 취업, 진급 등에서 우대를 해주자는 일종의 '긍정적 차별'이었다. 이 제도로 미국 흑인과 히스패닉들은 소수인종 및 민족이라는 이유로 대학 입학 과정 등에서 아시아계 미국인보다 성적이 낮아도 추가점을 얻고 대학에 들어가는 게 가능하게 되었다. 백인들 일부는 역차별, 아시아계의 경우 이중잣대라고 주장하며 적극적 우대조치의 폐지를 주장하곤 한다. 자신들은 열심히 노력해서 높은 점수를 얻었는데 대학이 암묵적 인종쿼터를 운영하므로써 피부색 때문에 입학기회가 줄어든다는 것이다. 1978년 연방대법원이 쿼터제를 금지했지만 미국 명문대들은 12~15% 수준의 흑인 비율을 유지시키며 사실상의 쿼터제를 시행하고 있음으로써 이들은 명목상 쿼터제를 금지하고 있다고는 하지만 암묵적인 인종별 쿼터가 존재한다. 이 정책이 현재까지 미국 대다수의 주에서 유지되고 있는 이유는 우대조치가 없어질 경우 흑인 및 아메리카 원주민이나 히스패닉이 고등 교육을 받을 기회가 더 떨어질지도 모른다는 우려 때문이다. 따라서 큰 변화가 일어나지 않는 이상 미국에서는 당분간 적극적 우대조치는 유지될 것으로 전망된다.

우리나라에서 적극적 우대조치로는 장애인 고용의무제도, 여성 고용할당제, 북한이탈 주민 의무고용제도와 대학입시에서 농어촌특별전형, 지역인재 채용 목표제 등이 있다.

한편 현행 국가장학금 제도에 대한 개선이 요구된다. 현재는 개인에게 직접 교부되는 유형 I 국가장학금과 대학과 매칭펀드 형식으로 운영하는 유형 II 국가장학금이 있다. 개선방안으로 유형 I 장학금의 경우는 저소득층에게 더 많은 혜택이 가도록 조정하고 유형Ⅱ 국가장학금은 유형Ⅰ 장학금에 통합시켜서 유형Ⅰ 장학금을 확대하고 대학의 장학금 지급은 대학 자율에 맡기는 것을 검토하는 것이 필요하다. 이럴 경우 사립대는 저소득층 학생들에 대해서는 등록금과 국가장학금 간의 차이를 교내장학금으로 지급해서 저소득층 학생들도 원하는 경우 사립대에 진학할 수 있도록 지원하는 것이 필요하다. 또한 사회적 약자 계층 젊은이들이 재학 중 경제적 부담을 최소화하기 위해 저소득층에 배정하는 국가장학금의 일부를 대학재학 중 생활비로 지원하는 방안이 필요하다. 단순히 전체 대학등록금 규모의 절반을 국가가 장학금으로 지불해서 반값 등록금을 달성했다는 정치적 구호에서 벗어나서 증액하는 국가장학금을 사회적 약자계층에 대한 지원 확대에 효율적으로 사용해야 한다. 서울대학교는 2020학년도에 소득수준 하위 20%의 학생들은 등록금을 내지 않도록 장학금을 지원했다.

한편 일반 가계의 대학등록금 부담을 완화하기 위한 방안으로 미국의 '529 대학저축플랜' 과 유사한 등록금용 적금저축 도입 및 세제혜택 부여 방안의 검토가 필요하다. 미국의 '529 대학저축플랜'은 자녀의 대학 학비 마련이라는 용도로 불입하는 장기저축상품에 가입하면 소득공제 등의 세제혜택을 주는 제도이다. 미국의 경우 이 제도가 결과적으로 저축능력이 있는 중산층에게 유리하기 때문에 폐기해야 한다는 움직임이 있다. 그러나 일정 수준 이상 소득계층에게는 소득공제 혜택을 최소화하되 이 제도로 혜택을 보는 중산층 자녀에 대해서는 국가장학금 혜택을 축소하고 저소득층 자녀들에게 더

■ 표 7-3 ■ 대학교육 기회의 사다리 확대 방안

세부방안	목표
지역균형선발 비율 확대 비수도권 거점 국립대학의 지원확대를 통한 최상위권 대학으로 육성	지역인재의 육성과 지역경제의 활성화
유형 I 국가장학금의 저소득층 지원 확대 • 사립대 교내장학금의 저소득층 지급 확대	저소득층의 등록금 부담 감소
세제혜택을 부여하는 등록금 용도 적금저축 도입	대학학비마련을 위한 장기저축 장려

많은 국가장학금이 주어질 수 있도록 설계해서 문제점을 개선하도록 해야 한다.

개천용 미국선 느는데, 한국선 사라진다

'개천용'이 사라져 가고 있다. 그동안 한국 사회에서 '개천용'을 가능하게 했던 교육이란 사다리가 무너지고 있기 때문이다.

최근 황성수 한국직업능력개발연구원 연구위원이 발표한 'PISA를 활용한 국가별·시점별 교육 형평성 측정방안 연구' 논문을 보면 우리나라에서 '성적 상위 25% 학생 중 부모의 사회·경제적 배경이 하위 25%인 학생들' 즉 '개천용'이 갈수록 줄어들고 있었다. PISA는 전 세계 만 15세 학생들을 대상으로 읽기, 수학, 과학 과목을 평가하는 시험으로 경제협력개발기구(OECD)가 5년마다 주관한다. 가장 최근인 2018년에는 우리나라 6876명을 포함, 79국 출신 60만 명이 참가했다.

◇ 개천용 줄어든 건 한국뿐

황 위원은 2006년과 2018년 PISA에서 한국, 미국, 스웨덴, 일본 등 4국 학생 성적과 집안 형편을 비교했다. 그 결과, 한국의 '개천용' 비율은 2006

년 13.46%에서 2018년 11.68%로 1.8%포인트 줄었다. 일본(11.85 → 9.89)과 스웨덴(10.66 → 9.94)도 줄었지만, 미국(7.78 → 8.88)과 OECD 평균(9.25 → 9.91)은 높아졌다. 과목별로 따지면 읽기(15.29 → 12.97%), 수학(12.02 → 10.79%), 과학(14.13 → 13.38%) 등에서 '개천용'들이 줄었다.

성적이 최상위권인 상위 4% 이내에서도 한국의 '개천용'(사회·경제적 배경이 하위 25%)인 학생들은 2006년 7.5%에서 2018년 6.39%로 역시 줄고 있었다. 특히 과학을 잘하는 학생 중 '개천용' 비율은 2006년 12.09%에서 2018년 6.14%로 폭락했다. '개천용 실종 사건'은 사실 전 세계적인 현상이지만 우리나라가 좀 더 심하다는 게 문제다. 조사 대상 4국 중 읽기, 수학, 과학 등 전 과목에서 개천용이 통계적으로 유의미하게 줄어든 국가는 우리뿐이다.

◇ 소득 따라 벌어지는 사교육비 격차

교육계에서는 이렇게 개천용이 줄어드는 것은 학업 성적과 대학 입시가 부모의 경제력·정보력과 깊게 연관을 맺고 있기 때문으로 본다. 지난해 교육부 사교육비 조사에서 월평균 소득 800만 원 이상인 고소득층의 1인당 사교육비는 53만 9,000 원으로, 월평균 소득 200만 원 미만 저소득층(10만 4,000 원)의 5배를 넘었다. 돈이 많아야 어릴 때부터 사교육을 받고, 사교육으로 좋은 대학에 들어가고, 좋은 대학을 나와 좋은 직장을 잡는 세습 고리가 갈수록 단단해지고 있는 셈이다. 한국보건사회연구원의 2016년 조사에서 아버지가 대졸 이상 고학력자일 때 자식도 고학력인 비율은 산업화 세대(1940~1959년생) 64%, 민주화 세대(1960~1974년생) 79.7%, 정보화 세대(1975~1995년생) 89.6% 등으로, 갈수록 세습 고리가 굳건해지고 있었다.

코로나 사태로 이런 현상이 더 심해진다는 우려가 나온다. 학교에 제대로 못 가는 동안 형편이 어려운 가정의 자녀들은 그대로 방치되어 학력 격차가 더 커진다는 것이다. 영국 국립교육연구재단이 작년 7월 초·중학교 2,200곳의 교사 3,000명에게 물었더니, 코로나로 원격 수업이 시작된 후 아이들 학습 수준이 예년보다 3개월가량 뒤처졌고, 특히 가난한 지역 아이들과 그렇지 않은 지역 아이들의 학력 격차가 46% 더 커졌다고 대답했다.

◇ "재능보다 집안 배경이 성공에 중요"

계층 이동 가능성을 믿는 국민들도 갈수록 줄고 있다. 통계청의 2019년 사회조사에서 '자식 세대에서 일생 노력을 다한다면 개인의 사회·경제적 지위가 높아질 가능성이 높다'고 생각하는 사람은 2009년 48.3%에서 2019년 28.9%로 현저히 낮아졌다. 한국개발연구원(KDI) 여론분석팀이 지난해 30세와 60세 각각 500명에게 "우리 사회에서 성공하는 데 중요한 요인이 무엇이냐"고 물었더니 30세는 '집안 배경'(30.2%)을 1순위로 꼽았다. 60세는 '재능'(23.7%)이 중요하다고 봤다. 개인 노력에 따라 사회·경제적 지위가 높아질 가능성에 대해서도 30세는 부정적 인식(42.8%)이 긍정적 인식(21.4%)의 두배였다. 60세는 긍정·부정 인식 간 별 차이가 없었다. 조사팀은 "우리 사회 구조에 대한 젊은이들의 상실감과 좌절감을 읽을 수 있다"고 분석했다.

황성수 위원은 "과거 우리 사회의 거의 유일한 계층 이동의 사다리 역할을 했던 교육이 제 역할을 못 하고, 부모의 사회·경제적 지위가 자식에게 대물림되는 현상이 가속화되고 있다"면서 "이는 사회의 공정성을 해치고 미래 발전을 가로막는 심각한 문제"라고 했다.

출처: 조선일보, 2021.2.4.

08

결론: 대학개혁의 7가지 전략

전략 1: 시장경쟁을 통한 대학 구조조정 및 개혁

전략 2: 대학운영 규제를 네거티브방식으로 전환

전략 3: 대학 비리에 대한 처벌 강화

전략 4: 국공립대학과 사립대학 간 차별성 강화

전략 5: 고등교육을 위한 재원의 안정적 확보

전략 6: 사회적 약자의 대학 접근성 확대

전략 7: 대학경영의 전문성 제고 및 사회적 책임 강화

•••

08
결론: 대학개혁의 7가지 전략

현재 한국 대학은 사면초가(四面楚歌)이다. 모든 대학들이 교육부의 지원에 목을 매고 있다. 10년 동안 등록금이 동결되고 실질적으로는 하락한 상황에서 2021학년도에 본격적으로 대학입학자원이 대학정원에 미달해서 모집단위의 약 20% 정도 무경쟁 입학이 이루어졌다. 어느 지방의 고등학교 교무실 출입문에 '잡상인 및 교수 출입 금지'라고 써 붙여놓았다 해도 하등 이상할 것이 없는 것이 현재 대한민국 대학의 서글픈 실상을 적나라하게 보여준다 하겠다. 전국 사립대학 118개 중 72%인 85곳이 운영적자를 기록했다. 앞으로 이런 상황이 나아질 기미는 좀처럼 보이지 않고 오히려 학령인구의 급속한 감소로 사태는 더욱 심각해질 것으로 전망된다. 이런 와중에 코로나19 팬데믹으로 인해 수업방식의 급격한 변화가 예상된다. 더 이상 전통적인 강의실에서의 대면 위주 수업이 이루어지기보다는 많은 강의가 비대면 온라인수업으로 대체될 것이다. 코로나19로 인해 부득불 급작스레 시행한 온라인 강의에 대한 불만이 학생들의 등록금 환불 요구로도 이어졌다. 수업의 질에 대한 불만을 해결하기 위해서는 디지털 기술혁명의 총아인 AI를 비롯한 가상현실, 증강현실이나 메타버스 등 각종 IT기술을 활용한 교육방식으로 전환해야 한다. 궁극적으로는 미국 미네르바대학과 같은 토론과 프로젝트 수행 교육방식으로 전환해야 할 것이다. 그러나 소위 에듀테크를 활용한 맞춤형 강의는 엄청난 규모의 투자가 필요하다. 이러한 재정 압박을 어떻게 극복해서 우리나라 대학의 연구 수준과 동시에 수업의 질을 높일 수 있는가는 모든 대학들은 물론 국가적 과제이자 우리의 미래가 달린 문제이다. 더욱이 코세라나 에드엑스, 유다시티와 같은 글로벌 MOOC의 등장으로 외국 유명대학의 학위를 온라인으로 저렴하게 취득할 수 있고 기업들도 MOOC와 협력해서 기업에 적합한 맞춤형 교육을 제공하면서 소위 나노학위를 수여하고 취업을 알선하는 프로그램이 확산되는 추세하에서 대학의 입지는 점점 더 좁아지고 있다.

어느 조직이든 흥망성쇠를 결정하는 핵심 요인은 결국 인재이다. 국가도 결코 예외는 아니다. 수월한 대학교육을 통한 인재육성은 가장 핵심적인 국가적 과제이다. 대한민국이 1960년 이후 세계인이 경이롭게 생각하고 부러워하는 고도의 경제성장을 이룩하고 산업화에 성공함과 동시에 자유민주국가로 우뚝 서게 된 것도 우리 국민들의 열성적인 교육열과 훌륭한 인재양성에 기인했다고 평가되고 있다. 전 세계에서 대학진학율이 최상위를 기록하면서 우리나라에서 대학교육은 더 이상 엘리트교육이 아니라 전 국민이 원하면 받을 수 있는 보통교육이 되었다. 그러나 산업화시대에 기여했던 전통적인 지식주입 대학교육방식은 글로벌시대의 4차 산업혁명시대에는 적합하지 않게 되었고 창조적이고 융합적이며 미래지향적인 대학교육으로의 전환이 절실히 요구되기 시작했다. 그러나 작금의 우리 대학은 이런 새로운 변화에 적응하는 능력을 상실하였다. 그저 1년, 2년 연명해 가는 대학들이 늘어만 가는 형편이다. 이는 곧 대한민국의 위기이다. 대학이 살아야 대한민국이 산다. 더 이상 대학개혁을 미룰 수가 없다. 그야말로 전면적인 개혁과 획기적인 지원 없이는 부실한 대학교육이 초래하는 사회적 순비용은 걷잡을 수 없이 커지고 우리 경제와 사회의 발목을 잡게 될 것이다. 이제 대학개혁은 특정 대학만의 문제가 아니라 국가발전의 문제이고 국민들의 미래와 관련된 범국가적 과제이다. 더 이상 과거와 같은 땜질식 처방으로는 문제를 해결할 수 없다. 개혁의 원칙과 비전 그리고 구체적 정책과 대학의 처절한 자구노력만이 위기를 극복할 수 있다. 그러나 모든 개혁과 마찬가지로 각종 기득권으로 인해 결코 쉽게 추진되기가 어렵다. 대학개혁에 대한 국민들의 공감대를 형성하고 대학개혁이 갖는 국가적 의미를 충분히 이해시키고 납득시키 위한 노력이 선행되어야 할 것이다. 본 저서에서는 대학개혁의 당위성과 더불어 보다 구체적인 개혁 방향과 정책 그리고 재원조달 방안 등을 제시하고 있다. 그리고 이를 통해 대학 구성원은 물론 학부모와 정책입안자 그리고 일반인들의 대학개혁에 대한 관심을 제고하고 조속히 개혁방안이 보다 심도 있게 논의되고 추진되는 데 미력하나마 기여할 수 있기를 기대한다.

본 장에서는 앞에서 논의된 내용에 기반해서 현재 우리나라 대학이 처한 상황과 세계적인 기술 및 지식생태계의 변화를 감안해서 대학개혁을 위한 7개 전략을 다음과 같이 요약, 제시하고자 한다.

전략 1: 시장경쟁을 통한 대학 구조조정 및 개혁

대학의 구조조정 및 개혁은 원칙적으로 시장의 경쟁에 의해서 주도되어야 한다. 그러나 문재인 정부의 대학정원조정의 사례에서 알 수 있듯이 대학에 자율적으로 맡길 경우 자발적인 정원조정은 거의 이루어지기가 어렵고 많은 부실대학들이 살아남아서 관련 대학구성원들에게 피해가 돌아갈 가능성이 높다. 그리고 학령인구가 급속히 줄어드는 상황에서 정부의 특단적인 조치 없이는 상당수의 지방대학들이 살아남기 어렵다는 현실적인 문제점이 있다. 이런 이유로 궁극적으로 시장에 의한 대학개혁을 추진하기 위해서는 사전에 시장경쟁을 할 수 있는 여건이 마련되어야 하는데 그 방안으로 정부주도하에 한시적으로 대학평가 없이 일률적인 정원조정 조치를 단행하는 것이 필요하다. 수도권과 비수도권, 국공립대학과 사립대학 그리고 일반 4년제 대학과 전문대학 간의 차별적이고 일률적인 정원조정을 2023학년도부터 적용해서 4년 동안 시행한다. 교육당국에 의한 대학평가 없이 이루어지는 이런 방안은 이해 당사자들의 치열한 로비와 정치권의 압력으로 인해 구조조정의 왜곡이 발생할 가능성에서 상당히 자유로울 수 있다는 장점이 있다. 그리고 대학평가로 정원감축을 하는 경우에 초래되는 각종 비용과 공정성에 대한 시비를 최소화할 수 있다. 일단 일률적인 감축이 이루어진 이후에는 경쟁을 통해 시장에서 학생들의 선택으로 대학의 퇴출 여부가 결정되도록 한다. 교육정책당국은 현재의 대학기본역량진단평가나 이전의 서열적 대학평가시스템을 통해 대학에 대한 지원 여부를 결정하는 방식을 폐기하고 투명하고 객관적인 기준에 기반한 절대평가를 통해서 부실대학 여부만을 합격·불합격(PASS– FAIL)으로 결정하는 것에 역할을 국한해야 한다. 이럴 경우 절대평가에서 무난히 통과될 것으로 예상되는 일반대학들은 기존의 대학평가기준에 맞춰 획일적인 투자와 구조조정을 하는 행태에서 벗어나 주체적으로 차별화되고 특성 있는 교육과 투자를 진행할 수 있을 것이다.

교육당국은 일반 정상대학에 대해서는 더 이상 평가결과에 따라 대학의 정원조정과 포괄적 지원을 결정하는 것이 아니라 각 대학이 제시하는 연구나 교육개선 관련 프로젝트별로 지원여부를 결정하는 방식으로 전환되어야 한다. 이 경우에도 교육당국의 간섭을 최소화하기 위해 재정 지원여부를 교육관련 제3의 자율기관에서 독자적으로 결정하는 방식이 바람직하다. 일반 정상대학들은 과도한 평가의 부담에서 벗어나 자율적으로 구조개혁과 교육환경 개선을 추진해서 고등교육시장에서 경쟁을 통해 학생들을 유치해야 한다. 경쟁에 실패해서 학생 충원율이 현저하게 낮은 대학들은 교육당국의 부실대학 선정 절대평가에 의해서 퇴출되거나 스스로 퇴출을 선택해야 한다. 한편 이러한 시장에 의한 구조조정이 원활하게 진행되기 위해서는 부실대학에 대한 퇴로를 마련해 주는 것이 현실적으로 필요하다.

퇴로방안의 하나로 퇴출대학 설립자 측에게 기본재산 감정평가액의 100분의 30 이내의 범위에서 해산장려금을 지급하되, 특정개인에게 지급되는 것이 아니라 공익법인의 설립을 위한 재산으로 출연하도록 하는 것을 고려할 수 있다.

전략 2: 대학운영 규제를 네거티브방식으로 전환

대학운영에 대한 규제를 네거티브방식으로 전환해서 대학들이 자기책임하에 최대한 자율적으로 대학을 경영할 수 있도록 해야 한다. 현재는 대학평가를 통한 재정지원 여부 결정 및 정원조정, 등록금에 대한 실질적인 동결, 대학 자산운용에 대한 제한 등 각종 규제가 있기 때문에 대학들이 자율적으로 운영할 수 있는 여지가 매우 좁은 상황이다. 과잉규제 환경하에서는 대학들이 독창적이고 차별화된 교육서비스를 생산하기 어렵다. 비록 대학교육서비스가 상당한 수준의 공공재적 성격이 있다 하더라도 지나친 규제는 모든 대학을 질식하게 만든다. 최근 중·고등학교에 대한 채용비리를 근절하기 위해 교사채용을 해당 지역 교육청이 행사할 수 있도록 입법화되었는데 이런 규제는 사학의 자율성을 크게 훼손하는 전형적 사례라 할 수 있다.

대학은 기본적으로 학문의 자유를 기반으로 해서 새로운 이론을 계발하고 민주시민사회에 걸맞는 인재를 양성하는 것을 목표로 한다. 수요자중심으로 대학시장의 구조가 바뀌고 있고 에듀테크로 인해 대학시장의 글로벌 경쟁이 심화되는 상황에서 대학의 역할과 기능이 효율적으로 작동하기 위해서는 대학의 학사운영이나 정원조정 그리고 교육서비스의 가격인 등록금 책정에 대한 자율권이 원칙적으로 보장되어야 한다. 국가정책이나 전략에 보다 충실한 대학교육이 필요할 경우에는 국민들의 세금으로 지원되는 국립대학을 통해 그 역할을 수행하도록 해야 한다. 이제 각 대학들은 자신들의 정체성을 확고히 하고 이에 걸맞는 교육목표와 비전을 실행하기 위한 차별적이고 다양한 교육방식을 모색함과 동시에 전면적으로 개혁해야 살아남는다. 앞에서도 언급했지만 교육당국은 획일적인 평가시스템으로 모든 대학을 일률적으로 평가하고 지원을 결정하는 방식에서 벗어나 오로지 부실대학에 대한 구조조정과 퇴출에만 관여하고 경쟁력 있는 건실한 일반대학에 대해서는 최대한 대학운영의 자율권을 보장해야 한다. 등록금 책정과 관련해서는 당분간 완전 자유화보다는 법에서 규정하고 있는 직전 3년 동안의 평균 물가상승률의 1.5배 수준 이내에서의 인상을 허용해야 할 것이다. 재화나 서비스의 가격제한으로는 질 높은 다양한 상품이나 서비스의 공급은 기대하기 어렵다는 것은 경제이론의 기본에 해당된다. 대학입시전형과 입학정원조정은 중·고등학교의 교육개혁과 밀접한 관련이 있으므로 대학에 전적으로 결정권을 주기는 시기상조이지만 궁극적으로는 각 대학에 결정권을 보장하는 방향으로 개선되어야 할 것이다.

전략 3: 대학 비리에 대한 처벌 강화

비리를 저지른 대학 관련자에 대한 처벌 및 퇴출 기준을 강화해야 한다. 대학의 공공성을 고려할 때 비리대학에 대한 처벌은 동일한 수준의 민간기업 비리보다 가중 처벌되어야 할 것이다. 현재 비리대학에 대한 처분은 국민정서에 어긋나는 경우가 많다. 비리로 퇴출된 재단 관계자들이 일정 기간이 지난 후에는 다시 복귀하는 것이 일반적이다. 그러나 민간기업과는 달리 대학은 교육기관이므로 재무적 비리뿐만 아니라 대학의 교육자 및 경영인으로 적합하지 않은 도덕적, 윤리적 비리를 저지른 당사자들은 가급적 대학에 복귀하지 못하도록 해야 할 것이다.

경제위기 시 많은 국가는 부도 위기에 처한 주요 기업에 대해 파산처리하거나 자본투입을 해서 기업을 일단 회생시키고 정상기업이 된 경우에는 정부가 자본투입으로 확보한 지분을 시장에 매각함으로써 민간에게 기업을 되돌려 주고 투입된 자본을 회수한다. 분규대학의 경우에는 정부가 재단이사를 파견해서 학교를 정상화하는 임시이사제도를 그동안 운영해 왔다. 그러나 학교가 정상화가 되면 대부분의 경우 설립자 측에게 이사회 지배권을 되돌려주는 것이 일반적인 관행으로 되어 있다. 기업의 관점에서 보면 부도가 난 기업을 정부가 회생시킨 후 다시 원주인에게 되돌려주는 꼴이다. 영리기업의 경우 소유주식을 통해 지배구조가 결정되기 때문에 이런 방식은 불가능하지만 사립대학은 비영리기관이기 때문에 이런 관행을 허용한다는 것은 정당하지 않다. 더 이상 비리당사자는 대학 경영에 관여할 수 없도록 해야 우리나라의 사학비리가 근절될 것이다.

비리 분규 대학의 문제를 해결하기 위한 방안의 하나는 문재인정부가 공약으로 제안한 공영형 사립대학 정책이다. 즉 임시이사가 파견된 비리 분규 대학에 대해서는 정부가 학교 운영비의 절반 이상을 지원하고 이사진의 절반 이상을 공익이사로 충원해서 실질적으로 학교 경영권을 확보해 준국립대학으로 전환하는 방안이다. 대부분의 비리대학은 학교경영이 부실하므로 준국립대학화 방안은 학교 구성원들의 피해를 최소화하고, 임시이사가 파견돼도 언젠가는 다시 대학의 지배권을 되찾을 수 있다고 생각하는 비리 학교경영인들의 도덕적 해이를 억제하는 방안이 될 것이다. 미국이나 일본의 경우도 우리나라처럼 고등교육에서 사학이 차지하는 비율이 높지만 사학의 비리가 빈번하지 않은 것은 그 나라 사학 경영자들의 도덕심이 더 높다기보다는 문화적인 요인과 제도적 요인이 복합적으로 작용하기 때문일 것이다. 우리나라 사학도 지배구조와 운영체계를 선진화해서 21세기 4차 산업혁명시대에 걸맞는 인재를 양성하고 연구수준을 세계적 수준으로 높여야 할 것이다. 한편 교육당국은 그동안 일부 사립대학의 비리를 빌미로 엄격한 사전 규제를 통해서 대학을 통제하려는 경향이 있는데 사전적 규제보다는 사후적으로 외부 감사나 사정당국에 의해서 엄정하게 비리를 처벌하는 것이 더 효율적이고 바람직하다고 판단된다.

전략 4: 국공립대학과 사립대학 간 차별성 강화

국공립대학과 사립대학에 대한 차별성을 강화해서 고등교육에서 역할을 분담하고 학생들에게는 대학 선택의 폭을 확대해야 한다. 최근에는 국공립대학과 사립대학의 차이가 거의 의미 없을 정도로 미미한 상태이다. 단순히 내신과 수능점수에 의해서 진학할 학교를 선택하지, 특정 국공립대학에 차별화된 학과나 전공분야가 있어서 해당 대학에 진학하는 경우는 거의 찾아보기 어렵다. 현재 국공립대학과 사립대학의 가장 큰 차이점은 등록금 수준이라 해도 과언이 아니다. 향후 대학에 대한 전면적인 개혁과정에서 국공립대학의 역할이 그 어느 때보다 크다. 사회적 수요는 적지만 우리 사회와 경제에 필수적인 전공이나 지역사회에 긴요한 분야에 대한 연구와 교육을 담당하고 더 나아가서 사회적 약자들을 포용할 수 있는 고등교육기관으로서의 역할은 일반 사립대학보다는 국공립대학이 더 효율적으로 수행할 수 있다.

대도시로의 집적화 현상 심화와 취업 가능성 등으로 인해 지방의 학생들이 수도권 대학으로 진학하고자 하는 추세가 확대되고 있다. 이런 추세가 지속될 경우 지방인재들의 지방탈출 러쉬현상이 발생하고 지방대학들은 학생 미충원으로 인해 졸지에 부실대학으로 전락해서 문을 닫게 되는 일이 초래될 수 있다. 지역경제도 인재와 대학이 사라지게 됨에 따라 활력을 잃게 되고 이로 인해 다시 부실대학이 양산되는 악순환의 고리에 빠질 확률이 높아진다. 공기업이나 정부 연구소의 지방이전도 지방균형발전을 위한 고육지책이지만 보다 근본적인 해결책은 지방인재들이 지방에서 일할 수 있는 여건을 마련해 주는 것이고 이것의 핵심은 지방대학의 경쟁력 강화를 통해 지방인재들의 해당 지역대학으로의 진학률을 높이는 것이다.

비수도권 일반대학은 전체 일반대학 정원의 63%를 차지하고 전문대학의 경우 57%를 차지한다. 비수도권 일반 국공립대학은 전체 일반대학의 18.9%를 차지하지만 국립전문대는 4.3%에 불과하다. 지방대학을 살리기 위해서는 먼저 9개 거점 국립대학을 현재의 서울대 수준으로 지원을 확대해서 수도권의 최상위대학에 버금가고 지역특성에 부합되는 특성화된 연구대학으로 육성해야 한다. 이럴 경우 현재 견고하게 자리잡은 대학 서열화도 상당 부분 완화될 수 있을 것이다. 그리고 다른 일반 국공립대학은 교육중심대학으로 특화하고 전국의 교육중심 국공립대학 간의 네트워크와 학습플랫폼의 구축을 통해서 보다 유연한 학사과정과 강의를 제공해서 일반 사립대학과 치열하게 경쟁해야 할 것이다. 지방인재들의 해당 지역 국공립대학에의 진학을 장려하기 위해 해당 지역출신 신입생 선발 비중을 60% 수준으로 늘리고 등록금을 면제하는 조치가 수반되어야 한다. 이럴 경우 지방인재들에게는 대학 선택의 폭을 넓혀 주는 효과가 예상된다.

비수도권 국공립대학에 대한 지원을 강화할 경우 전체 일반대학의 44%와 전문대학의 53%에 해당되는 비수도권 사립 일반대학 및 전문대학은 상당히 치열한 경쟁상태에 놓이게 되고 한층 더 충원에 어려움을 겪게 될 가능성이 높다. 그러나 그렇다고 해서 학령인구가 줄어드는 상황에서 무작정 정부의 지원으로 연명할 수는 없다. 대학이 자체적으로 치열하게 차별화와 특성화를 추진하고 학생들의 요구사항을 만족시킬 수 있는 교육을 제공하기 위해서 각고의 노력을 해야 할 것이다. 필요할 경우에 타대학과 연합하거나 M&A를 추진해야 한다. 그리고 저렴한 비용으로 우수한 강의를 제공하면서 글로벌 대학으로 부상하고 있는 코세라나 유데미, 에드엑스 그리고 유다시티 등과 같은 글로벌 MOOC와 협력하거나 이를 활용해서 자체 대학 강의를 보완해야 한다. 정부는 대학 구성원 스스로의 구조조정과 개혁이 가능하도록 등록금 책정을 비롯한 학교운영에 대한 각종 규제를 대폭 완화해야 한다. 시장경쟁이 가능한 여건을 마련하기 위해서 교육당국은 제5장 1절에서 제시한 바와 같이 한시적으로 일률적 정원조정을 하되 일반 국공립대학은 정원의 30%를 감축하는 반면 지방 일반 사립대학은 20%로 차감해서 감축하고 4년 동안 줄어드는 등록금을 보전해 주는 조치를 취하는 것이 필요하다.

전략 5: 고등교육을 위한 재원의 안정적 확보

대학을 독립적으로 운영하고 경쟁력을 갖추기 위해서는 확고한 재정자립이 요구된다. 따라서 고등교육을 위한 재원을 안정적으로 확보하기 위한 제도적 장치가 마련되어야 한다. 2018년 기준 우리나라 고등공교육비 중 정부재원은 GDP 대비 0.6%로 OECD 평균인 0.9%에도 못 미치고 있다. 2016년 1인당 고등공교육비는 OECD의 약 67.4% 수준이고 이 중 정부부담 비율은 OECD 평균의 38%에 불과하다. 또한 일반 대학 운영수입 중 등록금 수입이 차지하는 비율은 54.1%에 달하고 있는데 2012년부터 등록금이 실질적으로 동결된 상태이기 때문에 대학의 재정은 악화일로로 치닫고 있다. 아직도 과학분야의 노벨수상자가 한 명도 없고 국내대학의 세계대학 랭킹 순위가 일본은 말할 것도 없고 중국이나 홍콩보다도 낮은 상태에서 디지털 기술혁명이 빠르게 진행되는 4차 산업혁명시대에 어떻게 국내대학의 경쟁력을 확보할 수 있는가는 매우 난감한 문제이다. 더욱이 AI와 가상현실, 증강현실이나 메타버스 등을 이용한 맞춤형 학습으로 전환하기 위해서는 교육시설에 대한 상당한 규모의 투자가 요구된다. 물론 새로운 교육환경에 적응하기 위한 1차적 책임은 대학자체에 있다. 그러나 이러한 상황에 효율적으로 대처하기에는 우리 대학의 재정상태가 상당히 취약하다. 2021년 대학 기본역량 진단 결과에 대학들이 초긴장하고 탈락한 일부 대학들이 거세게 반발하는 이유는 바로 정부의 용도 제한 없는 사업비 지원 때문이다. 심지어 우리나라에서 재정이 가장 우수한 대학 중 하나로 평가되는 포스텍조차도 2021년 1월 학교 이사회에서 재정 문제와 학교 발전의 지속성을 고려할 때 기부채납도 충분히 고려할 수 있는 대안이라는 의견이 나왔다고 한다. 사립대인 포스텍을 정부가 지원하는 과학기술특성화대학으로 지정할 필요가 있다는 논의가 이루어졌다는 사실 자체가 문제의 심각성을 잘 대변한다.

고등교육재원을 안정적으로 확보하는 현실적인 방안의 하나는 학령인구 감소로 인해 지방교육재정교부금에 여유가 있으므로 교부금의 10% 정도인 약 5~6조 원을 고등교육재정교부금으로 전환하는 방안이다. 확보된 재원을 평가를 통해 대학에 일반 사업비 용도로 지원하는 것은 더 이상 바람직하지 않다. 특히 교직원의 인건비를 포함하는 일반 경상 운영비로 지원해서는 안 된다. 이럴 경우 사립대학은 실질적 준국립대학화 되어서 대학의 자율성과 독립성이 훼손될 가능성이 커질 수 있다. 대신 한국연구재단이나 교육관련 자율기관 등을 통해 대학의 연구나 교육환경 개선과 관련된 개별 프로젝트별로 지원 여부를 결정해야 한다. 한편 외부로부터 대학에 대한 기부를 활성화하기 위해서 상속세 면제의 상한이 되는 '10%룰'을 상향조정하고 법정기부금에 대한 세액공제율을 높여야 한다. 기업들도 우수한 인재를 확보하기 위해 대학에 대한 기부를 대폭 늘려야 할 것이다. 그리고 대학들도 동문이나 거액자산가 등으로부터 기부금을 모금하기 위한 부서나 시스템을 정비, 강화해서 적극적으로 모금운동을 추진해야 한다. 상당한 규모의 학교 유휴자산이나 기금을 보유하고 있는 대학들은 외부의 전문가나 기금운용사를 적극 활용해서 수익률을 높이도록 노력해야 할 것이다.

전략 6: 사회적 약자의 대학 접근성 확대

대학개혁은 보다 많은 사회적 약자들이 우수한 대학이나 질 높은 교육서비스에 접근할 수 있는 기회가 확대되는 방향으로 이루어져야 한다. 2014년에 강북구에서는 일반고 학생의 서울대 합격률이 0.1%였던 데 비해 강남구는 2%로 강남구는 강북구보다 서울대 합격률이 무려 20배나 높은 것으로 분석됐다. 그리고 2020년 SKY대학 로스쿨의 SKY대학 출신 비중은 87%에 달하였고 특히 서울대 로스쿨의 경우 SKY대학 출신이 90.4%이고 서울대 출신이 66%에 달했다. 대형 로펌에 입사할 가능성이 높은 SKY대학 로스쿨에 입학하기 위해서는 무엇보다도 SKY대학 졸업이 유리하다는 것이 명백해졌다.

경제적, 사회적 양극화가 교육양극화로 나타나는 현상을 완화하기 위해서는 대학입시에서 지역균형선발이나 저소득층에 대한 특별전형과 같은 적극적 우대조치를 확대해야 할 것이다. 그리고 저소득층 자녀들에 대해서는 국가장학금을 활용해서 등록금 지원을 확대하는 것뿐만 아니라 대학생활 동안 학업에 전념할 수 있도록 생활비의 일정부분을 지원하는 것도 필요하다. 앞에서도 설명한 바와 같이 국공립대학의 경우 지역학생들에게는 등록금을 면제하고 사립대학에 진학한 저소득층 자녀들의 경우에는 국가장학금과 교내장학금을 함께 지원해서 부담을 완화하는 것이 필요하다.

사회적 약자층에게 대학교육이 신분상승과 삶의 수준을 높이기 위한 기반으로 작동하기 위해서는 국내 상위대학에 진학할 기회를 확대하는 것뿐만 아니라 전반적인 대학교육의 질과 수준이 높아져야 한다. SKY대학과 견줄 만한 연구 및 학습경쟁력이 높은 대학이 지역별로 더욱 많아져야 한다. 이를 위한 방안의 하나가 바로 비수도권 거점국립대학을 특성화된 연구중심으로 집중 육성하고 교육의 질도 크게 향상시켜서 해당 지역의 사회적 약자층이 등록금 부담 없이 최상위 대학수준의 교육을 받을 기회를 확대하는 정책이다.

한편 선취업 후진학 프로그램을 일반대학이나 전문대학에서 적극 활성화해서 저소득층 취업청년들에게 대학교육을 받을 수 있는 기회를 넓혀 주어야 한다. 또한 캠퍼스 없는 글로벌대학인 코세라나 유다시티 그리고 K-MOOC 등과 같은 온라인 학습플랫폼을 통한 학위나 자격증 그리고 취업과 연계된 나노학위 등의 취득을 적극 지원해서 대학교육을 받는 데 제약이 많은 계층에 대한 지원을 확대해야 한다. 기업들도 삼성그룹의 사피와 같은 면대면 직업훈련을 확대하는 동시에 기존의 면대면 방식을 나노학위와 같은 온라인 플랫폼 기반 방식으로 확대·개편해야 할 것이다. 그리고 지나치게 출신대학의 편중현상이 나타나고 학비가 부담스러운 현행 로스쿨제도를 보완해서 추가적으로 변호사 자격증을 획득할 수 있는 방식을 도입하는 것도 필요하다. 예를 들어 법률관련 과목을 일정수준 수강한 학사학위 취득자들을 대상으로 예비 변호사 시험을 도입해서 이를 통과할 경우 법률회사에서 일정 기간 연수하도록 한 후 현행 변호사 시험에 응시할 수 있도록 하는 새로운 제도의 도입을 검토할 필요가 있다.

전략 7: 대학경영의 전문성 제고 및 사회적 책임 강화

학령인구의 급감으로 인해 공급자위주시장에서 수요자중심의 교육시장으로 전환되고 디지털 기술혁명으로 인해 면대면중심 수업에서 비대면 온라인수업으로 교육패러다임이 빠르게 전환되고 있다. 대학들은 기존의 관습과 기득권 유지에 안주하는 것에서 벗어나 기업경영마인드로 대학을 운영하도록 노력해야 하고 교육당국은 이를 적극 지원해야 한다. 이를 위해서는 무엇보다도 먼저 교육당국은 대학이 자기 책임하에 자율적으로 경영할 수 있도록 대학에 대한 각종 규제를 개혁해야 한다. 그리고 시장과 학생들에 의해서 선택되지 못한 부실대학은 신속하게 퇴출될 수 있는 제도적 장치와 조치를 마련해야 한다. 모든 대학을 끌어 안고 갈 수는 없다. 그럴 경우 우리나라 대학사회는 필연적으로 경쟁력을 상실하면서 하향평준화를 향한 내리막길을 걷게 될 것이라는 점은 자명하다. 그 결과 정부의 재정지원으로 연명할 수밖에 없는 상황이 초래됨으로써 결국 대부분의 대학이 현재의 중·고등학교와 유사한 모습으로 국립대학화가 될 것이다. 대학들이 자체적으로 치열하게 개혁하고 어느 부분에 특성화할 것인지 그리고 다른 대학과 연합해서 규모의 경제와 다양성을 확대할 것인지는 대학 스스로가 자체 역량과 비전 그리고 교육목표에 따라 결정하고 시장에서 평가받아야 할 것이다. 연구대학은 외부 기업이나 연구소 등과 산학연정 연구네트워크를 구축해서 연구비를 확보하거나 정부의 국가전략과제 등을 수행해야 할 것이다.

대학은 이제 과거의 초과시장수요가 있던 시절의 운영방식에서 과감히 탈피해서 기업의 경영기법을 적극 도입하고 질 높은 교육서비스를 저렴한 비용으로 생산해 낼 수 있도록 구성원들이 긴밀하게 개혁과 혁신을 추진해야 한다. 재정기반이 취약한 대학은 더 이상 존립하기 어려운 상황이 조만간 닥칠 것으로 전망된다. 수입기반을 확충하기 위해 학교 자산을 보다 효율적으로 운영하는 부서를 신설하고 외부로부터 적극적으로 기부금을 모집하기 위한 노력을 강화해야 한다. 정부는 대학에 대한 외부 기부금에 대한 세제적 인센티브를 강화해서 동문이나 기업들이 대학기부금에 보다 긍정적인 태도를 갖도록 유도해야 한다. 대학은 학교 회계를 더욱 투명하고 상세하게 외부에 공개해야 할 것이다. 지출 측면에서는 교직원 급여체계나 인건비 그리고 연구교육경비 등에 대한 면밀한 검토와 개선방안의 모색이 요구된다. 그리고 경영적인 측면에서 대학운영을 평가하고 외부 전문가들도 참여하는 대학경영협의회를 구성하는 것도 필요하다. 행정담당 교수와 연구교육담당 교수로 구분해서 학교경영과 교육연구 부문을 분리, 전문화시키는 것도 하나의 방안이다. 직원들에 대해서도 행정, 기업정보 및 취업 그리고 일반경영 등과 관련된 교육과 훈련을 강화해서 행정전문가로 육성하고 지위를 향상시켜야 한다.

최근 많은 기업에서 ESG(environment, social, governance)경영을 추구하는 경향이 확대되고 있다. ESG경영은 기업이 환경보호에 앞장서고 사회적 약자에 대한 지원을 강화하고 노동환경을 개선하며 뇌물 및 부패를 척결하고 이사회의 구조를 다양화함으로써 법과 도덕적 가치를 준수하겠다는 의미이다. 이를 통해 기업은 사회로부터 두터운 신뢰를 받고 기업의 가치를 높이면서 장수하는 착한 기업이 되겠다는 경영전략과 사회적 책임을 강조하는 것으로 이해할 수 있다. 많은 대학에서 ESG와 관련된 과목을 개설하고 있다. 그러나 강의에 국한되지 말고 공공적인 성격이 강한 대학자체가 이제는 ESG의 의미를 대학경영에 적극 반영, 실천해서 사회로부터 신뢰와 지원을 받도록 노력해야 한다. 더 이상 대학이 닫힌 상아탑에만 머무르면서 사회의 변화에 무관심해서는 안 된다. 더 많은 사회적 배려 대상 학생들이 수월성 있는 대학교육을 받아서 삶의 질을 개선할 수 있는 기회를 제공해야 한다. 그리고 기업이 요구하는 인재를 사회에 배출하기 위해 교육의 질을 향상시키고 다양하고 독창적인 연구를 통해 우리 사회가 창조적인 국가로 거듭 나는 데 크게 이바지하는 방향으로 대학을 경영하도록 노력해야 할 것이다. 또한 지역사회와 연대를 강화해서 지역사회에 실질적 도움을 줄 수 있는 프로젝트를 발굴, 실천하고 지역주민들의 재교육과 평생교육을 지원해야 할 것이다. 그리고 환경보존이나 기후변화, 팬데믹 대응 등과 같은 인류의 생존 및 안전과 관련된 과제와 사회적, 경제적, 정치적 불편 등을 완화할 수 있는 방안들에 대해 의미 있는 기여를 할 수 있도록 노력해야 할 것이다.

에필로그

현재 세계의 모든 대학들은 새로운 도전에 직면해 있다. 4차 산업혁명시대의 디지털기술과 사회적, 경제적 양극화 심화가 대학의 역할과 목표 그리고 운영방식의 개혁과 혁신을 요구하고 있다. 애리조나주립대학의 크로우 총장은 21세기의 이런 현상에 대처하는 미국 대학의 변화를 고등교육의 '제5의 물결'(fifth wave)이라고 명명하고 있다.[1] 우리나라도 과거의 재빠른 추격자(fast follower)의 전략으로 이룩한 눈부신 경제성장과 자유민주국가로의 진입에서 이제 최초의 선도자(first mover)로서의 역량을 갖춘 선도국가로 전환하기 위해서는 그동안의 전통적인 지식주입식 대학교육에서 벗어나 독창적이고 창조적이면서 융합적인 사고가 가능한 고등교육으로 변신해야 한다.[2]

21세기 4차 산업혁명의 특징 중 하나는 변화의 속도가 너무 빠르고 선점하지 못할 경우 좀처럼 경쟁력을 회복하기 어렵다는 점이다. 코로나19 팬데믹으로 인해 온라인교육의 가능성과 수월성이 확인되고 코세라나 유다시티, 유데미와 같은 글로벌 교육플랫폼의 출현 그리고 미국 유명대학의 온라인 프로그램의 확대 등을 지켜볼 때 우리 대학도 결국 에듀테크를 활용한 교육방식으로 변하지 않을 수 없을 것이다. 더욱이 급격한 학령인구의 감소로 대학교육서비스가 초과공급되는 시장에서는 결국 대학도 시장원리에 의해 재편될 수밖에 없다. 대학이 변해야 대학 자신도 살고 대한민국도 산다는 것에 대한 공감대는 널리 형성되어 있다. 그런데 다른 분야와 마찬가지로 기득권이 난마처럼 얽힌 교육현장과 시장에 대한 개혁과 혁신을 누가, 어떻게 해 낼 것인가에 대해서는 지엽말단적이고 구체성이 결여된 주장만 난무하고 있는 현실이다. 정치권은 인기영합적으로 대학의 등록금 동결과 반값 등록금 정책을 지지하고 교육당국은 빈사상태로 치닫고 있는 대학을 일률적으로 평가하고 선심 쓰듯이 재원 지원을 하고 있다. 대학은 각종 규제로 손발이 묶인 상태에서 소위 철밥통이라는 기득권을 가진 구성원들의 저항으로 본격적인 개혁은 엄두도 못 내고 있다.

이제 더 이상 지체할 시간이 없다. 대대적인 개혁이 필요하다. 종합적이고 구체적인 고등교육개편 방안을 시급히 마련해서 국민들에게 홍보하고 폭넓은 공감대를 얻어서 범국가적 과제로 일관성 있고 투명하게 집행해야 한다. 강력한 리더십으로 제도적 개혁, 재정 개혁 그리고 인식 전환을 이끌어 내야 한다. 대학, 정부, 기업 그리고 국민들 모두가 개혁에 동참해야 한다. 대학이 살아야 국가경제가 살고, 국가경제가 살아야 대한민국이 살고 국민들이 행복해진다.

미주

프롤로그

1 한국의 사교육은 그 뿌리가 깊다. 식민지 시대에 교육자인 아버지를 따라 조선에서 성장한 소리모리사키 가즈에란 일본여성은 1927년 대구에서 태어나 1934년에 대구봉산정공립심상소학교에 입학하였다. 그 당시를 다음과 같이 회상하고 있다.

"소학교에 들어가면 가정교사를 두는 아이도 있었고, 개별적으로 피아노를 배워 잘 치는 아이도 있었다. 발레나 일본 무용도 유행하고 있어서 발표회도 열렸다. 오시마이(전통가면극인 노가쿠에서 반주와 의상을 갖추지 않고 노래만으로 추는 약식 춤)를 배우는 아이도 있었다. 나는 습자학원에 다닐 뿐이었다."(『경주는 어머니가 부르는 소리』, 글항아리, 2018).

2 "세월호가 깨닫게 해준 교육모순과 병폐가 '최순실의 교육 농단'으로 정점을 찍었습니다. 국민적 분노는 단순히 농단의 주역 몇몇을 처벌하는 것에 그치는 것으로 우리 교육의 근본 문제가 해결될 수 없다는 인식을 내포하고 있습니다. 평등한 교육, 공정한 교육, 그리고 인간다운 교육을 통해서 그 누구도 소외받지 않고, 노력의 정당한 보상을 받으며, 당당한 삶의 주체로 살아 갈 수 있는, 그런 교육, 그런 사회가 되어야 합니다. 불공정한 사회, 양극화된 사회, 권련과 '빽'이 원칙과 상식을 압도하는 사회, 줄과 연고주의가 주요한 작동 원리가 되는 사회, 그러한 부조리함이 결합된 극단적인 적자생존식, 약육강식의 시장주의에서는 교육이 바로 설 리가 없고, 교육이 삶의 희망일 수 없습니다… 소수의 재벌이 산업체제를 넘어 국민의 삶을 지배하는 나라, 이른바 'SKY'가 기득권이 되어 움직이는 나라는 정상적인 나라가 아닙니다. 최순실 사태에서 우리가 확인한 '똑똑한 악마'가 세상을 지배하지 않고, 능력은 조금 부족하더라도 '성실하고 노력하는 착한 민중'이 공정하고 인간답게 대접받을 수 있는 사회를 우리는 원합니다. 불평등한 세상에 적합한 능력이 아닌, 평등한 사회에 복무하는 '착한 능력'을 키워주는 교육을 우리는 원합니다. 그런 점에서 능력주의의 모순을 깨닫고, 공공적 능력과 공동체적 성실함이 교육적 평가의 기준이 되어야 합니다. 복잡다단한 미래 사회로의 선진적 흐름과 구시대적인 입시경쟁교육은 양립할 수 없습니다."(뉴스1코리아, 2017.2.23).

3 권재원(2015)은 우리나라 교육과 관련한 논란이 거의 대부분 학생, 특히 고등학생에게 집중된 이유가 공부는 학생이 하는 것이고 어른은 이미 공부를 마친 사람이란 고정관념 때문이라고 주장한다. 대학생이라면 스스로 알아서 공부해야 한다는 주장도 빈약한 대학교육에 대한 변명에 지나지 않는다.

4 육례란 예(禮), 악(樂), 사(射), 어(御), 서(書), 수(數)인데, 이는 각각 예학(예법), 악학(음악), 궁시(활쏘기), 마술(말타기 또는 마차몰기), 서예(붓글씨), 산학(수학)에 해당한다.

5 태학은 서울에 설치된 국립학교였으며, 경당(扃堂)은 지방에도 설치되었던 사립교육기관이었다. 태학의 교원 명칭은 '박사'였다. 백제의 교육기관에 대해서는 기록이 남아있지 않지만, '박사'라는 호칭이 자주 등장하는 것으로 미루어볼 때 태학을 설치하였을 것으로 추정된다(한국민족문화대백과사전, '태학(太學)' 참조).

6 위키백과, "대한민국의 대학," 2021.

7 위키백과, "성균관대학교," 2021.

8 Wikipedia, "University," 2021.

9 한국은 1949년 제정된 교육법에서 단과대학은 '대학', 3개 이상의 단과대학과 대학원으로 구성된 종합대학은 '대학교'로 구분하였다. 1991년 교육법개정으로 단과대학과 종합대학의 구분이 사라졌고, 거의 모든 대학들이 교명을 대학교로 바꾸었다. 그러나 전문대학만큼은 대학교라는 명칭을 사용할 수 없도록 하여 '4년제' 대학교와 구분하였다. 1998년 3월 1일 교육법이 폐지되고 고등교육법이 제정되면서 전문대는 교명에서 '전문'을 떼어내고 '대학'이라는 명칭을 쓸 수 있게 되었다. 2011년 11월 20일 고등교육법의 재개정으로 전문대학도 '대학교'라는 명칭을 사용할 수 있게 되었다.

10 Ibid, page 3.

11 이원석, "진리의 상아탑과 대학의 기업화," 투데이신문, 2015.9.11.

01

1 1905년 처음 불리워졌다는 학도가는 한국인의 실력양성을 통한 독립쟁취를 강조하였다고 알려져 있다. 그러나, 원곡은 오노 우메카와가 작곡한 철도창가라고 한다. 가사도 자세히 들여다 보면 열심히 공부하여 일본제국을 떠받치는 동량이 되자는 슬로건을 담고 있다.

2 한국의 25~64세 성인인구의 학력별 임금지수(고등학교 졸업자 평균 임금=100)은 다음과 같다(e-나라지표, "학력별 임금격차", 참조).

연도	중학교 이하	고등학교	전문대학	대학
1998	78	100	106	147
2003	67	100	111	156
2007	69	100	118	177
2008	69	100	103	143
2010	69	100	115	167
2011	71	100	116	164
2012	71	100	116	161
2013	71	100	115	150
2014	74	100	112	145
2015	72	100	115	145
2016	72	100	116	149
2017	75	100	115	145
2018	79	100	111	139

3 Mankiw, 『맨큐의 경제학원론』, 9판, 제19장, 2019.

4 저명한 수학자인 김민형 교수(영국 워릭대)에 따르면 영국이나 미국은 물론 유럽에서도 세계대학 평가에 상당한 신경을 쓴다고 한다. 일례로 저조한 성적의 14개 대학을 합병한 후 마침내 상위순위에 진입한 프랑스의 파리사클레대학을 들고 있다. 김 교수는 교육자원의 국제적 공유와 소비가 일상화된 세상에서 대학 간 경쟁은 치열해질 수밖에 없다고 지적한 후, 대학서열에 대한 정보를 적당한 수준에서 참고하라고 권장한다(김민형, 2021).

5 개별 평가기관의 평가요소와 비중은 다음과 같다.

QS	THE	US News & World Report	ARWC
• 학문적 평판도: 40% • 학생수/교원수: 20% • 논문 피인용 수: 20% • 고용주 평판도: 10% • 외국인 교원 비율: 5% • 유학생 비율: 5%	• 교육: 30% 연구자 상호평가(15%), 교원당 학부학생수(4.5%), 학사수여 대 박사수여 비율(2.25%), 교원당 박사수여수 (6%), 교원당 수입(2.25%) • 논문인용: 32.5% • 연구: 30% 연구자 상호평가(19.5%), 교원당 연구수입(5.25%), 교원당 논문수(4.5%), 연구 수입 중 공적자금 비율	• 글로벌 연구평판도: 12.5% • 지역 연구평판도: 12.5% • 출판물: 10% • 책: 2.5% • 컨퍼런스: 2.5% • 인용영향력: 10% • 총인용수: 7.5% • 최고인용 10% 해당 논문수: 12.5% • 최고인용 10% 해당 논문비율: 10% • 국가별 국제협력논문 대비 해당기관 국제협력논문:	• 노벨상 또는 필즈상수상 졸업생수: 10% • 노벨상 또는 필즈상수상 교원수(수상시 소속 교원 포함): 20% • 21개의 분야 인용률이 높은 연구자수(톰슨 ISI데이터 사용): 20% • 과학저널 네이처와 사이언스 발표 논문수: 20% • ISI 자연과학논문 인용 인덱스와 사회과학논문 인용 인덱스 피인용논문수:

	(0.75%) • 국제화: 5% 외국인 교원비율(3%), 외국인 학생비율(2%) • 산학협력: 2.5% 교원당 산학협력수입 (2.5%)	5% • 해당대학 전체논문 대비 국제협업논문: 5% • 상위 1% 인용논문수: 5% • 전체 논문 중 상위 1% 최다 인용논문 해당비율: 5%	20% • 상기한 5개 지표의 종합 점수를 전임교원수로 나눈 값: 10%

6 케임브리지, 옥스퍼드, 유니버시티 칼리지 런던, 런던 정경대학, 임페리얼 칼리지 런던, 그리고 킹스 칼리지 런던을 골든 트라이앵글(Golden Triangle)이라고 부른다. 이들은 영국의 학술·연구 개발 비용에서 차지하는 비중이 제일 크고, 나라에서 연구 비용을 제일 많이 지원해 주는 학교들이다.

7 한국대학의 순위는 QS가 제일 후하고 ARWU가 제일 박하다. QS평가에서 100위 안에 드는 한국 대학의 순위는 평가기관별로 큰 차이가 나는데, 중요한 이유 중의 하나는 평판도이다.

QS(2022)	서울대(36), KAIST(41), 고려대(74), 연세대(79), 성균관대(97)
THE(2022)	서울대(540), KAIST(99), 성균관대(122), 연세대(151), UNIST(178), POSTECH(185), 고려대(201-250)
US News(2022)	서울대(130), 성균관대(230), 고려대 (272), KASIT(280), 연세대(317)
ARWU(2021)	서울대(101-150), 한양대, KASIT, 고려대, 성균관대, 연세대(201-300)

8 현재 정치적 혼란으로 언론에 오르내리는 미얀마는 1960년대 초까지만 하여도 소득수준이나 국제적 인지도에 있어서 한국을 크게 능가하였다. 예를 들어 미얀마의 외교관이었던 우탄트(U Thant)는 1971년 유엔 사무총장(3대)에 취임하였다. 한국의 반기문 장관은 2007년이 되어서야 8대 사무총장으로 그 뒤를 이을 수 있었다. 1962년 쿠데타로 집권한 미얀마 군사정권이 외교적으로 고립되고 경제적으로도 '불교식 사회주의'를 고집하면서 정체를 면치 못한 것은 안타까운 일이 아닐 수 없다. 그 결과 군부에 대한 불만족이 커지면서 2015년에 치루어진 총선거에서 아웅산 수지(Aung San Suu Kyi)가 국민민주주의연맹이 과반수를 넘는 수의 의석을 차지했다. 그러나 군부는 여전히 상당한 권력을 유지해 오다가, 급기야 2021년 2월 1일 쿠데타로 미얀마 국가고문 아웅산 수지와 대통령 윈 민 및 여당 지도자들을 축출한 후 다시 권력의 전면에 나섰다.

9 IMD의 「세계경쟁력보고서(2021)」에 따르면 64개 대상국 중 한국의 국가경쟁력은 23위, 교육경쟁력은 30위, 대학교육경쟁력은 47위를 차지하였다. 다른 선진국들에 비하여 대학교육의 질이 하위임을 확인할 수 있다(전경련, 2021).

10 합계출산율이란 15세에서 49세 사이의 가임여성 한명당 평균 출산율을 의미한다. 한국의 합계출산율은 1983년 2.06명을 기록하여 한 사회가 전체 인구수를 유지하는 데 필요한 대체출산율(2.1명) 이하로 떨어졌다.

11 세계경영을 표방하였던 대우의 김우중 회장이 1989년 펴낸 자선전의 제목이다.

12 미국 노동부, “Ten fastedst growing occupations, projected 2019~29.” (https://www.bls.gov/ooh/fastest-growing.htm)

13 한국경제의 비전에 대한 논의는 강문성 외(2021), 제14장 참조.

14 Oxford Reference, “Education is the most powerful weapon which you can use to change the world.” Nelson Mandela’s speech, Madison Park High School, Boston, 23 June 1990.

02

1 대체출산력이란 전체 인구수가 동일한 수준을 유지하기 위하여 결혼한 부부가 출산해야 할 평균자녀수를 의미힌다. 성장기 동안 사망하는 평균 유아수, 미혼 성인 등을 고려하면 대체출산력은 2명을 약간 상회하는 2.1명(UN기준)이다.

2 합계출산율이 인구대체수준인 2.1 아래로 내려가면 저출산이고 1.3 이하로 3년 이상 지속되면 초저출산이라고 한다. 초저출산 현상이 발생하면 다시 출산율이 올라가기가 매우 어렵다. 이를 ‘초저출산의 덫’이라고 한다(조영태, 2021).

3 한국 보건사회연구원이 행한 ‘2018년 전국 출산력 및 가족보건복지실태조사’에 따르면 결혼에 대한 가치관의 변화가 뚜렷하게 나타났다(이소영 외, 2018). 결혼에 대한 긍정적 태도를 가진 남성은 50.5%인 반면, 여성은 28.8%에 불과하였다. 자녀의 필요성에 대해서도 ‘자녀가 없어도 무관하다’라고 응답한 미혼여성의 비율이 48.0%로 급증하였다. 기혼여성들은 자녀를 안심하고 낳아 기를 수 있는 사회 조성을 위한 조건으로 ‘안전한 자녀양육환경조성’(15.3%), ‘질 높은 보육 육아지원 시설확충’(14.8%), 그리고 ‘자녀 양육비용부담해소’(14.8%)를 들었다.

4 대학입학정원은 일반대학과 전문대학의 정원을 합한 수치이다.

5 교육부는 2021년 5월 20일, 교육 및 재정여건이 부실한 한계대학의 관리 및 폐교·청산 조건 및 절차를 담은 『대학의 채계적 관리 및 혁신 지원 전략』을 발표하였다.

6 안준영, “200배 늘어난 대학생 … 팍팍해진 상아탑”, 뉴스1, 2015.1.7.

7 대학설립준칙주의는 교사, 교지, 교원, 수익용기본재산 등 4가지 최소 요건을 갖추면 대학설립이 가능토록 한 제도이다.

8 대학 소재지별로 보면 대도시 충원율 (97.6%)이 가장 높고, 중소도시 충원율 (91.0%)이 두 번째로 높으며, 군 지역의 충원율(85.7%)이 가장 낮은 것으로 나타났다. 전문대학의 경우는 대도시 충원율(85.2%)이 가장 높고, 군 지역 충원율 (82.5%)이 다음으로 높으며, 중소도시에 소재한 전문대학의 충원율(82.5%)이

가장 낮게 나타났다(조인식, 2021). 전문대학의 충원율이 일반대학과 다르게 나타난 것은 형편이 어려운 고교졸업생의 경우 학비가 싼 인근 전문대학을 선택한 결과로 보여진다.

9 2021년 9월에 발표된 교육부의 대학기본역량진단 평가 결과 총 285개 참여 대학 중 일반재정지원 제한대학으로 일반대학 52개, 전문대학 27개가 선정되었다.

10 중앙일보 대학평가(2019) 상위 25개 대학 중 한양대 에리카캠퍼스, 서울과학기술대, 국민대, 숙명여대 4개를 제외하고 대신 충남대, 충북대, 가천대 및 가톨릭대를 포함시켰다.

11 지방 주요 9개 국립대 자퇴생은 2017년 3,981명, 2018년 4,438명, 2019년 4,793명을 기록하면서 작년 전체 학생 가운데 2.4%가 자퇴를 선택한 것으로 조사되었다. 지방 주요국립대는 수도권 사립대에 비해 저렴한 등록금 등 여러 혜택이 있어 그동안 지역 우수 학생을 유치할 수 있었지만 대학 서열화와 수도권 쏠림 현상은 결국 입학 후 자퇴생 증가로 나타난 것이다. 중요한 이유 중의 하나는 취업이 수도권 사립대학이 지방 국립대보다 취업에 유리하기 때문이다(매경, 2020.10.19.).

12 Neely(1999).

13 변기용 외(2015).

14 마스다 히로야(2014)는 『지방소멸』이란 저서에서 도쿄가 지방에서 인구를 빨아들이기만 하고 재생산은 못하는 블랙홀이기 때문에 결국 도쿄도 축소되고 일본은 파멸될 것이라 주장한다. 이를 막으려면 지방으로 젊은이들을 끌어들일 수 있도록 지역경제와 교육계생태계를 활성화할 것을 제안한다.

03

1 영화에서는 지구를 위협하는 '거대한 악'이 있을 뿐 그 정체에 대해서는 침묵한다. 거대한 검은 불덩이 모양을 띤 '악'은 어떻게 태어났고, 왜 규칙적으로 지구를 공격하는가? 성경에 나오는 홍수설화는 인간의 타락이 바로 멸망의 원인이라는 것을 시사한다. 천재 물리학자 스티븐 호킹은 유신론자는 아니지만 인류 스스로가 인류의 종말을 초래할 수 있다고 경고한 바 있다. 과학자답게 그는 도덕이나 윤리적 타락보다 핵전쟁, 지구온난화, 인간이 만든 바이러스, 로봇 등 과학과 기술의 발달을 원인으로 지적하였다(지디넷코리아, 2016). 전 세계를 충격에 빠지게 한 코로나 바이러스 감염증으로 인한 혼란을 예측하였다는 점에서 그의 예언은 새롭게 조명받고 있다.

2 최연구, "대학의 품격과 기능", 대학신문, 2019.12.06.

3 미국의 저명한 경제학자 고든(Robert J. Gorden)은 4차 산업혁명은 3차 산업혁명의 연속에 불과할 뿐이라고 폄하한다. 그는 미국의 경제성장에 대한 오랜 연구를 바탕으로 미국은 1987년부터 1970년까지 100년간 눈부실 정도의 급속한 성장을 이루었으나, 그 이후 성장률이 둔화되었다고 지적한다. 그는 그 이유를 발전의 방향이 "엔터테인먼트와 통신, 그리고 정보수입과 처리에 관련된 인간 활동의 좁은 영역에 제한"되었기 때문이라고 주장한다. 그는 4차 산업혁명이 총생산성을 급속하게 끌어올리는 일은 발생하지 않을 것이라고 전망한다(Gorden, 2016).

4 위키백과, "제4차 산업혁명," 2021.8.31.

5 대통령 직속 4차 산업혁명위원회, "과학기술, 그리고 4차 산업혁명," 2018.

6 설성인(2017)은 세계 이공계 대학들이 다양한 산학 프로그램 개발과 창업 생태계 조성으로 내실 있는 변화에 초점을 맞추고 있는데 반하여, 한국은 알파고 충격 이후 갑작스럽게 인공지능 분야에 대한 투자강화를 외쳤지만 중장기 비전은 없고 말뿐인 구호에 그치고 있다고 비판한다.

7 World Economic Forum, *The Future of Jobs Report 2018.*

8 15개 유망직업으로는 사물인터넷 전문가, 인공지능 전문가, 빅데이터 전문가, 가상현실/증강현실 전문가, 생명과학 연구원, 정보보호 전문가, 로봇공학자, 자율주행차 전문가, 스마트팜 전문가, 환경공학자, 스마트 헬스케어 전문가, 3D 프린팅 전문가, 드론 전문가, 소프트웨어 개발자 및 신·재생에너지 전문가 등이 포함되었다(한국고용직능원, 2021).

9 2021년 서울대의 경우 컴퓨터공학부의 주요 교과목 강의 정원이 2019년에 비해 60% 증가하였다.

10 저커버그는 하버드대학에서 컴퓨터과학과 심리학을 전공했는데 3학년 때 중퇴했다.

11 아시아 타임즈, "문과라서 죄송합니다," 2016.12.23.

12 이 절의 제목은 Couch and Towne의 『교실이 없는 시대가 온다』에서 따왔다. 원래 책제목(Rewiring Education)은 암기식 교육을 대체할 새로운 교육이라는 뜻을 담고 있다.

13 미네르바대학은 대학원 석사과정으로 "의사결정 분석(decision analysis)"이란 전공을 하나 두고 있다.

14 로고프(Kenneth Rogoff), "대학교육의 파괴적 혁신 왜 늦어지나," 매경, 2018. 02.21.

15 설성인(2017).

16 현장과 동떨어진 교육의 예로 자율자동차나 전기차를 들 수 있다. 세계 굴지의 자동차 회사들은 2020년대 후반부터 내연기관 자동차 생산을 중단하기로 결정하였는데, 국내대학에서는 아직 새로운 기술에 대한 교육이 미비한 것이 현실이

다(조선일보, “전기차 달리는데, 대학은 기름차만 가르친다,” 2021.9.9.).

17 캐리(Kevin Carey)는 MIT대학에서 개설한 〈생명의 비밀〉을 수강한 경험을 자세하게 적어놓고 있다. 교양필수인 이 과목은 전 세계에서 수만 명이 듣고 있는데, 하버드와 MIT가 공동으로 운영하는 온라인 프로그램의 일환으로 제공된다고 한다(Carey, 2016).

18 2008년 교육부가 추진한 세계 수준의 연구중심대학 육성사업(WCU)은 탁월한 연구업적을 나타내는 글로벌 수준의 대학을 목표로 하고 있다. 이를 육성하기 위하여 교육부는 새로운 전공 및 학과 개설, 잠재력이 큰 해외학자의 초빙, 그리고 노벨상 수상자 등 세계적 석학 초빙 지원을 위하여 5년간 총 8,250억 원을 투입하였다. 성과는 처음에 기대하였던 바에 한참 못 미쳤다. 무엇보다 상당히 파격적인 지원액수라고 자부하였음에도 불구하고 노벨수상자급의 세계적 석학들을 초빙하기에는 턱없이 부족했다. 가까스로 초빙에 성공한 경우에도 이들이 요구하는 수준급 연구 환경이나 글로벌 네트워크 조성을 위한 재량권, 그리고 프로그램의 유연한 운영은 당시 국내대학 여건으로는 받아들이기는 곤란하였다.

04

1 OECD는 2000년부터 매 3년마다 15세 학생들을 대상으로 학업성취도를 평가하고 있다. 한국은 2000년부터 시간이 갈수록 점점 우수한 성적으로 거두고 있다. 그러나, 지식정보사회에서 새로운 가치를 창출하는 능력이 가장 뛰어난 제5등급의 비율은 6%에 불과하여 대부분의 선진국에 비하여 떨어진다(권재원, 2015).

2 구매력평가환율은 동일한 재화와 서비스로 구성된 바스켓을 자국통화로 표시한 가격과 외국통화로 표시한 가격 간의 비율을 나타낸다. 구매력평가환율을 설명할 때 자주 사용하는 빅맥지수를 예로 들어보자(Economist, “The Big Mac Index”). 2021년 7월 현재 미국의 빅맥 가격은 5.65 달러이고 한국의 빅맥 가격은 4,600 원이다. 빅맥 가격을 기준으로 할 때 달러화에 대한 원화의 구매력평가환율은 814(=4,600/5.65 원/달러)가 된다. 2021년 7월 외환시장에서 원화의 달러화에 대한 환율은 1,150였다. 구매력평가환율(814 원/달러)이 실제 환율(1,150 원/달러)보다 적다는 것은 그만큼 원화가 저평가되었음을 의미한다(29.2%). 구매력평가환율은 빅백과 같은 단일 재화가 아니라 다수 재화 및 서비스의 평균가격, 즉 물가를 비교하여 구한다. 개도국일수록 물가가 싸기 때문에 구매력평가환율은 실제 환율보다 낮아지는 경향이 있다. 따라서 국가별 교육비를 비교할 때 구매력평가환율을 사용하면 실제 환율을 적용할 때보다 높은 값을 얻게 될 것이다.

3 https://www.academyinfo.go.kr/pubinfo/pubinfo0910/list.do

4 중앙일보 평가지표는 교수연구, 교육 여건, 학생 교육 및 성과, 평판도로 구성되어 있으며 제2장에서 소개한 저명한 세계대학 평가들과 비교할 때 별 차이가 없어 보인다.

부문(배점)	지표(배점)
교수 연구(100점)	교수당 교외연구비(15), 교수당 자체연구비(10), 국제논문당 피인용(25), 국제논문 게재(10), 국내논문당 피인용(5), 국내논문 게재(5), 저역서당 피인용(5), 저역서 발간(5), 교수당 기술이전수익(10), 교수당 산학협력수익(10)
교육 여건(100점)	교수 확보율(15), 등록금 대비 장학금(15), 등록금 대비 교육비(10), 강의 규모(5), 전임교원 강의 비율(5), 세입 대비 기부금(5), 기숙사 수용률(5), 학생당 도서자료구입비(5), 외부 경력 교원 비율(5), 외국인 교수 비율(5), 외국인 학생 비율(8), 외국인 학생의 다양성(7), 교환학생 비율(10)
학생 교육 및 성과(70점)	순수 취업률(15), 유지 취업률(15), 중도 포기율(10), 졸업생 창업활동(10), 창업교육 참여율(10), 현장실습 참여율(10)
평판도(30점)	신입사원으로 뽑고 싶은 대학(10), 입학 추천 대학(10), 발전 가능성이 있는 대학(5), 국가지역사회 기여가 큰 대학(5)

5 대학순위는 신입생 충원률과 별 관계가 없지만, 재학생 충원률과 어느 정도 연관성이 있는 것으로 나타난다.

6 2018년 자료는 기준이 바뀌어서 국공립과 사립대학 등록금을 분야별로 보고하고 있는데, 여러 국가들의 자료가 빠져있다. 따라서 부득이 2017년 자료를 사용하였다.

7 국가장학금은 저소득층에 집중되어 있는데, 2021년의 경우 기초생활수급자의 경우 등록금의 83.3%, 그리고 차상위계층은 82.2%를 각각 지원받았다. 유은혜 교육부장관은 국가장학금 예산을 약 2조 8,000억 원 정도 추가하면 6조 2,500억 원이 되어 4년제 대학과 전문대 전체 등록금 12조 5,000억 원의 절반에 이르게 될 것이라고 주장하였다(매경, 2021.06.24.).

8 학자금 대출 지지자들은 학자금 대출이 더 많은 학생들에게 이용 가능한 자원의 혜택을 줄 수 있다고 주장한다. 고등교육 비용의 일부를 고등교육의 혜택을 가장 많이 받는 학생 본인이 부담한다는 점도 장점으로 꼽힌다. 그러나, 학자금 대출은 저소득층 학생들의 고등교육 접근을 장려하는 데 있어 보조금보다 덜 효과적이다. 대출 반대론자들은 많은 수의 학생들이 대출금을 상환하지 못할 경우 졸업 시 높은 수준의 학생 부채가 학생과 정부 모두에게 악영향을 미칠 수 있다고 본다(OECD, 2020).

9 대학의 교비회계에는 등록금회계와 비등록금회계가 있다. 교육부는 2014년부터 등록금회계를 학생들이 낸 등록금으로만 재원을 한정하고, 나머지 재원으로 구

성된 회계는 '비등록금회계'로 변경하여 등록금 사용처의 투명성을 높이도록 하였다.

10 연세대는 등록금 수입규모가 주요사립대 중 가장 크다. 그러나, 법인전입금, 기부금, 국고보조금 및 교육부대수입이 전체 수입에서 차지하는 비중이 22%에 달할 정도로 크기 때문에 등록금 수입의 비중이 상대적으로 작아 보인다.

11 등록금 동결정책은 등록금 수입뿐 아니라 수업료 수입, 입학금 수입, 단기수강료 수입의 감소를 가져왔다. 또한 국가장학금 확대의 결과로 사립대학의 교육부 보조금 의존도가 크게 증가하였다. 한편 등록금 수입의 감소에도 불구하고 대학 교육비는 크게 감소하지 않은 것으로 나타났다. 이는 등록금 동결에 따른 수입의 부족분을 기금, 미사용이월자금, 차입금 등으로 부족분을 메우고 있기 때문인 것으로 해석된다(김수경, 2016).

12 독점적 경쟁에 대한 보다 자세한 설명은 Mankiw(2019) 참조.

13 독점적 경쟁기업의 평균비용곡선은 일반기업과 마찬가지로 U자형의 곡선형태를 지닌다. 곡선의 꼭짓점을 효율적 생산점이라고 하는데, 실제 생산량은 이에 못 미친다. 완전경쟁기업과 달리 차별화를 위하여 생산량을 조금 줄이고 가격을 높이는 전략을 선택하기 때문이다.

14 일반적으로 독점적 경쟁시장의 단기균형에서 초과이윤이 발생하면 새로운 기업이 진입하므로 수요곡선은 좌향이동하게 된다. 반대로 단기균형에서 손실이 발생하면 한계기업의 퇴출이 발생하면서 기존기업들에 대한 수요곡선은 우향이동한다. 장기균형에서는 초과이윤이 0이 되므로 더 이상 진입도 없고 퇴출도 없는 상태가 유지된다. 이러한 설명은 시장총수요가 변화가 없다고 가정한 것이다. 우리 모형에서는 학령인구의 감소로 인해 시장수요가 감소하고 이에 따라 개별 수요곡선이 좌향이동한다고 가정하였다.

05

1 2008년 고등학교 졸업자의 대학진학률은 83.8%이었는데 반해 2020년 고교생의 대학진학률은 72.5%이다. 향후 이 비율이 떨어질 경우 입학가능 학생 수와 입학정원 간의 차이는 더 벌어질 것으로 계상된다(교육부, 2019).

2 교육부(2021).

3 매일경제(2021.7.25).

4 교육부(2021) 참조.

5 1년차는 22.2%의 1/4, 2년차에는 2/4, 3년차에는 3/4 그리고 마지막 4년차에는 4/4의 정원 삭감이 있으므로 4년 동안 총 등록금 수입 감소는 12조 5,000억 원×

0.222×10/4=6조 9,375억 원임.

6 2000년 이후 현재까지 폐교된 대학은 18곳에 달한다.

7 사립학교법 35조의2 4항 1호는 "해산인가 당시 학교법인이 보유하고 있는 기본재산 감정평가액의 100분의 30 이내의 범위에서 해산장려금 지급"으로 규정.

8 사립학교법 35조2 7항은 "~ 제2항의 규정에 의한 잔여재산처분 계획서에 정한 자에게 귀속시키거나 「공익법인의 설립·운영에 관한 법률」 제2조의 규정에 의한 공익법인의 설립을 위한 재산으로 출연할 수 있다"로 규정.

9 9개 비수도권 거점국립대는 충남대, 충북대, 강원대, 전북대, 전남대, 경북대, 부산대, 경상국립대 및 제주대임.

10 CU(University of California)는 연구중심대학, CSU(California State University)는 교육중심대학 그리고 CCC(California Community College)는 지역성인중심대학으로 구분하고 있다.

11 2019년 서울대의 총재정규모는 약 1조 5천 5백억 원 수준인데 이 금액은 정부출연금과 등록금을 포함하는 법인회계, 산단회계, 발전기금회계를 모두 합친 액수이다.

12 2019년 미국 하버드대학교 운용비용은 50억 달러(약 6조 원)로 이 중 36%를 기금(2018년 6월 말 현재 기금은 392억 달러(약 48조 원))에서 지원받았다.

13 영국의 런던대학은 19개 자율적 대학의 연합체임.

14 코로나19 사태로 20%로 제한된 일반대학의 온라인강의 비중이 2021년 철폐되었는데 사이버대학이 이 조치에 대해 반발하고 있다. 앞으로 많은 대학들이 자체 온라인학위 프로그램을 강화할 것으로 전망되기 때문에 사이버대학은 그동안의 온라인강의 노하우를 살려서 일반대학과 차별화된 양질의 콘텐츠의 개발에 더욱 노력해야 할 것이다.

15 Krugman and Wells(2017).

16 제4장 4절 참조.

17 2000년대 초 약 5만 5천 명 수준이었던 재학생 수는 현재 온라인등록 학생 포함 약 12만 9천 명으로 증가했다.

18 2015년 기준 미국 사립대학의 등록금 비중은 약 29.1%임.

19 고등교육법 제11조 제10항.

20 2021년에 발표된 제3기 대학기본역량진단에서는 전국 대학 전체를 한번에 평가하지 않고 5개 권역으로 나눠 평가하는 권역별 평가 방식을 채택하였다.

21 대학의 위기를 사전 진단할 수 있는 위기진단지표와 관련해서는 서정인 외(2020b) pp. 122~123 참조.

22 2주기 대학기본역량진단에서는 부실·한계대학 주요 선별지표의 하나로 지역사회 협력·기여 및 대학운영 건전성과 관련하여 '구성원 참여·소통' 지표와

'재정·회계, 법인 책무성' 지표가 포함되었다.

23 한국 청년(25~34세)층의 대졸이상 비율은 69.8%로 매우 높은 수준이나 청년층의 석·박사 이수율은 3%로 조사대상 44개국 가운데 33위를 기록했는데 OECD 평균 이수율은 15%이다.

24 많은 OECD국가들은 대학 재정의 50% 이상을 지원하거나 교수인력의 급여를 지원하는 정부의존형 사립대의 형태로 사립대를 운영한다(양한주, 2021).

25 오바마 미국 전 대통령은 감독이사회 위원이 되고자 했으나 선출되지 못했다.

26 하버드대학의 엘리엇(Charles Elliot) 총장은 1869년부터 1909년까지 40년간 역임하면서 오늘날 하버드대학을 세계 최고 명문연구대학으로 자리 잡을 수 있는 개혁과 기반을 마련했다.

06

1 강문성 외(2021).

2 2011년 기준으로는 우리나라 대학생 1인당 공교육비는 9,927 달러로 OECD 평균 13,958 달러의 71.7% 수준이었다.

3 김진영(2016)은 우리나라의 1인당 GDP 대비 1인당 교육비는 우리나라가 인구 대비 대학생 수가 많은 국가이므로 미국, 칠레와 같이 대학생 수가 많은 국가와 비교했을 때 낮다고 볼 수 없다고 주장한다. 그리고 정부부담 1인당 고등교육비 지출도 정부의 낮은 고등교육재정 규모와 높은 대학생 인구 비중 등을 감안하면 OECD 국가들의 평균 추세에서 많이 떨어져 있지 않기 때문에 고등교육비 총량보다는 어느 부분에 지출해야 하는가가 더 중요하다고 주장한다.

4 조장희(2021).

5 미국의 퍼듀대학의 교육과정신호시스템(course signals system)이나 애리조나주립대학의 바이오스핀(BioSpine)이 대표적인 어댑티브러닝 사례이다.

6 미국 카네기멜론대학의 경우 2010년대 초에 학습효과가 좋은 온라인 과목 하나를 개설하는 데 약 50만 달러가 소요되는 것으로 알려졌다.

7 우리나라에서도 미네르바대학을 벤치마킹한 '태재대학'이 사이버대학으로 2023년 3월 개교를 목표로 설립이 추진되고 있는데, 약 3,000억 원 정도의 투자가 이루어질 것으로 알려져 있다.

07

1 공교육비는 총교육비에서 학부모가 학교 외 교육 즉 사교육에 지출하는 비용을 제외한 비용이다. 주로 정부 및 민간이 공교육 내에서 이뤄지는 모든 교육 및 관련 행정지원을 위해 지출하는 비용을 뜻한다. 교육부, 한국교육개발원(2020) 참조.

2 김진영(2018).

3 대학 교비회계 운영수입 중 법인회계에서 교비회계로 전입되는 법인전입금 비율은 일반 사립대학의 경우 4.6~5.9%, 사립 전문대는 1~1.6% 수준이다.

4 정부는 2021년에 한해서 세액공제율을 15%에서 20%(1,000만 원 초과 금액은 30%에서 35%)로 상향조정하기로 했음.

5 교육부는 최근 고숙련 전문기술 인재를 양성하는 마이스터대 시범 전문대학으로 5곳을 선정했는데 향후 이를 일반대학으로 확대하고 기업이 요구하는 수준으로 전문교육수준을 높여야 한다.

6 이범(2020)은 한국에서 입시경쟁이 극심한 이유는 진학하는 대학에 따라 학생 1인당 교육비의 격차가 크기 때문에 비슷한 수준의 등록금을 내는 상황이라면 당연히 교육비가 큰 일류대학에 진학하려 하기 때문이라고 설명한다.

7 2002년 캐나다의 교육재단으로 설립된 콘코디아는 현재 세계 7개국에 10개의 대학교 캠퍼스와 교육센터를 두고 지금까지 3만 명의 학생을 배출했다. 주대준(2021) 참조.

8 2020년 전국 195개 4년제 대학에서 과목별 A학점 이상 취득한 재학생 비율을 54.7%이고 B학점 까지 확대하면 87.5%로 학점인플레 현상이 확대됨에 따라 대학교 학점은 취업시장에서 변별력과 신뢰성이 훼손되고 있다(매일경제, 2021. 5.1).

9 상위 12개 대학은 하버드, 예일, 프린스턴, 다트머스, 브라운, 컬럼비아, 코넬, 펜실베이니아, 스탠퍼드, 듀크, 애머스트, 윌리엄스대학을 지칭한다(Hacker and Dreifus, 2013).

10 2021년 현재 전국 25개 대학에 설치된 로스쿨(법학전문대학원)의 평균 등록금은 1,425만 원이고 최고 연 2,000만 원에 달하고 있고 3년을 수학해야 하므로 많은 청년들이 로스쿨을 진학하는 데 경제적 어려움에 직면해 있는 것도 사실이다.

11 독일은 변호사 1차 시험 후 2년간 4개 기관에서 실무수습을 거쳐야 변호사가 될 수 있다. 영국의 경우는 변호사 자격증을 취득하기 위해서는 법학학위 취득자의 경우 로스쿨에서 법학실무과정(LPC) 1년과 현장실습 2년, 법학학위가 없는 일반 학사학위자는 로스쿨의 디플로마과정(GDL) 1년, 법학실무과정 1년 그리고 현장실습 2년이 요구된다.

12 Doepke and Zilibotti(2020).

13 이경태, 박영범(2021).

에필로그

1 미국에서 고등교육의 제1의 물결은 1636년 하버드대학 설립으로 시작된 식민지 대학 설립의 확산, 제2의 물결은 1819년 버지니아대학 설립을 기점으로 한 주립대 설립의 확산, 제3의 물결은 연방정부의 토지 지원에 관한 모릴법에 기초한 코넬대학과 MIT 등 농업 및 기술전문대학 지원 확대, 제4의 물결은 1876년 존스홉킨스대학을 시초로 한 연구대학의 설립 및 지원을 의미한다(Crow and Dabars, 2020).

2 강문성 외(2021).

참고문헌

- 강문성 외, 『한국경제의 이해』, 박영사, 2021.
- 교육부, 『인구구조 변화, 4차 산업혁명 대응 대학 혁신 지원방안 발표 보도자료』, 2019.8.7.
- 교육부, 『대학의 체계적 관리 및 혁신 지원 전략』, 2021.5.20.
- 교육부, 한국교육개발원, 『OECD 교육지표 2020』, 2020.
- 권재원, 『그 많은 똑똑한 아이들은 어디로 갔을까?』, 지식프레임, 2015.
- 김경수, 허가형, 김윤수, 김상미, 『우리나라 저출산의 원인과 경제적 영향』, 국회예산정책처, 경제현안분석 94, 2018.
- 김민형, "세계 대학랭킹에 대한 현실적 담론," 한겨레신문, 2021.7.1.
- 김세직, 『모방과 창조』, 브라이트, 2021.
- 김수경, "대학등록금 정책에 따른 사립대학 재정의 변화 추이 및 대학유형별 차이 분석," 『교육재정경제연구』, 25(2), 2016.6.
- 김지하, 『사립대학 거버넌스 실태 분석 연구』, 현안보고 OR 2018-12, 한국교육개발원, 2018.
- 김진영, "학령인구 감소와 경제구조변화에 대응한 고등교육 개편 방향과 과제," 상경연구, 건국대학교 경제경영연구소, 2018.
- 김화진, 『스탠퍼드가 하버드에 간 이유』, 서울대학교출판문화원, 2019.
- 마스다 히로야, 『지방소멸』, 와이즈베리, 2014.
- 모리사키 가즈에, 『경주는 어머니가 부르는 소리』, 박승주·마쓰이 리에 역, 글항아리, 2018.
- 문보은 외, 『사립대학 재정 운용 실태 분석』, 연구보고 RR 2020-15, 한국교육개발원, 2020.
- 박병기, 『코세라: 무크와 미래교육의 거인』, 거꾸로미디오, 2021.
- 변기용 외, 『잘 가르치는 대학의 특징과 성공요인, 학부교육 우수대학 성공사례 보고서』, 학지사, 2015.
- 4차산업혁명위원회, "과학기술, 그리고 4차 산업혁명시대," 2018.

■ 서영인 외, 『학령인구 감소에 대응한 고등교육체제 개편』, 경제인문사회연구회 협동연구총서 20-12-03, 경제사회인문연구회, 2020a.
■ 서영인 외, 『학령인구 감소에 따른 한계대학 대응 방안 연구』, 연구보고 RR 2020-14, 한국교육개발원, 2020b.
■ 서울대학교 교수협의회, 『서울대학교의 시대적 소명과 발전방안』, 서울대학교 교수협의회 정책연구보고서, 2018.4.
■ 설성인, 『4차 산업혁명은 어떤 인재를 원하는가?』, 다산, 2017.
■ 세키 쇼타로, 『와세다대학의 개혁』, 전호환 역, 부산대학교출판문화원, 2005.
■ 양한주, "우리나라 대학교육은 사립대학에 의존하고 있다," 한국대학신문, 2021.3.1.
■ 양한주, "퇴화하는 고등교육 재정 … '대학의 질' 저하로 국가경쟁력 훼손할 것," 한국대학신문, 2021.5.10.
■ 윤복상, 『국가균형발전과 교육의 미래』, 글라이더, 2021.
■ 이경태, 박영범 편저, 『한국교육의 진로』, 박영사, 2021.
■ 이범, 『나의 직업, 우리의 미래』, 창비, 2018.
■ 이범, 『문재인 이후이 교육』, 메디치, 2020.
■ 이소영, 김은정, 박종서, 변수정, 오미애, 이상림, 이지혜, 『2018년 전국 출산력 및 가족보건복지실태조사』, 한국 보건사회연구원, 2018.
■ 이원석, "진리의 상아탑과 대학의 기업화," 투데이신문, 2015.9.11.
■ 이혜정 외, 『IB를 말한다』, 창비, 2019.
■ 전경련, "한국대학 글로벌 경쟁력 국제비교-G5, 중국, 한국을 중심으로," Global Insight 67, 2021.12.02.
■ 정은하, "중앙일보 대학평가 평가지표와 대학순위의 관련성 분석," 중앙대학교 대학원 석사학위논문, 2012.
■ 조영태, 『인구 미래 공존』, 북스톤, 2021.
■ 조인식, "지방대학 신입생 충원 현황과 정책 및 입법과제," NARS 현안분석 204호, 국회입법조사처, 2021.
■ 조장희, "5~10개 연구중심대학 키워야 한국이 산다," 매일경제, 2021.5.28.
■ 주대준, 『캠퍼스 아웃』, 미래사, 2021.
■ 최연구, "대학의 품격과 기능," 대학신문, 2019.12.06.

- 한국고용정보원, 『한국의 직업전망』, 2021.
- Acemoglu, Daron and James A. Robinson, *Why Nations Fail*, Crown Business, 2012.
- Carey, Kevin, *The End of College: Creating the Future Learning and the University of Everywhere*, Riverhead Books, 2016 (『대학의 미래』, 지식의 날개, 2016).
- Christensen, Clayton and Henry Eyring, *The Innovative University*, Jossey-Bass, 2011.
- Couch, John and Jason Towne, *Rewiring Education: How Technology Can Unlock Every Student's Potential*, BenDella Books, 2018 (『교실이 없는 시대가 온다』, 어크로스, 2020).
- Crow, Michael and W. B. Dabars, *Designing the New American University*, Johns Hopkins University Press, 2015 (『새로운 미국 대학 설계』, 아르케, 2017).
- Crow, Michael and W. B. Dabars, *The Fifth Wave: The Evolution of America Higher Education*, Johns Hopkins University Press, 2020.
- Doepke, Matthias and Fabrizio Zilibotti, *Love, Money and Parenting*, Princeton University Press, 2019 (『기울어진 교육』, 메디치, 2019).
- Glaeser, Edward, Rafeal La Porta, Florenci Lopez-de-Silanes, and Andrei Shleifer, "Do Insitutions Cause Growth?" *Journal of Economic Growth* 9, 2004.
- Gorden, Robert J., *The Rise and Fall of American Growth*, Princeton University Press, 2016 (『미국의 성장은 끝났는가』, 생각의 힘, 2017).
- Haanaes, Knut, "How Universities Must Adapt to Train Future Leaders," WEF Annual Meeting, 2020.
- Hacker, Andrew and Claudia Dreifus, *Higher Education? How Colleges Are Wasting Our Money and Failing Our Kids*, Hinry Holt and Company, 2010 (『비싼 대학』, 지식의 날개, 2013).
- Krugman, Paul and Robin Wells, *Economics*, 4th ed., 2015 (『크루그먼의 경제학』, 4판, 시그마프레스, 2017).

- Mankiw, Gregory, *Principles of Economics*, 9th edition, Cengage, 2019 (『맨큐의 경제학원론』, 9판, 한티에듀, 2021).
- Neely, Paul, "The Threats to Liberal Arts Colleges," *Daedalus*, 128(1), 1999, 27–45.
- OECD, *Education at a Glance 2020*.
- OECD, *Education at a Glance 2021*.
- Prensky, Marc, *Education to Better Their World*, Columbia University, 2016 (『미래의 교육을 설계한다』, 한문화, 2018).
- Rogoff, Kenneth, "대학교육의 파괴적 혁신 왜 늦어지나" 매경 2018.02.21.
- Sandel, Michael, *The Tyranny of Merit*, ICM Partners, 2020 (『공정하다는 착각』, 와이즈베리, 2020).
- Tough, Paul, *The Years That Matter Most: How College Makes or Breaks Us*, 2019 (『인생의 특별한 관문』, 글항아리, 2019).
- U.S. Bureau of Labor Statistics, "Fastest Growing Occupations," 2021.4.9. (https://www.bls.gov/ooh/fastest-growing.htm)
- World Economic Forum, *The Future of Jobs Report 2018*.

뉴스 및 참고사이트

- 뉴스1코리아, "조희연 서울시교육감 교육개혁의제 제안," 2017.2.23.
- 뉴스웍스, "서울권대학 신입생 충원율 99%인데…경남·전북·강원, 10%p 이상 '급락'," 2021.5.20.
- 대한변협신문, "세계의 변호사 실무수습제도를 알아본다," 2014.8.18.
- 동아일보, "'입학 땐 스마트폰' 지방대 눈물겨운 신입생 유치전," 2020.10.15.
- 지디넷코리아, "스티븐 호킹이 꼽은 인류종말 4대 요인," 2016.1.21.
- 삼성 SDI, "4차 산업혁명과 배터리," 홈페이지, 2021. (https://www.samsungsdi.co.kr/column/all/detail/55161.html)
- 아시아 타임즈, "문과라서 죄송합니다," 2016.12.23.
- Economist, "The Big Mac index," 2021.7.21. (https://www.economist.com/big-mac-index)

저자 소개

김태준(金泰俊)

연세대학교 경제학과를 졸업하고, 미국 컬럼비아대학교에서 경제학 박사학위를 취득하였다. 대외경제정책연구원(KIEP) 연구위원을 거쳐, 동덕여자대학교 국제경영학과 교수로 2021년 2월까지 재직하였고 부총장을 역임하였다. 대외활동으로는 한국금융연구원 원장, 규제개혁위원회 민간위원장 대행, 동반성장위원회 위원, 그리고 경기학원 이사를 지냈다. 저서로는 유재원 교수와 공동저술한 『국제금융경제』, 『국제통상론』, 『한국경제의 이해』 등이 있다.

유재원(柳在元)

서울대학교 경제학과를 졸업하고, 미국 예일대학교에서 경제학 박사학위를 취득하였다. 대외경제정책연구원(KIEP) 연구위원을 거쳐, 건국대학교 경제학과 교수로 근무 중이며 대학원장 및 교학부총장을 역임하였다. 한국경제발전학회와 국제금융학회, 그리고 국제경제학회 회장으로 활동하였다.

대학이 살아야 대한민국이 산다

초판발행 2022년 1월 10일

지은이 김태준 · 유재원
펴낸이 노 현

편 집 김민조
기획/마케팅 노 현
표지디자인 Benstory
제 작 고철민 · 조영환

펴낸곳 ㈜ 피와이메이트
서울특별시 금천구 가산디지털2로 53, 210호(가산동, 한라시그마밸리)
등록 2014. 2. 12. 제2018-000080호
전 화 02)733-6771
f a x 02)736-4818
e-mail pys@pybook.co.kr
homepage www.pybook.co.kr
ISBN 979-11-6519-227-3 93370

정 가 14,000원